Edson Marques

FALANDO A MESMA LÍNGUA

Conceitos, Ferramentas, Práticas e Comportamentos para a Gestão Competitiva

FALANDO A MESMA LÍNGUA

Conceitos, Ferramentas, Práticas e Comportamentos para a Gestão Competitiva

---

Edson Marques

DVS Editora Ltda.
www.dvseditora.com.br

Falando a Mesma Língua – Conceitos, Ferramentas, Práticas e
Comportamentos para a Gestão Competitiva
Copyright © DVS Editora 2006

Todos os direitos para a língua portuguesa reservados pela editora. Nenhuma parte dessa publicação poderá ser reproduzida, guardada pelo sistema *retrieval* ou transmitida de qualquer modo ou por qualquer outro meio sem prévia autorização, por escrito, da editora.

Revisão: RevisArt Assessoria Editorial
Projeto Gráfico e Diagramação: Crontec Ltda.
Capa: Spazio Publicidade e Propaganda

Dados Internacionais de Catalogação na Publicação (CIP)
(Câmara Brasileira do Livro, SP, Brasil)

Marques, Edson
 Falando a mesma língua : conceitos, ferramentas, práticas e comportamento para a gestão competitiva / Edson Marques. -- São Paulo : DVS Editora, 2006.

 Bibliografia.
 ISBN 85-88329-28-X

 1. Administração de empresas 2. Competitividade 3. Comportamento organizacional 4. Cultura organizacional 5. Planejamento estratégico I. Título.

06-0212   CDD-658.4

Índice para catálogo sistemático:
1. Gestão competitiva : Administração executiva
   658.4

À Francine,
Que conseguiu realizar a proeza de trazer
ainda mais luz e felicidade à minha vida.
Meu amor e minha gratidão.

Edson

Agradecimentos

Realizar pesquisas, organizar estudos e escrever um livro em poucos meses não é tarefa das mais fáceis. Portanto, ao final do processo, percebemos que temos muito a agradecer.

Gostaria de manifestar, primeiramente, minha gratidão à DVS Editora e ao meu grande amigo, Professor Edilberto Camalionte, os quais vêm acreditando em minha capacidade de reunir e disseminar conhecimento, reafirmando a confiança em meu trabalho quando me convidaram para escrever este livro, segunda obra minha a ser lançada pela editora.

Agradeço também à minha família, que mais uma vez "trabalhou comigo", na medida em que me ouviu pacientemente nos momentos de cansaço, ofereceu seu carinho para meu descanso e recarregou-me com o estímulo necessário para que eu mantivesse a mesma dedicação em todo o processo.

Minha gratidão aos meus amigos, que souberam entender as muitas ausências nos compromissos sociais, e particularmente à minha ex-aluna e grande amiga Ana Cristina Gomes, que, além do apoio, tem se constituído em uma dedicada e qualificada leitora dos meus textos, oferecendo sugestões muito importantes para meu aprimoramento.

Agradeço aos muitos autores estudados, citados ou não na bibliografia desta obra, por me oferecerem verdadeiras preciosidades na pesquisa realizada, o que contribuiu decisivamente para a qualidade e sustentabilidade das idéias aqui discutidas.

Não poderia concluir esses agradecimentos sem externar minha profunda gratidão a Márcia Rodrigues e Ivone Andrade, revisoras deste conteúdo, que com carinho e dedicação enriqueceram sobremaneira a qualidade do produto final.

E por fim agradeço a Deus, Energia Suprema e Grande Planejador do Universo, que, através de seus emissários de Luz, dotou-me, durante todo o processo, da força, da motivação e da inspiração necessárias para a realização desta obra.

Luz e Paz!

Edson Marques

Apresentação

Quando fui convidado a escrever este livro, sabia que seria um desafio que exigiria esforços imensuráveis, considerando os prazos envolvidos e o número de compromissos aos quais já me encontrava vinculado. Mas, ao mesmo tempo, estava diante de uma oportunidade ímpar, que me ofereceria condições para discutir temas que julgo de grande importância para todos aqueles envolvidos em projetos (e todos somos), a partir de ângulos de reflexão bastante específicos e particulares. Por isso aceitei com muita gratidão.

Para que o prezado leitor não estranhe ou questione algumas particularidades na linguagem utilizada, entendo que seja importante ressaltar dois pontos:

- Durante todo o conteúdo me referirei ao leitor, no gênero masculino, apenas por simplificação de linguagem, pois caso contrário teria que, a todo o instante, me dirigir ao prezado leitor/prezada leitora, o que tornaria o texto desnecessariamente poluído. Portanto, destaco que todo este trabalho está destinado a homens e mulheres que se interessam pelo tema, e que o prazer que sentirei ao saber que alguém estará compartilhando comigo as reflexões aqui propostas independem do gênero do leitor (ou da leitora);
- Talvez não passe despercebido que em muitos momentos utilizarei os pronomes na primeira pessoa do plural (entendemos, defendemos, achamos etc), enquanto que em outros momentos utilizarei a primeira pessoa do singular (defendo, critico etc). Não se trata de equívoco na revisão, mas de um pressuposto intencional. Entendo que esta seja uma obra coletiva, viabilizada a partir de idéias, estudos e esforços das mais diferentes fontes, desde autores consagrados que consultei e sobre os quais debruço meus estudos, até energias intangíveis (consciente coletivo para uns, saber universal para alguns e Deus para outros) que exercem uma profunda

inspiração durante qualquer ato de criação. Portanto, não me sentiria bem em desenvolver um conteúdo coletivo, utilizando a primeira pessoa do singular. Assim, utilizei esse pronome apenas nos momentos em que ousei colocar provocações e idéias que, suponho, sejam efetivamente inerentes às minhas linhas de pensamento e o fiz como forma de não comprometer os demais colaboradores deste livro com provocações polêmicas que tenham partido exclusivamente de minha impertinência.

No mais, desejo-lhe uma ótima leitura e espero que o meu esforço se converta em oportunidades de reflexão e de conhecimento.

Luz e Paz!

Edson Marques

Prefácio

Comprando a Passagem (ou não...)

Um caminho não percorrido é apenas mais um caminho. Um caminho percorrido é muito mais do que um caminho: é uma escolha, sobre a qual recai toda a responsabilidade e as conseqüências de se ter escolhido [...]

No mundo contemporâneo, em que, definitivamente, o tempo é o ativo mais escasso e valioso, entendo como saudável, e até honesto, sumarizar logo no início de um livro a discussão que o norteará, buscando, a partir de um resumo sincero e eficiente, permitir ao leitor a continuidade ou não da leitura.

Poderíamos comparar tal procedimento a um guia turístico, honesto e transparente, que, antes de iniciar uma viagem, se dispusesse a narrar, de forma sucinta, as paisagens, as localidades e os principais atrativos turísticos que aqueles que se dispuserem a fazê-la encontrarão em seu percurso. De tal forma a permitir que os propensos viajantes tivessem a prerrogativa de "comprar o pacote" ou não.

Ainda assim, obviamente alguns contratempos poderiam surgir no caminho, algumas decepções em relação a uma ou outra localidade e algum esforço adicional no desenvolvimento da viagem; mas a apresentação seria bem-sucedida se conseguisse, no geral, estabelecer as principais experiências e vivências previstas durante a viagem.

Em nosso caso, inicio a narrativa resumida de nossa "viagem" pelo próprio título. Ao defini-lo, o fiz a partir da convicção de que se faz cada vez mais necessário intensificar e amadurecer a discussão sobre as diferentes expectativas que se desenvolve ao interagir com uma empresa e, particularmente, com sua estratégia competitiva.

É notório que as empresas vivem um momento especialmente crítico: o ambiente concorrencial as desafia todos os dias e os responsáveis por sua condução as tratam a partir de visões extremamente diferentes – e, às vezes, antagônicas.

Os investidores ou sócios buscam retornos cada vez maiores em um espaço de tempo cada vez menor; os executivos, não raramente, utilizam as empresas que dirigem para tecer suas "teias de poder" e para obter bonificações substanciais, muitas vezes em detrimento aos interesses corporativos mais legítimos.

Os funcionários alimentam, dia-a-dia, uma ansiedade cada vez maior pelo rápido encarreiramento profissional e pela obtenção da maior parcela possível de benefícios trabalhistas, muitas vezes de modo justificável, outras tantas vezes de maneira precipitada e egoísta.

Os governos dilaceram a capacidade competitiva das empresas a partir de um apetite insaciável na arrecadação de tributos, enquanto pouco contribuem para a simplificação tributária e para a desburocratização dos processos produtivos (sem contar o quase desprezo institucional quanto aos investimentos na educação, em marcos regulatórios claros e objetivos e na malha de infra-estrutura, essencial para a produção e seu escoamento).

Os clientes buscam, obsessivamente, produtos e serviços cada vez melhores, a preços cada vez menores, utilizando o freqüente poder de barganha viabilizado pelo desequilíbrio entre oferta e demanda, não se importando com a sobrevivência da empresa, já que, antes mesmo da última máquina ser desativada, surgirão novas empresas para oferecer produtos e serviços similares em condições ainda mais vantajosas.

Os mercados financiadores – financeiro e de capitais – concentram seu foco exclusivamente no retorno do capital, acrescido dos encargos ou prêmios julgados compatíveis com os riscos assumidos, sem piedade ou complacência, o que pode fazer com que uma empresa adentre a noite em condições supostamente saudáveis e amanheça em crise, a partir de uma única notícia desfavorável.

Os ambientalistas, a despeito de toda a nobreza das causas defendidas, não raramente erram na dose e, a partir de posições extremas, desarticulam projetos e investimentos que comprometem a própria capacidade de sobrevivência das empresas envolvidas.

A própria sociedade, que, por desconhecimento ou desinteresse em se aprofundar nas reflexões afins, tratam as empresas – justamente elas, que são as principais responsáveis pela geração e distribuição de riqueza no mundo contemporâneo – como adversárias e, até mesmo, como inimigas, batalhando, amiúde, para que elas instalem suas unidades no seio de suas comunidades, para, em seguida, inundá-las com reclamações, processos, protestos e retaliações.

E, no epicentro de todos esses movimentos, as empresas se encontram um tanto quanto perdidas, desamparadas e constantemente ameaçadas, como se fossem um tecido que estivesse sendo puxado com forças desproporcionais e em direções diferentes. Não é muito difícil prever o resultado de movimentos como os aqui descritos, não é mesmo?

Dessa forma, ao intitular esta obra como *Falando a mesma língua*, a intenção (e não pretensão) é desenvolver, dentro da profundidade possível, uma reflexão acerca do tema de tal forma a buscar, senão uma visão única, já que tal possibilidade além de utópica não seria a ideal, pelo menos uma maior aproximação entre os diversos atores responsáveis pela elaboração e condução dos projetos corporativos.

Este não é um livro sobre Estratégia! Nem mesmo uma obra sobre Planejamento Estratégico! Se o leitor tem interesse em se aprofundar em um dos dois temas citados, a própria bibliografia citada no final desta obra trará boas contribuições a respeito. O que propomos, neste conteúdo, é explorar as particularidades presentes na gestão de empresas e de projetos, paradigmas presentes no ambiente corporativo, conceitos e ferramentas extraídas a partir de experiências bem-sucedidas, posturas e comportamentos que podem beneficiar ou prejudicar uma gestão que busque a competitividade no curto, médio e longo prazos.

Não estamos garantindo, como algumas obras levianamente prometem, que ao findar a leitura deste livro, o leitor estará preparado para identificar todos os problemas no ambiente corporativo e estará apto a atingir êxito em todos os projetos que desenvolver. Tal afirmação soaria como esses anúncios de dieta que prometem milagres sem esforços. Preferimos acreditar nos programas de dieta que estabelecem, desde o princípio, premissas que envolvam uma sensibilização quanto ao processo a ser desenvolvido, à necessidade de se congregar práticas alimentares saudáveis, exercícios físicos regulares e posturas adequadas e perenes. Assim, o que propomos é um conjunto de reflexões, agregado a conceitos aceitos pelos mais renomados estudiosos do tema e executivos bem-sucedidos, por sua já comprovada eficácia, que permitam um amadurecimento em nosso comportamento na gestão, de tal forma a ampliar consideravelmente nossa capacidade de buscar melhores resultados em nossos projetos.

Importante ressaltar que, em nossa discussão, não nos concentraremos em "localizar culpados" – atitude que vemos presente em muitos estudos sobre estratégia e gestão – nem em determinar quem está certo e quem está errado, uma vez que entendemos que todos os *stakeholders* (grupos de interesse envolvidos em qualquer projeto) fazem parte do problema e, o que é mais relevante, todos podem fazer parte da solução. As particularidades sobre as quais discorreremos neste estudo fazem parte da natureza humana e, portanto, devem ser compreendidas como comportamentos naturais. Cabe aos participantes do processo de gestão, no entanto (e particularmente aos líderes na condução da estratégia empresarial e na condução dos projetos), desenvolverem ações que permitam minimizar os desgastes e prejuízos que certas posturas e comportamentos trazem para a elaboração e implementação das ações planejadas. Falando a mesma língua, estaremos – em princípio – otimizando o processo de comunicação e aproximando o grau de compreensão das necessidades e anseios corporativos, a partir de qualquer ângulo de observação. E compreender qualquer situação de forma homogênea é o caminho mais curto para se atingir um posicionamento mais consensual em sua condução.

Assim, iniciaremos comentando alguns aspectos relevantes da estratégia corporativa, incluindo seus momentos de glória, seu ocaso e, neste momento, a fase de revitalização que atravessa, a partir de um amadurecimento conceitual e prático, o que parece estar trazendo resultados bastante consistentes para as empresas que a utilizam de forma adequada.

Em seguida, trataremos das particularidades da gestão contemporânea, envolvendo as profundas alterações nas estruturas de gestão, as vantagens e as desvantagens decorrentes dessas mudanças organizacionais e os desafios presentes na função de gerir, que, mais do que organizar e coordenar ações exige, atualmente, uma inquestionável capacidade de cooptar o talento, a cumplicidade e o comprometimento de todos os envolvidos no curso das ações gerenciadas.

A seguir, discutiremos particularidades do ambiente corporativo, que atualmente representa matizes extremamente diversificados em seu contexto, apresentando, dependendo do tipo de empresa e mercado abordado, de conceitos e práticas extremamente desatualizados e improdutivos a conceitos e comportamentos revolucionários e altamente eficazes no desenvolvimento da estratégia empresarial, e permitindo visualizar, no presente, empresas que se encontram na "idade da pedra corporativa" e empresas que já se encontram muito próximas do que se entende como o "futuro das organizações". As razões que fazem com que organismos tão diferentes sob o ponto de vista de evolução convivam no mesmo ambiente podem ser explicadas, como veremos e tal qual ocorre no mundo dos organismos vivos, a partir da maneira como cada um deles explora o ambiente: uns buscando caminhos revolucionários, outros se aproveitando das brechas presentes nos caminhos abertos, e alguns, ainda, utilizando as "migalhas" para sobreviverem, enquanto outros, invadindo os espaços com práticas hostis e provocando, inclusive, o adoecimento de parte daqueles que estão à frente, abrindo os caminhos. Nada mais do que o ambiente natural de luta pela sobrevivência.

Discutiremos aspectos do ambiente concorrencial, numa visão histórica, procurando demonstrar que a concorrência não decorre de vontades e decisões específicas e deliberadas, mas resulta de uma série de fatores que trouxeram à sociedade a oportunidade de intensificar o ritmo evolutivo. Se as coisas não estão ocorrendo com tanto êxito como poderia, cabe à própria sociedade repensar a forma como vem conduzindo os vetores que o próprio ambiente concorrencial viabilizou. Buscaremos argumentar que o ambiente concorrencial é neutro, aberto e livre, representando um importante espaço para o desenvolvimento de práticas competitivas saudáveis, mas a forma como a sociedade encara esse desafio pode indicar a qualidade dos resultados a serem alcançados, sob o aspecto de geração e, principalmente, distribuição de riqueza.

Após desenvolver um estudo sobre o cenário corporativo e concorrencial, estaremos aptos a discutir particularidades na gestão por projetos, que, antecipamos, representa muito mais do que simplesmente gerenciar áreas de interesse corporativo. Delinearemos, com a simplicidade perseguida em nossa discussão, as etapas presentes na elaboração e implementação de projetos, enfatizando, no entanto, aspectos comportamentais presentes no desenvolvimento dessas ações, esperando provocar intensas reflexões do leitor sobre suas próprias práticas. Estamos definitivamente convencidos de que a qualidade da gestão de projetos, na atualidade, carece mais de posturas e comportamentos colaborativos do que de técnicas e informações mais eficazes. Nesta etapa, comentaremos aspectos importantes na definição de focos de análise, na avaliação de ambiente, no desenvolvimento de diagnóstico e na proposta de ações a serem implementadas no curso dos projetos. Mas, mais do que tudo, destacaremos atitudes que julgamos extremamente relevantes para o alcance e a superação dos resultados esperados para os projetos, em suas diversas fases.

A fase de implementação dos projetos também merecerá destaque em nossa discussão. Percebe-se a presença, no mercado corporativo, de um entendimento geral de que os projetos se concentram, predominantemente, na fase de elaboração, como se os processos de planejamento e implementação de projetos representassem fases independentes e pudessem ser tratados separadamente e, até mesmo, sem qualquer articulação. Como veremos, tal interpretação vem, ao longo do tempo, representando um dos principais motivos para a animosidade corporativa, para a pobreza do *endomarketing* e, em conseqüência, para os resultados medíocres que se verifica em boa parte dos projetos. Defenderemos que a fase de implementação é tão ou mais vital em um projeto do que a fase de elaboração e discorreremos sobre cuidados que devem estar presentes em seu desenvolvimento.

Iniciada a implementação, discorreremos sobre a relevância de ações eficazes de acompanhamento e controle, buscando demonstrar que os resultados sempre derivam de definição de objetivos, planejamento e implementação de ações e acompanhamento de seu desenvolvimento, etapas interdependentes e "siamesas" no desenvolvimento de projetos.

A gestão do capital intelectual, embora não represente aspecto desagregado de todo o conteúdo que vimos abordando anteriormente, merecerá uma avaliação à parte, tendo em vista sua importância, ora como combustível, ora como motor de propulsão no desenvolvimento da estratégia corporativa. Beira a redundância a afirmação de que o ser humano representa um ativo cada vez mais importante no êxito das estratégias organizacionais, mas insistiremos no tema, por entendermos que sua importância o faz onipresente em qualquer estudo que envolva a gestão, sendo que, em nossa abordagem, ousaremos defender, ao mesmo tempo, que, tal qual ocorre com as demais forças presentes em um determinado projeto, a qualidade da participação do ser humano dependerá, fundamentalmente, de sua postura diante dos desafios apresentados. E, a partir desse fator, pode representar elemento de construção ou elemento de destruição das bases definidas para os projetos.

Caminhando para o final de nossa discussão, discorreremos sobre a Ética e a Gestão, esperando contribuir para a defesa da necessidade de uma postura cada vez mais ética na gestão e na condução de projetos. Não queremos negar que nossa sociedade já vivenciou períodos em que os preceitos éticos foram menos valorizados do que atualmente. Mas, se abordarmos a questão de um outro ângulo, em que se considere o nível de conhecimento à disposição da humanidade e a sua respectiva transformação em princípios eticamente respeitáveis, perceberemos que nunca estivemos tão distantes de uma situação aceitável. Obviamente, já se fazem presentes bons exemplos de gestão que se concentram, num mesmo nível hierárquico, nos resultados financeiros e nas práticas morais, mas seu próprio destaque no ambiente corporativo demonstra que a maioria dos projetos e das empresas se encontra, ainda, muito distante do estágio ideal sob o ponto de vista da ética empresarial. Defenderemos que a verdadeira competitividade não pode prescindir de incluir, em seu escopo, a ética como um dos principais pilares de sustentação da estratégia e dos projetos que a alimentam.

Por fim, deixaremos alguns recados aos *stakeholders*, ou seja, a todos os colaboradores envolvidos na busca do sucesso de uma estratégia corporativa, procurando demonstrar que uma visão individualista dos projetos é, sem dúvida, a mais confortável e a mais simples, mas certamente não é a mais eficaz na contribuição para o seu êxito. Não podemos continuar tratando as empresas e seus projetos como se fossem estruturas voltadas prioritariamente para a viabilização de nosso bem-estar e de nossos interesses. As estratégias e os projetos são, mais do que tudo, organismos complexos e diversificados, que devem buscar, antes de qualquer outra coisa, a sua sobrevivência e, mais ainda, a sua saúde e perenidade, a fim de distribuir a todos os envolvidos em sua consecução, a parte de sucesso que lhes cabe.

O tão anunciado terceiro milênio chegou. E a "nova Era" há tanto tempo propagada só terá sentido se trouxer maior harmonia no convívio social e, dentro desse, na vivência corporativa, que, afinal, absorve considerável parte de nossas vidas e de nossas energias. Para isso, é de fundamental importância que nos livremos de nossos egoísmos e que dediquemos um pouco de nosso tempo na busca de compreendermos, um pouco melhor, o "outro lado", como caminho de nos percebermos como realmente somos: uma parte (ainda que singular e importante, mas apenas uma parte) do todo. Quando a sociedade e suas diversas comunidades e grupos de afinidade perceberem e, principalmente, praticarem os preceitos da universalização e da compreensão mútua, iniciaremos a tão sonhada caminhada rumo à geração permanente de riqueza – e sua justa distribuição – e à harmonia universal, utópica para muitos, mas que, a partir de uma avaliação mais livre de ceticismos e radicalismos, se mostra possível e atingível, dependendo de um fator preponderante: nós mesmos!

Esperamos que o prezado leitor tenha apreciado conhecer nosso "roteiro turístico"; que, neste momento, se sinta devidamente contextualizado sobre as paisagens que nos esperam e, humildemente, desejamos profundamente que, após nossas informações preliminares, o prezado leitor tenha se decidido a viajar conosco.

Caso tenhamos o privilégio de viajar em sua companhia, desejamos-lhe uma ótima, agradável e produtiva viagem.

Edson Marques

Sumário

Prefácio Comprando a Passagem (ou não...) · XI

Parte I A Gestão e o Ambiente · 1

1. Uma Questão Estratégica · 3
   O que não é estratégia? · 7
   O que é, então, estratégia? · 14
   A importância do foco · 17
   As estratégias genéricas · 19
   Liderança em diferenciação · 19
   Liderança em custos · 21
   Liderança em enfoque · 22
   O *tradeoff* · 23
   De quem é a responsabilidade da estratégia? · · · · · · · · · · · · · · 25

2. Aspectos da Gestão Contemporânea · 29
   Humildade · 33
   Flexibilidade · 40
   Simplicidade · 43

3. O Ambiente · 49
   Aspectos endógenos aos projetos · 51
   Os "dogmas organizacionais" · 56
   Ambiente exógeno aos projetos · 69

XX   Falando a Mesma Língua

Parte II   A Gestão e os Projetos **75**

4. **Gestão por Projetos** **77**
   Por que planejar? 79
   Quem deve planejar? 81
   Como planejar 82
   O foco de análise 86
   Análise do ambiente 86
   O diagnóstico 87
   Ações estratégicas 87
   Tradeoffs 88

5. **O Foco de Análise** **89**

6. **A Análise de Ambiente** **99**

7. **A Análise SWOT** **111**
   Os passos da Análise SWOT 116
      1. Equalização da análise do ambiente 118
      2. O *brainstorming* 119
      3. Tratamento das variáveis 120
      4. Classificação das variáveis 121
      5. Priorização das variáveis (identificação dos fatores críticos) ... 124
        5.1 Priorização das variáveis exógenas 125
        5.2 Priorização das variáveis endógenas 127
        Quadro de fatores críticos do diagnóstico 130
      6. Cruzamento das variáveis endógenas e exógenas 130
   Ganhos incrementais 132

8. **Definição das Ações e *Tradeoffs*** **135**
   Definição a partir da segmentação dos fatores críticos 136
   Definição *one-to-one* 137
   O *tradeoff* 141

9. **Aspectos da Implementação e Controle** **145**
   Aspectos da implementação 146
   Aspectos do controle 153

Parte III   A Gestão e o Ser Humano 157

10. Gestão e o Capital Intelectual 159
    A tecnologia aliada à inteligência competitiva 162

11. Ética na Gestão 167
    O ser humano em primeiro lugar 168
    A pressão corporativa como apaziguadora de consciências 170
    Da "ética das regras" para a "ética dos valores" 171
    Os líderes como propagadores da conduta ética 172

12. Recados aos *Stakeholders* 175
    Aos investidores 176
    Aos executivos 179
    Aos consumidores 182
    Aos fornecedores 183
    Aos ambientalistas 185
    Aos financiadores 186
    Aos governos 187
    Aos funcionários 189

13. Resumo da Ópera 193

Notas Bibliográficas 197

Bibliografia 201

PARTE I

A GESTÃO
E O
AMBIENTE

Capítulo 1

Uma Questão Estratégica

> *O rumo que uma empresa está tomando é mais importante do que o lugar de onde ela está vindo [...]*
> Hamel & Prahalad

Este livro não pretende abordar a Estratégia ou o Planejamento Estratégico como tema principal, porém, ficaria difícil discutir os aspectos da gestão e as particularidades do ambiente corporativo sem tratar, ao menos, das diferentes visões que existem sobre a Estratégia.

Mas se estamos tentando reduzir as diferenças entre as diversas maneiras de se entender a vivência empresarial e seus projetos, julgo procedente começarmos a discussão pela Estratégia. Certamente, é um dos temas que mais distancia os diversos públicos envolvidos em qualquer projeto corporativo.

Em primeiro lugar, vamos conceituar, de forma transparente, simples e honesta, o que é a Estratégia. Escrevo isso com a pretensão e a ansiedade de quem vem estudando o tema há bastante tempo e, sinceramente, se desespera com a diversidade de taxonomias e de definições que a literatura disponível traz acerca do tema. Essa diversidade e a erudição com que o assunto é tratado enriquecem as possibilidades de análise e reflexão a respeito, porém, tornam seu estudo de uma complexidade desnecessária e improdutiva, afastando boa parte dos potenciais interessados no tema e restringindo sua discussão a um grupo extremamente seleto de profissionais, aqueles que já ocupam postos hierarquicamente elevados nas grandes corporações.

Enquanto escrevo, tento me policiar para não cair na tentação de descambar para um linguajar técnico e rebuscado, muito utilizado nos estudos sobre Estratégia, para que o prezado leitor não pule este capítulo, o que me faria ver frustrada a intenção de abordar o tema de uma forma mais amena. Doravante, prometo primar pela simplicidade.

Por que há tanta resistência pelo estudo da Estratégia? Bem, acredito que não haja uma única razão para explicar o distanciamento da maioria das pessoas e dos profissionais do tema; portanto, arriscarei alguns motivos que, entendo, justificam boa parte dessa verdadeira aversão:

- A maioria dos estudos sobre Estratégia é escrita em uma linguagem excessivamente técnica, primando por exemplos voltados para grandes projetos e comunicando-se através de um "idioma alienígena" que somente os iniciados no assunto conseguem, com alguma dificuldade, entender.
- A forma como os principais estudiosos abordam o assunto leva as pessoas a acreditar que Estratégia é especificamente voltada para algo de grande porte e que para se elaborar e implementar uma estratégia é necessário existir uma estrutura gigante e de somas incalculáveis de recursos.
- A implementação de "não estratégias" (conforme discutiremos adiante) como se fossem "estratégias" e seus sucessivos fracassos levaram a maioria das pessoas a questionar sua eficácia e sua importância para as boas práticas corporativas.
- A origem do nome (do grego *strategos*, ou, estritamente, *general*"), assim como boa parte do estudo sobre a estratégia contemporânea, oriunda de práticas militares aperfeiçoadas na Segunda Guerra Mundial, criou, em boa parte das pessoas, uma resistência natural, na medida em que se associa a estratégia à "guerra" e às práticas militares. Automaticamente, chega-se à conclusão de que a estratégia deve ser utilizada como caminho para o "aniquilamento de inimigos" ou a uma guerra concorrencial sangrenta. É curioso, mas, como veremos adiante, a estratégia busca, em síntese, justamente o contrário: criar condições para que as empresas atinjam seus objetivos através de caminhos alternativos, sem a necessidade de confrontos diretos com seus concorrentes.

De acordo com as inferências mencionadas e para demonstrar que, embora a denominação da estratégia tenha tido sua origem na "arte da guerra", sua prática é muito anterior às campanhas militares, diria até mesmo instintivas, proponho agora uma reflexão sobre as seguintes situações:

- Por que nossos antepassados prefeririam caçar durante o dia e recolher-se nas cavernas à noite, iniciando o repouso tão logo o sol se punha?

- Por que os bebês "estremecem" os quartos onde dormem, com choros estridentes e em timbres específicos, na medida em que sentem fome, sede, dores ou simplesmente carência do calor materno?
- Por que alguns insetos e répteis procuram permanecer em galhos de árvores, rochas ou terrenos onde os matizes e o relevo representam uma verdadeira "camuflagem" para suas características físicas?
- Por que a esposa, de vez em quando, faz uma "carinha de amuada" para o marido, levando-o a acreditar que alguma coisa de muito grave está acontecendo, quando na verdade nem ela mesma sabe qual seria o motivo do "chororô"?
- Acredito que o prezado leitor já deva ter deduzido que defenderei a idéia de que, atrás de todas essas ações, existe uma estratégia, não é mesmo? Bingo! Ainda que de forma instintiva, não podemos deixar de admitir que as situações mencionadas revelam muito de estratégias na busca por objetivos específicos: seja a sobrevivência, seja um pouco de atenção. O fato que quero defender neste livro é que a estratégia é algo muito mais antigo do que as práticas militares e as práticas corporativas. Ela está presente desde que nossa inteligência passou a perceber que para atingir algum objetivo existem caminhos alternativos e, entre eles, algum que em nossa concepção se destacaria como o mais adequado.

Quando falamos em estratégia, devemos falar sobre o que é natural, intrínseco em nossas vidas e vinculado, permanentemente, à nossa busca pelo êxito e pela otimização de esforços. Se a estratégia está tão presente em nossas vidas, ela não deveria estar presente na vida das corporações também?

Por outro lado, enquanto citávamos alguns exemplos bastante sublimes, estávamos tratando de estratégias instintivas, básicas. E, à medida que nos voltamos para ambientes mais complexos, as estratégias vão exigindo maior elaboração e sistematização. Mesmo quando falamos sobre nós mesmos, não é difícil imaginar a diferença entre a estratégia desenvolvida por nossos bisavós quando buscavam um meio de sobrevivência, um trabalho, e a estratégia que desenvolvemos hoje quando buscamos o mesmo objetivo. Embora não sejamos tão diferentes de nossos antepassados recentes e nossos objetivos básicos não sejam tão distintos, as especificidades envolvidas e, particularmente, o ambiente presente alteraram-se radicalmente nas últimas décadas, exigindo de nós uma postura mais elaborada e uma competitividade mais consistente para atingir nossos objetivos.

Quando falamos de estratégias corporativas, estamos tratando de um tema simples, porém, pela complexidade do ambiente que envolve os projetos e as empresas, elas vêm exigindo uma sistematização cada vez mais elaborada, uma vez que poupar recursos e esforços se torna uma necessidade cada vez mais premente.

Isso não impede que todos os participantes de um ambiente corporativo entendam a formulação da estratégia e até mesmo participem dela, já que é muito mais fácil percorrer um caminho quando se ajudou a idealizar. No entanto, é preciso, desde já, estabelecer algumas ressalvas. Por mais que uma equipe possa ser colaborativa, é inevitável que respeitemos as diversas posições de seus jogadores; embora os zagueiros possam também avançar ao ataque ou os atacantes eventualmente tirem uma bola que já estava na linha, evitando um gol do outro time, predominantemente as diversas posições (técnicos e auxiliares, atacantes, meio-campistas e zagueiros) precisam ser respeitadas, pois, se o posicionamento adequado não for obedecido, correremos o risco de termos um time totalmente desorganizado, tornando-o extremamente vulnerável dentro de um jogo.

Embora a formulação da estratégia deva se constituir em um exercício participativo, é primordial para uma empresa ou corporação que se estabeleçam os níveis de responsabilidade sobre sua elaboração e implementação, e que todos os colaboradores compreendam e aceitem os diferentes papéis nesse processo.

Vale ainda ressaltar que a estratégia é um processo acessível a todas as empresas, qualquer que seja o porte e a área de atuação. Normalmente ouço de muitos pequenos empresários a argumentação sobre a incapacidade de desenvolver uma estratégia própria, tendo em vista que suas empresas não possuem recursos para tal. Entendo que esse é um argumento de defesa ou de desculpa para não desenvolver um pensamento estratégico sobre a empresa e sua operação, por isso, deve ser contestado. Na verdade, qualquer que seja o porte ou a área de atuação de uma empresa, pensar estrategicamente significa, entre outras coisas, identificar aspectos de mercado (que nem sempre indicam "céu de brigadeiro") e particularidades da própria empresa (que nem sempre apontam para virtudes).

A estratégia constitui-se, pois, em "discutir a relação", ou seja, em se aprofundar na avaliação de todos os fatores presentes e inferir os acontecimentos futuros. Ela busca estabelecer um caminho que seja viável e profícuo, a fim de se alcançar a "Visão" presente no projeto mais amplo de uma empresa. Essa "Visão", de maneira geral, busca posicionar a empresa no mercado a partir de premissas de liderança, perenidade e lucratividade condizentes com os investimentos realizados e os riscos inerentes.

Certamente, todos nós já passamos por pelo menos um momento em que fomos convidados a "discutir a relação" com a namorada, noiva, companheira ou esposa. E se refletirmos sobre essa situação com sinceridade, dificilmente afirmaremos que a experiência foi agradável. Discutir a relação é expor-se e aprofundar as reflexões acerca de assuntos que nem sempre são agradáveis de se discutir. É muito comum os casais fugirem desses momentos, preferindo reagir no dia-a-dia.

Não se pode fugir o tempo todo dessas situações, tentando encobrir as marcas profundas que já estão visíveis no relacionamento. Os presentes e os jantares à luz de vela são tentativas que, se trazem alguns momentos de intimidade e prazer, não serão suficientes para contornar problemas estruturais. Os problemas estarão lá, esperando no dia seguinte, no café da manhã.

Para não dizer que os casais evitam discutir a relação apenas quando se trata de problemas, direcionemos nosso exemplo para o enfoque das oportunidades. Não é incomum, também, conhecer histórias de casais que perdem ótimas oportunidades de, por exemplo, comprar aquele tão sonhado apartamento, apenas porque não se dispõem a sentar e planejar. O planejamento identificaria as oportunidades presentes, assim como as variáveis internas que podem favorecer ou dificultar a realização do negócio. Feito isso, poderiam alinhavar as ações necessárias para buscar as sinergias entre as variáveis existentes. Ao contrário disso, observa-se que os casais, muitas vezes, postergam o momento da decisão. Quando decidem, o fazem de maneira extremamente instintiva, sem avaliar as variáveis presentes, arriscando a se arrepender pouco tempo depois de o financiamento ser concretizado.

Portanto, a questão não é avaliar se a elaboração da estratégia é um processo prazeroso e agradável, ou não. A questão é definir se a estratégia é ou não importante para o destino de uma empresa no longo prazo. Obtendo-se essa resposta, investe-se ou não no pensamento estratégico. Para concluir este argumento, principalmente para aqueles que alegam detestar práticas de planejamento e de pensamento estratégico, pense em por que as pessoas passam a vida visitando consultórios dentários. Certamente não é pela "diversão" e pelo "prazer" que essa prática lhes permite, mas, sim, pela convicção de quanto isso é importante para a qualidade de vida. Por este ponto de vista, a discussão estratégica poderia representar a "profilaxia corporativa".

Ponderados os fatores que podem nos levar ao entendimento de que desenvolver um pensamento estratégico se constitui em um aspecto importante na condução de qualquer projeto que se deseje competitivo, devemos tentar identificar o que, efetivamente, vem a ser um pensamento estratégico.

O que não é estratégia?

Para definir o que é estratégia, proponho um caminho um pouco diferente. Ao invés de estabelecermos primeiramente as premissas que a nosso ver compõem o processo estratégico e, numa análise mais ampla, a estratégia de uma empresa, vamos começar discutindo o que não é estratégia. Conta-se que, quando concluiu a escultura de Davi, Michelangelo teria sido questionado por um nobre sobre como conseguira esculpir algo tão perfeito e que teria respondido que o processo fora executado a partir da seguinte premissa: de um bloco de mármore ele retirara tudo o que não era Davi.

Verdadeiro ou não, esse relato nos leva a compreender que um dos caminhos para se obter uma boa definição sobre algo é, primeiramente, definir o que não é aquilo que estamos analisando.

Assim, relacionarei a seguir algumas ações que normalmente são confundidas com estratégia, mas que definitivamente não deveriam ser:

- **Benchmarking**: a busca das melhores práticas como caminho para a obtenção de insumos à análise estratégica pode se constituir em elementos valiosos nas avaliações diagnósticas. Mas entender que o *benchmarking* por si só se constitui em estratégia é simplificar sobremaneira o processo estratégico.

    Michael Porter, um dos maiores estrategistas contemporâneos, apoiado em um vasto conjunto de pesquisas e estudos sobre o tema, decreta: "Quanto mais praticam o *benchmarking*, mais as empresas se assemelham entre si. A competitividade baseada apenas na eficácia operacional é mutuamente destrutiva, levando a guerras de desgaste que terminam apenas com a limitação da competição."[1].

    Hamel & Prahalad, por sua vez, afirmam que "um setor cheio de 'clones' é uma oportunidade para qualquer empresa que não esteja atrelada à estrutura gerencial dominante [...]"[2].

    O que se depreende dessas frases não é a afirmação de que as ações de *benchmarking* não são importantes. Na verdade, elas fazem parte de um processo construtivo de inteligência competitiva e, como tal, devem ser valorizadas. No entanto, limitar o pensamento estratégico à imitação do que se entende como melhores práticas de mercado é um passo bastante auspicioso rumo à mediocridade estratégica.

    Em primeiro lugar, precisaríamos perguntar: melhor prática para quem, cara pálida? É muito comum aceitarmos pacificamente que as melhores práticas desenvolvidas por uma empresa ou em um segmento avaliado por ações de *benchmarking* representam ações *taylor made* (feitas sob medida) para nosso projeto ou nossa empresa. Eis um primeiro risco implícito nessa abordagem. Nem sempre o que é bom para alguém é bom para nós. Acompanhamos, muitas vezes, a saga daquele indivíduo que se põe a comprar tudo aquilo que o vizinho do lado – invariavelmente mais "abonado" – adquire. O cara não pode ver o vizinho chegar com um carro novo que fica "se coçando" todo até conseguir comprar um exatamente igual – ou melhor. O final da história não precisamos contar, não é?

Pois bem, as ações desenvolvidas por uma empresa (principalmente quando se trata de empresas que estimulam o pensamento estratégico) geralmente decorrem de uma série de análises, envolvendo variáveis internas e externas, competências essenciais e recursos disponíveis. Pois bem, quando vamos até ela e simplesmente trazemos essa ação como uma "estratégia" a ser implementada, estamos tão-somente introduzindo um "elemento estranho" em nosso "organismo", que nem sempre trará benefícios que compensam os "efeitos colaterais" decorrentes de sua "ingestão". Outro fator a ser considerado é o capital humano que estaria replicando a ação pretendida. É fato comprovado que a mesma ação implementada por valores pessoais completamente distintos pode trazer resultados significativamente diferentes. Por fim, ainda que tudo corra bem e que a empresa consiga replicar de forma aceitável a prática identificada, ela estaria saindo atrasada e, conseqüentemente, teria de se contentar em "colher uvas de uma parreira já visitada", o que nem sempre permite uma colheita das mais produtivas.

Agora, no que diz respeito a plano estratégico e *benchmarking*, a pior situação é quando a empresa faz *benchmarking* consigo própria. Num primeiro momento, o caro leitor pode estar pensando que eu não me encontro em meu juízo normal, mas tal possibilidade é mais comum do que se imagina. Vejamos o que diz Kotler em seu livro *Os 10 pecados mortais do marketing*: "Peça para ver os planos deste ano e do ano anterior para o mesmo produto. Aposto que a tática e a estratégia serão as mesmas. Isto é, os dois planos são praticamente iguais. Não há novas idéias. O planejador resolveu fazer o que lhe pareceu mais seguro: copiou o plano anterior."[3].

Na verdade, com essa afirmação, Kotler toca em um ponto crucial da questão. De maneira geral, os gestores preferem utilizar o *benchmarking* como "estratégia", por uma simples razão: se der certo, receberão os dividendos do sucesso alcançado; se, ao contrário, der errado, utilizarão o argumento de que a ação foi identificada como um "caso de sucesso" ante o concorrente (melhor ainda se esse for o líder de mercado) e que, portanto, entendia-se que a medida representava grande probabilidade de êxito. Eis um *hedge* (proteção) perfeito para um gestor inseguro.

Assim, defendemos que o *benchmarking* deve ser um processo estimulado e valorizado na prática corporativa, mas como uma ferramenta de inteligência competitiva, buscando a viabilização de insumos que permitam

uma avaliação diagnóstica adequada e, quiçá, sua implementação – se possível, com os aperfeiçoamentos gerados pela análise.
- **Eficácia Operacional**: tal qual o *benchmarking*, constitui-se em objetivo fundamental na gestão corporativa, uma vez que amplia as chances de que a empresa venha a apresentar excelência em seus processos e em sua gestão, mas, definitivamente, também não se constitui, por si só, em estratégia.

Porter defende, em seu livro *Competição*, que "tanto a eficiência operacional como a estratégia são essenciais para o desempenho superior, que, afinal, é o objetivo primordial de todas as empresas. Mas uma e outra atuam de formas muito diferentes."[4]

Já Peter Drucker enfatiza que "nada é mais inútil do que fazer com grande eficiência algo que nunca precisaria ser feito". Embora nesse caso estejamos tratando de eficiência e não de eficácia, o fato é que a busca da eficácia operacional se constitui em uma prática que contribui de forma decisiva para uma gestão competitiva, uma vez que estimula a integração entre as diversas áreas corporativas envolvidas no projeto, persegue a qualidade com programas como o "seis sigma", por exemplo, estuda alternativas para a redução de custos, a otimização da logística, o aperfeiçoamento operacional e das práticas de compra, enfim, estabelece um processo contínuo de busca da eficácia operacional, a partir de ações de *benchmarking* e de avaliações sistematizadas dos processos internos e dos elos existentes com fornecedores, canais e outros parceiros (*stakeholders*).

Trazendo para um exemplo cotidiano, imagine que você tenha saído de sua casa para uma viagem, conseguido utilizar as vias menos congestionadas, operado o veículo de forma exemplar, sem multas ou sobressaltos e com o menor consumo possível de combustível e de pneus, e proporcionado aos passageiros uma viagem agradável e confortável, mas tenha chegado a um destino diferente daquele previsto inicialmente. Eis um exemplo de eficácia operacional que não se traduziu em um desenvolvimento adequado da estratégia. Acrescento, ainda, que você poderia, também, ter abandonado sua estratégia em busca de uma via menos congestionada, no intuito de cumprir seu objetivo de eficácia operacional. Nesse caso, a busca de eficácia operacional poderia ter representado, até mesmo, um desvio de seu desenho estratégico original.
- **Fusões e Aquisições**: eis outro tema instigante que invariavelmente é confundido com estratégia, mas que também não representa uma estratégia por si só. Arriscaria dizer, até mesmo, que propostas de fusões e de

aquisições constituem-se em um excelente refúgio quando não se tem uma estratégia consistente.

Diversos estudos estatísticos realizados em todo o mundo indicam que a maior parte das operações de fusões e aquisições resulta em um Valor Econômico para a nova empresa inferior à somatória dos Valores Econômicos das empresas nos momentos que as antecederam.

Tais estatísticas podem nos levar a uma conclusão precipitada de que "fusões e aquisições" não representam ações benéficas para as empresas envolvidas. Na verdade, eu defenderia outra tese: a de que um número considerável de fusões e aquisições é concretizado sem uma análise criteriosa dos efeitos esperados e sem que elas decorram ou se mostrem compatíveis com uma estratégia mais ampla e eficiente desenvolvida pelas empresas envolvidas.

O caro leitor pode estar se perguntando como pode ser possível acreditar que empresas que valem bilhões de dólares possam implementar ações tão contundentes quanto uma fusão ou a aquisição de outras empresas de porte semelhante, sem a devida sustentação por um estudo com a profundidade compatível com o projeto. Eu tenho meus palpites e não os deixarei de compartilhar:

✓ Muitos executivos enxergam nas fusões e aquisições momentos em que suas posições pessoais se valorizarão, uma vez que um projeto dessa natureza intensifica os "holofotes" sobre os agentes envolvidos e isso faz bem ao ego e eleva a dependência do projeto em relação às pessoas da alta gestão nele envolvidas;

✓ Uma outra razão bastante plausível é que, quando uma empresa se encontra em um momento de hesitação quanto ao seu futuro estratégico, uma fusão ou uma aquisição de peso pode propiciar um volume bastante razoável de preocupações, problemas a serem equacionados e novos projetos a serem implementados: eis um prato cheio para aqueles executivos que se encontram numa fase em que os problemas se escassearam e, logo, logo, alguém passará a exigir deles novas propostas estratégicas para a corporação;

✓ Grandes projetos, como os representados por fusões e incorporações de porte, fascinam muitos executivos – mesmo aqueles mais experientes e maduros – e, como um "canto da sereia", hipnotizam os responsáveis por sua condução, comprometendo as avaliações mais racionais a respeito. Como álibi, esses executivos utilizam a necessidade de celeridade e de confidencialidade nas ações, justificando, com isso, a dispensa de um exame mais profundo a respeito das implicações envolvidas;

✓ Muitas empresas caem na "síndrome do baile na roça". Eu explico: na zona rural é muito comum que aconteçam bailes em uma determinada fazenda, para onde se dirigem todos os cavalheiros e todas as damas casadoiras daquela e de outras fazendas. Pois bem, invariavelmente, os homens permanecem durante boa parte da noite reunidos próximos ao balcão do bar, conversando entre si, enquanto as moças permanecem sentadas no perímetro do salão de dança, aguardando ansiosamente por um cavalheiro que as tire para dançar. Essa situação predomina, muitas vezes, por horas a fio. Quando, repentinamente, um dos homens arrisca-se a tirar para dançar aquela dama que julga a mais garbosa de todas as moças presentes, os demais homens o pressionam com galhofas e gozações. Mas, se o movimento começa a se intensificar, as galhofas começam a diminuir e, num certo momento, o salão se transforma em uma "luta pela sobrevivência", na qual os homens que ainda não estão acompanhados se precipitam na busca de um par, sem, muitas vezes, utilizar os mesmos critérios que o primeiro homem utilizou. Nesse momento, o "vale tudo" tem como principal objetivo não ficar sozinho. Fatalmente, no final desses movimentos, muitos cavalheiros estarão dançando, mas nem sempre com a moça de seus sonhos. Acho que não é necessário explicitar os pontos em comum entre essa situação e muitas fusões e aquisições frustradas, não é mesmo?

- **Inovação**: representa uma das características mais predominantes nas empresas que criam mercados. É, sem dúvida, um fator muito relevante para a concepção e condução de projetos competitivos. Preponderantemente vinculada a produtos, a inovação pode (e deve) estar presente em todas as etapas de um projeto. Seja na concepção de produtos e serviços, seja na gestão de pessoas, seja na logística, seja nas formas de financiamento; enfim, em todas as áreas intervenientes em um projeto, a inovação eficaz traz consideráveis vantagens competitivas e amplia a probabilidade de êxito. Mas, sozinha, não significa estratégia.

A inovação, quando conectada a uma estratégia eficiente, pode representar uma força incomparável para as chances de se obter sucesso em um projeto. No entanto, quando tal conexão não está presente, a inovação pode ser apenas uma característica admirável da corporação, que não se refletirá, no entanto, na competitividade a médio e longo prazos. É comum, inclusive, observarmos no mercado empresas altamente inovadoras, que, sem ações estratégicas de proteção, permitem a adoção dessas inovações por concorrentes, os quais, por sua vez, conseguem extrair resultados mais vantajosos do que a própria empresa pioneira.

Como exemplo, considerando o mesmo mercado de atuação, poderíamos dizer que a Apple representa uma empresa predominantemente inovadora, enquanto a Dell Computer se constitui em uma empresa preponderantemente estratégica. O mundo aprendeu a conviver com as fantásticas inovações apresentadas pela Apple, mas nem sempre presenciou uma capacidade compatível da empresa em utilizar suas fantásticas criações para alcançar um posicionamento competitivo sustentável. Ao mesmo tempo, a Dell vem demonstrando, com uma estratégia eficiente e integrada, uma elogiável capacidade de manter-se competitiva em um segmento altamente concorrencial. Não estou afirmando que a Apple não elabore e implemente sua estratégia nem que a Dell não seja inovadora. Mas estou defendendo que, naquela em que a estratégia tem se mostrado mais integrada e consistente, a "alavancagem da inovação" vem se mostrando mais lucrativa. Denomino, nesse caso, "alavancagem da inovação" a capacidade demonstrada pela empresa em dinamizar suas características inovadoras no sentido de atingir posições exclusivas e sustentáveis, o que costuma ser viabilizado pela sua conexão com uma estratégia vencedora.

- **Reestruturação**: consiste em um processo cuja decisão pode ter como vetores diversas circunstâncias: caminho para uma tentativa de recuperação do valor econômico da empresa, alternativa para uma "destruição criativa" ou projeto previsto em uma aquisição, por exemplo. A reestruturação está intimamente interligada ao processo estratégico, tendo em vista que ora representa o elemento motivador de uma estratégia (causa), ora constitui-se em uma ação vinculada a uma estratégia mais ampla (conseqüência). Se concordarmos que são processos interligados, concluiremos que são diferentes. E, se são diferentes, fica claro que uma não é a outra.

No intuito de não parecer extremamente acadêmico ou desnecessariamente radical quanto à utilização do termo "estratégia", não julgamos um erro a prática constante de se denominar projetos com expressões como "estratégia de inovação", "estratégia de reestruturação", "estratégia de marketing" ou "estratégia de fusão". Considerando que qualquer projeto, por menor que seja, sempre conta com as fases estratégica, tática e operacional, entendo que não seja inaceitável a utilização de tais expressões.

No entanto, é importante reforçar que, nesse caso, a abordagem não estará definindo um pensamento estratégico em sua concepção mais ampla, mas apenas a utilização do processo estratégico em um projeto mais específico e pontual.

O que é, então, estratégia?

Já tratamos das práticas de gestão que não são estratégia, agora podemos definir, em sua concepção mais cristalina, o que é estratégia. Para tanto, eu me apoiarei em definições delineadas por reconhecidos estudiosos do tema.

Michael Porter defende que "**estratégia é criar uma posição exclusiva e valiosa, envolvendo um diferente conjunto de atividades**. Se houvesse apenas uma única posição ideal, não haveria necessidade de estratégia. As empresas enfrentariam um imperativo simples: ganhar a corrida para descobrir e se apropriar da posição única."[5].

Porter afirma, ainda, que "**a estratégia competitiva é a busca de uma posição competitiva favorável em uma indústria (segmento de mercado)**, a arena fundamental onde ocorre a concorrência. A estratégia competitiva visa a estabelecer uma posição lucrativa e sustentável contra as forças que determinam a concorrência na indústria [...] Duas questões centrais baseiam a escolha da estratégia competitiva: a atratividade das indústrias em termos de rentabilidade a longo prazo e os fatores que determinam essa atratividade e os determinantes da posição competitiva relativa dentro de uma indústria."[6].

Trocando em miúdos, o Professor Michael Porter defende, em suas teorias de Gestão Competitiva, que uma estratégia competitiva precisa avaliar se o segmento em que a empresa está ou estará atuando apresenta boas perspectivas de rentabilidade no longo prazo e, a partir dessa avaliação, buscar uma posição adequada por parte da empresa dentro desse segmento.

Ou seja, se uma empresa mantém uma estratégia eficiente em um segmento de baixa lucratividade, seus resultados tendem a não ser dos mais dignos de comemoração, assim como na hipótese de a empresa manter uma estratégia ineficiente em um setor de alta lucratividade. Empresas que mantêm posições pouco competitivas em ambiente de baixa lucratividade são empresas "moribundas", já que a morte é questão de tempo e de consciência. Falamos aqui da consciência, pois é incrível, mas muitas vezes nos deparamos com verdadeiras "almas penadas corporativas", empresas que, de certa forma já morreram, mas que continuam "vagando" pelo mercado e até mesmo trazendo problemas para os demais competidores.

No entanto, se uma empresa consegue identificar segmentos que predispõem ótimos níveis de lucratividade no longo prazo e se posiciona de maneira competitiva dentro desse mercado, os resultados tendem a ser altamente satisfatórios, devolvendo, com folga, os investimentos realizados.

Philip Kotler afirma que **"estratégia é basicamente a maneira que a empresa escolhe para interligar suas competências, processos essenciais e outros ativos**, a fim de ganhar as batalhas de mercado"[7].

Idalberto Chiavenatto estabelece que "o planejamento estratégico é um processo de formulação de estratégias **organizacionais no qual se busca a inserção da organização e da sua missão no ambiente em que ela está atuando**"[8].

Hamel e Prahalad, a partir de citações próprias e de Williams Jennings Bryan, trazem uma definição bastante criativa, quando sustentam que **"presente e futuro não se encontram, entrelaçam-se.** O destino não é uma questão de acaso, é uma questão de escolha. Não é algo a ser esperado, é algo a ser alcançado [...]"[9]. Afirmam, ainda, que "o futuro não é uma extrapolação do passado [...]"[10].

Eles vão além das premissas estabelecidas por Porter, quando afirmam **que "uma empresa só pode controlar seu próprio destino se compreender como controlar o destino de seu setor**. A transformação organizacional é um desafio secundário. O desafio principal é ser autor da transformação do setor."[11].

Hamel e Prahalad ressaltam, ainda, que "criar um futuro é um desafio maior do que acompanhá-lo, para o qual é preciso seu próprio mapa. A meta não é simplesmente fazer um *benchmarking* dos produtos e processos de um concorrente e imitar seus métodos, mas desenvolver uma visão independente de quais são as oportunidades de amanhã e como explorá-las. **Não se pode chegar primeiro ao futuro deixando uma outra empresa abrir o caminho** [...]"[12].

À primeira vista, pode-se concluir que as teorias de Hamel e Prahalad colidem com as formuladas por Porter, mas certamente seria uma conclusão precipitada e incorreta. Avaliando com maior profundidade os estudos desses autores, percebe-se que eles se complementam, uma vez que adotam como pilares da avaliação estratégica as mesmas premissas: o ambiente em que a empresa concorre (indústria ou setor de atuação presente ou futura) e sua capacidade de se posicionar favoravelmente nele. A maior diferença entre suas linhas de defesa (academicamente conhecidas como "estruturalista" e "reconstrutivista") é que Hamel e Prahalad buscam a formulação estratégica para empresas que "criam mercados", ou seja, aquelas que, com sua criatividade, inovação valiosa e capacidade diagnóstica, conseguem abrir caminhos até então inexistentes e chegar antes a destinos ainda não explorados, fato que, de maneira geral, lhes permitem recompensas bastante satisfatórias. Já Porter aborda a possibilidade de as empresas auferirem resultados satisfatórios mesmo em setores já explorados, desde que o avaliem corretamente e consigam se posicionar de forma adequada em seu contexto.

Embora a teoria de Hamel e Prahalad contenha aspectos muito importantes em uma concepção estratégica, já que prima pela inovação e criatividade, a defesa de Porter é, talvez, a mais realista, uma vez que, por mais que se pretenda, dificilmente os mercados serão disputados apenas pelas empresas que os criam, existindo ainda espaços para empresas que se dediquem a identificar as oportunidades subjacentes e a buscar estratégias que as posicionem de forma satisfatória em seu contexto concorrencial. Além do que, novos mercados são rapidamente ocupados por oportunistas e, portanto, passarão a representar uma estrutura industrial tal qual as estudadas por Porter.

De acordo com as definições mencionadas, podemos depreender que a estratégia representa um processo e, mais que um processo, constitui-se em um processo contínuo e retroalimentável. Isso quer dizer que o pensamento estratégico representa um ato contínuo, que busca adaptar a visão e o comportamento organizacional a um contexto que lhe permita atingir uma posição mercadológica exclusiva, valiosa e sustentável.

Um dos grandes equívocos que se observa na condução da estratégia empresarial é que, não raramente, se entende o planejamento estratégico como um componente descolado do projeto e não como uma "membrana de interligação" no sensoriamento, na avaliação, na definição, na operacionalização e no controle das ações corporativas, em busca de uma posição competitiva sustentável a curto, médio e longo prazos.

Sem querer abordar o planejamento estratégico em todas as suas fases nem pretender que o conteúdo deste livro esgote o assunto, o processo estratégico envolve, em sua gênese, um grau de conhecimento das variáveis internas e externas que interagem com a corporação, a partir do que se busca uma "Visão", que segundo Chiavenatto & Sapiro representa "um estado de tensão positivo entre o mundo como ele é e como gostaríamos que ele fosse"[13], e, com base nessa visão, estabelecem-se as linhas mestras a partir das quais os projetos corporativos serão construídos e implementados.

Essas linhas mestras compõem o que chamamos de "intenção estratégica". Com base nelas, buscamos identificar os principais projetos que, sob os testes da viabilidade e do impacto sobre a estratégia, passarão a compor o plano estratégico da empresa, sendo que esses projetos iniciarão novo ciclo PDCA, ou seja, *Plan, Do, Check* e *Action*, que, na prática, constitui o "esqueleto" de qualquer projeto. Pela importância que o ciclo PDCA representa na concepção e implementação de projetos, anteciparemos a definição de cada uma de suas etapas:

- **Plan**: fase de planejamento em que, com base em um foco de análise (objetivo principal e premissas complementares que demandam o projeto), são reunidas informações do ambiente interno e externo e, com base na análise do ambiente, identificam-se as variáveis presentes no projeto (particularmente os fatores críticos), o que permite buscar as ações mais adequadas para sua implementação, ampliando as chances de seu êxito. Nos próximos capítulos, "dissecaremos" o processo de planejamento, trazendo ao prezado leitor uma visão bastante prática de sua importância e dos detalhes envolvidos em sua elaboração.
- **Do**: representa a fase de implementação do projeto, fazendo parte dele. Não se constitui em fase desconectada do processo de planejamento; ao contrário, a avaliação adequada da fase de implementação pelos elaboradores, assim como o conhecimento adequado do plano pelos implementadores, representa aspecto fundamental para o sucesso de qualquer projeto.
- **Check**: fase do projeto em que as ações implementadas são avaliadas, considerando o plano estruturado e o ambiente existente, como forma de aferir o cumprimento das etapas desenvolvidas, avaliar seus resultados e a necessidade de ajustes diante do novo cenário presente.
- **Action**: processo que busca identificar ações de melhoria relevantes para a otimização do projeto, com base na avaliação desenvolvida na fase *check*.

A retroalimentação de que tratamos há pouco pode ser identificada na própria seqüência do ciclo PDCA, já que o caro leitor pode observar que as fases *check* e *action* nada mais são do que ações que representam um aperfeiçoamento do planejamento original, cujos ajustes propostos, depois de implementados, sofrerão outros *check* e *action*, constituindo-se em um processo contínuo.

Essas definições representam apenas um aperitivo do que discutiremos nos próximos capítulos, já que detalharemos com maior profundidade o projeto em sua fase de planejamento, implementação, avaliação e controle, abordando, mais do que as metodologias sugeridas, aspectos e comportamentos presentes em seu desenvolvimento e os cuidados que julgamos importantes para atingir os melhores resultados.

A importância do foco

Agora que já discorremos sobre o que não é estratégia e sobre o que é estratégia, vamos abordar a importância da estratégia na manutenção de um foco corporativo, elemento importante para a otimização dos recursos investidos no plano global e nos projetos complementares da organização, assim como para o alcance dos objetivos traçados com a tempestividade necessária.

A necessidade de um foco estratégico constitui-se em uma unanimidade entre os maiores estudiosos do assunto, tendo em vista que as experiências analisadas demonstram, com muita clareza, que, quando os projetos corporativos não seguem um foco definido e acompanhado por uma estratégia eficiente, a tendência é a de que os resultados não atinjam os níveis competitivos adequados nem apresentem a sinergia necessária para o sucesso de toda a corporação, o que, constantemente, leva a organização a resultados aquém dos almejados.

Vivemos em um ambiente concorrencial em que ser "mais ou menos" em diversas frentes não garante o mesmo resultado que ser "muito competitivo" em apenas uma. Não estamos defendendo que, para garantir êxito em seus projetos, a empresa deva se restringir a um único "escopo de produto *versus* mercado". A questão é que a estratégia deve ser desenvolvida avaliando-se as diversas frentes de atuação eleitas pela corporação. As estatísticas demonstram que as organizações que decidem atuar em diversos segmentos não sinérgicos, sem a capacidade adequada de delinear sua estratégia global a partir da especialização das estratégias de cada uma das suas operações, costumam apresentar *performances* inferiores às de cada um dos concorrentes que atuam nos diferentes segmentos individualmente.

Em Votuporanga, belíssima cidade do interior de São Paulo onde nasci, costumamos utilizar, para exemplificar situações como a acima mencionada (em que as empresas não estabelecem um foco estratégico adequado em cada um de seus negócios), a figura de um animal híbrido, gerado a partir do cruzamento do cavalo com a vaca: o "cavaca". Na falta de um foco adequado, o criador desse animal teria um alto custo e um resultado pífio, já que, possivelmente, ele não puxaria carroça nem daria leite.

Apresentarei, a seguir, reflexões mais técnicas, defendidas por grandes estudiosos do tema, a fim de complementar os subsídios sobre o assunto:

- Philip Kotler cita, em uma de suas obras, que **"um velho ditado diz que quando se persegue duas caças não se captura nenhuma delas"**[14].
- O próprio Kotler sentencia que **"quando se mira na média, erra-se o tiro"**[15].
- Michael Porter afirma, nos livros *Vantagem competitiva* e *competição*, que o **"Meio-Termo" representa um caminho quase certo para a mediocridade estratégica**. Quando a empresa se posiciona no

"meio-termo", a tendência é que não consiga ser altamente competitiva nem lá, nem cá.

O caro leitor deve concordar que, até instintivamente, a maioria das empresas presentes no mercado concorrencial vem percebendo ao longo do tempo que, tendo em vista a complexidade cada vez maior do ambiente concorrencial, torna-se quase impossível competir sem que se estabeleça um foco de atuação: uma área geográfica definida, um público-alvo escolhido, uma linha de produtos que permita a sinergia, associada às vantagens de escala. Essas e diversas outras possibilidades de exemplos demonstram que as empresas estão percebendo que, mais do que alcançar competitividade e atingir boa rentabilidade em suas operações, é necessário ir além, para que a empresa conquiste a perenidade como organização. É fundamental que a empresa busque uma posição competitiva exclusiva e sustentável e um nível excelente de rentabilidade, resultados que, conforme os estudos vêm demonstrando, decorrem de uma estratégia eficiente, com foco definido.

Como exemplo prático, podemos citar as ações que vêm sendo desenvolvidas nos últimos anos pela Unilever, que, segundo o planejamento inicial, deverão reduzir o conjunto de produtos comercializados pela empresa de 1.600 produtos para 400, sendo que, em muitos casos, as operações em fase de desinvestimento são rentáveis, mas não o suficiente para compensar a necessidade de investimentos complementares e a dispersão do foco estratégico como um todo.

Ações estratégicas que buscam a otimização do foco podem ser percebidas, também, em diversos outros mercados altamente concorrenciais, tais como os segmentos petroquímico, farmacêutico e de papel e celulose, em que as empresas vêm alienando partes da operação e focando em um escopo mais restrito de atuação.

As estratégias genéricas

Ainda sobre a manutenção de foco estratégico adequado, Porter cita as três "estratégias genéricas" possíveis para a condução de um plano estratégico:
- Liderança em Diferenciação
- Liderança em Custos
- Liderança em Enfoque

Liderança em diferenciação

As empresas que decidem buscar competitividade que supere seus concorrentes através da diferenciação devem estar prontas para uma batalha extremamente aguerrida, tendo em vista que, nesse caso, a diferenciação valiosa é o grande pilar de sustentação da estratégia. Atingir essa meta dependerá do êxito em um ambiente concorrencial que cobra, permanentemente, ações que levem à diferenciação, mas que, ao mesmo tempo, dificulta cada vez mais a eficácia de ações nesse sentido. Vejamos o que diversos estudiosos dizem acerca do tema:

- Kotler cita Tom Peters, em uma de suas obras, que sentencia: **"Distinga-se ou extinga-se!"**[16].
- O Professor Theodore Levitt afirmou há alguns anos que "**é possível diferenciar qualquer coisa, até sal e cimento**. O problema apresenta duas vertentes: muitas diferenciações não têm qualquer interesse para o cliente – são espúrias e desinteressantes; e, mais grave, a concorrência é capaz de copiar qualquer diferenciação eficaz, levando os produtos inovadores a ter ciclos de vida mais curtos, insuficientes para a recuperação dos investimentos neles realizados."[17].
- Kotler propõe outra reflexão, afirmando que **"mercados maduros ou commodities não existem.** O problema é que aquilo em que você acredita está obstruindo sua imaginação. A Starbucks não achava que o mercado de café estivesse maduro [...]"[18].
- Larry Bossidy, CEO de empresas de porte mundial como a GE e a Honeywell, e seu parceiro Ram Charan afirmam que **"não existe esse negócio de mercados maduros. Precisamos, isto sim, é de executivos maduros**, capazes de descobrir maneiras de crescer... O crescimento é uma questão de mentalidade [...]"[19].
- Kotler volta ao tema quando lembra que "a curto prazo, os competidores mais perigosos são os que mais se assemelham aos outros. Os clientes simplesmente não vêem as diferenças. Nesses casos, a escolha de uma das empresas torna-se apenas uma questão de cara ou coroa. Portanto, o importante é diferenciar, diferenciar, diferenciar [...]"[20].
- E, de novo, Kotler: "A superioridade da mesmice tornou-se irrelevante. O importante é a singularidade."[21].

A respeito da estratégia da diferenciação, embora tenha sido uma das principais vertentes dos projetos corporativos, vale a pena ressaltar alguns "testes" para que a diferenciação alcançada represente boa chance de êxito:

- A diferenciação é valiosa para o comprador?
- O preço-prêmio (*Premium price*) possível de ser cobrado do comprador cobre os investimentos realizados e os custos adicionados a partir da diferenciação?
- A diferenciação resistirá à imitação pelo tempo necessário à recuperação dos investimentos realizados?

O que temos percebido, mesmo na abordagem da maioria dos estudiosos da estratégia – particularmente aqueles voltados para o Marketing – é que a visão da diferenciação tem se concentrado fortemente no produto e na promoção, dois dos componentes do "*mix* de Marketing". Como tal, a capacidade de imitação se eleva e, conseqüentemente, a eficácia das ações se reduz. Ampliar os esforços de diferenciação para outras atividades envolvidas no projeto é um caminho importante e necessário para reduzir as ameaças de imitação imediata.

Sistematizada por Michael Porter, a Cadeia de Valores constitui-se em uma grande fonte de diferenciação, com as vantagens de, na maioria das vezes, não significar elevação substancial de custos incrementais e ampliar as "barreiras à imitação", tornando a diferenciação mais efetiva. Fundamentada nos conceitos da Cadeia de Valores, a empresa não estará diferenciando o produto intrínseco nem as ações de indução de compra, mas, sim, as atividades envolvidas no projeto, ou seja, as diversas atividades que também fazem parte do produto, porém se encontram em zonas mais protegidas do projeto. Para aqueles que acreditarem nessa premissa e quiserem buscar maior profundidade no tema, sugiro acessar os estudos de Porter, particularmente os presentes no livro *Vantagem Competitiva*, citado na bibliografia.

Liderança em custos

Quando utiliza esta estratégia genérica, a empresa transfere sua "obsessão estratégica" para a redução dos investimentos necessários e dos custos envolvidos no projeto, preservando, obviamente, um valor compatível com a expectativa dos compradores.

A liderança em custos exige, tal qual no caso da liderança em diferenciação, muita criatividade, inovação e visão estratégica por parte da empresa. Nesse caso, porém, as atenções estão direcionadas aos processos, às compras e a todas as atividades que podem representar necessidade de investimentos e/ou custos nas operações envolvidas. A base da estratégia de liderança em custos é obter vantagens competitivas nos custos presentes no projeto, como forma de conseguir vender o mesmo produto a preços inferiores ou vender o mesmo produto, ao mesmo preço, obtendo margens superiores. Os testes sugeridos para essa vertente estratégica são:

- A redução de custos/investimentos não comprometerá a *performance* aceitável para o produto?
- As ações desenvolvidas não comprometerão o produto dentro do ciclo de vida previsto?

- As ações propostas são, definitivamente, implementáveis?
- Os "efeitos colaterais" das ações propostas não superam os benefícios de sua implementação?

Liderança em enfoque

Essa linha de estratégia propõe o foco em um escopo mais estreito de atuação, como forma de compatibilizar a busca competitiva com a capacidade de investimentos e de atuação da empresa. O projeto pode prever, nesse caso, a adoção de um escopo estreito, a fim de se buscar a liderança em diferenciação ou a liderança em custos. Portanto, o "enfoque" não representa, por si só, um caminho estratégico, mas, sim, a definição de um escopo restrito para o alcance de uma das duas lideranças anteriormente citadas.

O caso mais interessante que posso relatar para exemplificar a eficácia dessa estratégia genérica, quando bem elaborada e implementada, vem de uma pequena empresa. Na verdade, no início tratava-se de uma empresa de uma pessoa só: uma amiga que havia recém-concluído seu curso de Fonoaudiologia. Se fosse utilizar o *benchmarking* como estratégia, certamente teria aberto um consultório, colocado a placa com o seu nome e CRF na frente e saído correndo atrás de convênios de atendimento. Mas, em seu estágio, essa amiga havia percebido uma "demanda reprimida" representada por indústrias localizadas no cinturão da cidade, uma vez que elas precisavam encaminhar seus empregados, periodicamente, à realização de testes de audiometria, para avaliar se as atividades desenvolvidas vinham comprometendo sua capacidade auditiva. Invariavelmente esses funcionários perdiam, no mínimo, meio dia de trabalho, envolvendo o deslocamento até o centro da cidade, a espera e o retorno para a empresa.

Diante desse diagnóstico, a profissional realizou uma pesquisa de mercado e, a partir das respostas obtidas, montou um laboratório de audiometria em um veículo utilitário, passando a realizar os exames dentro da própria empresa, com dias e horários marcados. Com isso, celebrando um fato raro no contexto estratégico, ela conseguiu atingir uma liderança em custos e uma liderança em diferenciação. Não preciso dizer que sua estratégia foi muito bem-sucedida, não é mesmo? Pois ela conta atualmente com cinco laboratórios móveis, atuando de maneira praticamente ininterrupta. Mesmo que outros profissionais busquem imitá-la, dificilmente conseguirão, de imediato, equiparar a capacidade de preço que ela pode oferecer. É claro que essa amiga não garantiu o sucesso eterno, mas sem dúvida atingiu uma vantagem competitiva bastante sustentável.

Indicarei, a seguir, os testes mais importantes para a avaliação da pertinência de elaboração e implementação de uma estratégia de enfoque:

- O enfoque pretendido não colidirá com a estratégia global (por ex.: prejudicar eventuais canais de distribuição)?
- Empresas mais competitivas não tendem a atuar nesse escopo, explorando os "submercados" existentes?
- A estratégia proposta superará os ganhos de escala obtidos pelas empresas que atuam no mercado de forma mais ampla?

O *tradeoff*

Uma vez escolhida a estratégia genérica que conduzirá o plano estratégico e delineada a estratégia à qual se integrarão seus projetos complementares, a análise e a constituição dos *tradeoffs* representam aspectos fundamentais para se manter o foco estratégico. O caro leitor pode estar pensando: interessante; mas o que seria *tradeoff*?

Antes de dar seqüência ao assunto, vamos ler o que já escreveram alguns autores acerca do tema:

- Porter lembra, em seus estudos, que "as opções excludentes – *tradeoffs* – adicionam uma nova dimensão à definição de estratégia. Ela consiste em exercer opções excludentes na competição. **A essência da estratégia é escolher o que não fazer.**"[22].
- Em um de seus livros, Kotler cita uma dessas "escolhas em não fazer", utilizando um exemplo muito interessante: "O pessoal da Volvo está determinado a construir os automóveis mais seguros. A empresa hesitou em acrescentar um sistema global de posicionamento – GPS – a seus veículos por considerá-lo potencialmente perigoso, pois para consultar a tela do aparelho o motorista precisaria tirar os olhos da estrada. Vivendo a marca, seus engenheiros resistiram ao GPS, mas finalmente criaram um design de tela que tornava a consulta fácil e segura [...]"[23].
- Em uma palestra proferida no Brasil em 2001, Porter citou a estratégia estabelecida para o sabonete Neutrogena como um bom exemplo de *tradeoffs*: para manter o foco nas premissas críticas do projeto, a empresa desistiu de produzir um sabonete perfumado, amaciante e para limpeza profunda (características que trariam atratividade para o produto, mas comprometeriam outros atributos originalmente definidos), elegeu as farmácias como canais preferenciais para sua distribuição (abdicando à força de distribuição de outras grandes redes de varejo), fixou um preço

"Premium" para o produto e concentrou a promoção na classe médica, buscando um posicionamento exclusivo para o produto, conforme delineado no projeto.

Após ler essas definições e exemplos, já é possível entender o *tradeoff* como um processo de opção excludente, através do qual se abre mão de eventuais oportunidades periféricas no intuito de se manter o foco da estratégia. Se o caro leitor teve essa percepção, então captou a mensagem.

Essa é a idéia central da prática de *tradeoffs*. É entendimento comum no ambiente corporativo o fato de que gerir é, basicamente, desenvolver escolhas. O escritor James C. Hunter, em seu *best seller O Monge e o Executivo*, destaca que há duas certezas na vida de qualquer ser humano: morrer e fazer escolhas. No caso do desenvolvimento da estratégia corporativa, o que se observa é uma grande dificuldade em se estabelecer *tradeoffs*. Se decidir o que fazer já não é uma tarefa tão fácil para os executivos, decidir o que não fazer é quase um exercício de penitência. Fechar a porta para possíveis oportunidades pode se constituir em tarefa quase impensável para a maioria dos profissionais envolvidos em uma estratégia, mas, como Porter defende e os fatos demonstram, constitui-se em momento extremamente importante na elaboração de um planejamento estratégico ou de um projeto.

Imagine que uma empresa defina, em sua estratégia e com base no ambiente presente, que só venderá a vista. O mercado está altamente demandante, o produto é diferenciado, a oferta é restrita e conseqüentemente não há razões para se estabelecer prazos para o pagamento das vendas realizadas. Dessa forma – e já que uma das premissas básicas de um projeto é otimizar os recursos investidos – a empresa não estrutura um processo de análise de risco dos compradores, dada a total impertinência da medida. Pois bem, com base no que já discorremos, é possível identificar, ainda que instintivamente, que a empresa realizou um *tradeoff*, não é mesmo? E qual seria esse *tradeoff*? Não vender a prazo.

Pois bem, agora imagine que em dado momento o cenário se altere e parte das variáveis que estavam presentes no momento da elaboração do projeto se altere (como, por exemplo, a redução da demanda, a entrada de novos concorrentes etc.). Imagine, ainda, que a empresa despreze o *tradeoff* que havia estabelecido no projeto original e, a partir da pressão de sua área comercial, autorize as vendas a prazo, mas sem revisitar a estratégia e sem readequar as demais áreas intervenientes no processo. Quais as conseqüências passíveis de ocorrência a médio e longo prazos? Uma inadimplência crítica e imprevista, talvez? Pois saiba que muitas empresas de sucesso se inviabilizaram exatamente por causa de situações como essa. Problemas mercadológicos? Raramente. Produtos inadequados? Invariavelmente não. Incapacidade competitiva? Quase nunca. O que então poderia ter causado sua inviabilidade? O simples desprezo aos *tradeoffs*.

Os *tradeoffs* estão sempre presentes em qualquer projeto, seja de forma intencional e sistematizada, seja de forma instintiva e natural. Identificá-los e, se for o caso, registrá-los de forma a permitir sua revisitação constitui-se em fator muito importante na preservação do foco estratégico e na minimização dos riscos provocados por sua ruptura durante o processo de implementação da estratégia e de seus projetos integrados. Voltaremos ao tema quando abordarmos o desenvolvimento de projetos.

De quem é a responsabilidade da estratégia?

Como já defendemos anteriormente, a estratégia é um processo em que todos os *stakeholders* devem estar envolvidos. Ou seja, a elaboração e a implementação de uma estratégia devem envolver empregados, fornecedores, investidores, parceiros e até clientes, uma vez que sua concepção, seu desenvolvimento e seus objetivos devem buscar resultados satisfatórios para todos os envolvidos no projeto corporativo.

No entanto, é imprescindível que se defina de quem é a responsabilidade pela coordenação do processo estratégico, uma vez que a estratégia, como qualquer outro processo, necessita de um núcleo gestor. Utilizando a idéia central propiciada por aquela singela frase presente no livro *O Pequeno Príncipe* (Tu te tornas eternamente responsável por aquilo que cativas), àqueles que for confiada a elaboração e a condução da estratégia também caberá a maior responsabilidade por sua implementação e pelo atingimento – ou superação – dos objetivos esperados.

Dentro da teoria das organizações, alguns posicionamentos merecem destaque: Galbrait apresenta uma proposta de "organização inovadora", que pressupõe a coexistência de duas estruturas nas organizações: uma operacional e outra inovadora. Enquanto à estrutura operacional cabe implementar as idéias, à estrutura inovadora cabe concebê-las.

Kilmann, por sua vez, propõe a "organização colateral", defendendo que as organizações tradicionais não podem ser naturalmente inovadoras porque foram projetadas para desempenhar atividades cotidianas e a resolução de problemas complexos e dinâmicos não se enquadra nessa categoria de atividades. Então, seria necessário que a empresa mantivesse uma estrutura diferenciada e específica para a resolução dos problemas complexos, de modo a não obrigar a organização a tratar tais problemas dentro do desenho operacional cotidiano.

Já Nonaka e Takeuchi defendem a estrutura de organização em hipertexto, abrindo a possibilidade de exploração, criação, acumulação e transferência de conhecimento de forma eficaz, contínua e repetitiva por todas as áreas da organização, a partir da interação entre o conhecimento tácito e o explícito.

Avaliando todos esses conceitos, percebe-se a dificuldade da escolha, tendo em vista que a decisão depende de outros fatores não passíveis de uma análise genérica, tais como a cultura organizacional presente, o ambiente interno e externo, o momento estratégico etc.

Particularmente, agradam-me muito os conceitos defendidos por Nonaka e Takeuchi, que consideram o ambiente corporativo contemporâneo, cuja construção do capital intelectual representa, de maneira geral, uma fonte bastante importante de criação de vantagem competitiva.

Devemos considerar, no entanto, que compartilhar a estratégia não significa que ela não conte com responsáveis diretos. Isso não seria um bom caminho para a gestão corporativa. É possível estruturar as práticas corporativas em uma organização de tal forma que os diversos *stakeholders* sejam representados no fórum estratégico, que a estratégia delineada seja difundida de forma adequada para que se obtenha um entendimento compatível com a responsabilidade de cada área e de cada participante em seu sucesso, e que os projetos complementares preservem a conexão e a compatibilidade necessária para ser bem-sucedida.

Portanto, os modelos que prevêem as áreas estratégica, tática e operacional permitem uma estruturação bastante satisfatória para o desenvolvimento da estratégia, desde que as premissas do "hipertexto" sejam praticadas na alimentação, elaboração e implementação. Conforme exemplificamos anteriormente, o time deve ter técnicos, zagueiros, meio-campistas e atacantes e todos devem conhecer suas funções e trabalhar de maneira integrada, por um objetivo comum.

Ou seja, mais uma vez e a despeito da postura de alguns estudiosos do assunto, fica claro que não existe um caminho único e que a solução não deve ser sectária, mas é necessário que se reúna o que de melhor existe em cada uma das teorias disponíveis.

Para encerrar este capítulo, arriscarei minha definição acerca da estratégia e desenvolverei um exemplo com o qual espero demonstrar uma visão prática do processo estratégico, de acordo com minha concepção acerca do tema:

"A estratégia representa uma 'viagem corporativa' em que os diversos 'passageiros'(*stakeholders*) buscam definir o melhor destino (intenção estratégica), assim como os caminhos mais eficazes para se chegar até ele (planejamento estratégico), a partir de um mapa adequado (análise de ambiente), além de compartilharem a

responsabilidade de dirigir os 'veículos' (projetos) para que eles desenvolvam o trajeto conforme planejado."

E, para exemplificar, proponho ao prezado leitor que mergulhe comigo na seguinte hipótese:

- Imagine um *rally* disputado por diversos competidores.
- Imagine, ainda, que as regras desse *rally* prevêem o seguinte:
  ✓ os competidores não precisarão desenvolver, necessariamente, o mesmo traçado nem chegar, obrigatoriamente, ao mesmo destino;
  ✓ os competidores poderão escolher os objetivos a serem alcançados e esses objetivos se sucederão indefinidamente;
  ✓ a pontuação acumulada por cada competidor dependerá dos objetivos escolhidos (objetivos mais difíceis permitirão maiores recompensas, desde que atingidos) e de sua *performance* em relação aos objetivos traçados. Ou seja, se os competidores escolherem objetivos fáceis e os cumprirem, receberão pontuação compatível. Se escolherem objetivos complexos e não os atingirem, talvez recebam alguma pontuação, dependendo da *performance*. Se escolherem objetivos complexos e os atingirem, receberão as maiores bonificações;
  ✓ as provas e os objetivos se sucederão e, periodicamente, os organizadores levantarão a pontuação acumulada. Nesse momento, competidores que estiverem abaixo de uma *performance* mínima serão desclassificados e aqueles que estiverem com a maior pontuação serão chamados de líderes atuais;
  ✓ o *rally* não tem fim e a condição de líder é sempre provisória, podendo ser perdida em qualquer das etapas futuras;
  ✓ os competidores poderão planejar o trajeto a cada etapa e utilizarão um helicóptero de apoio, com a função de guiar os veículos e de avaliar de forma mais panorâmica o trajeto desenvolvido e o ambiente que os espera;
  ✓ os diversos veículos levarão materiais diferentes: um levará combustível, outro alimentação e água, outro peças de reposição etc. Nas paradas intermediárias, as equipes deverão contar com todos os veículos, quando poderão rever o planejamento e ajustar o trajeto futuro. Caso os competidores tenham que partir para a nova etapa sem algum dos veículos, sua pontuação sofrerá punição e ainda poderá comprometer a seqüência do trajeto;
  ✓ em muitos trechos os competidores terão de definir se aliviarão a carga para elevar a velocidade ou se manterão a carga existente. Também terão de definir se mantêm o traçado original ou se o alteram;

✓ embora todos os integrantes da equipe possam opinar e levar subsídios ao planejamento, caberá à equipe do helicóptero decidir, ao final das discussões, as ações a serem desenvolvidas.

Esse é um bom exemplo para definir uma estratégia. O prezado leitor já deve ter extraído suas conclusões, mas deixe-me compartilhar as minhas:

- O *rally* não tem fim porque o ambiente concorrencial também não tem. Embora muitas empresas o abandonem no caminho, ele continuará existindo, sempre.
- Os objetivos estratégicos são aqueles escolhidos pelos competidores. Se forem muito pretensiosos e não conseguirem atingi-los, poderão trazer "pontuações" pífias, bem como se forem modestos e atingidos. Se ousados e atingidos, no entanto, obterão excelentes recompensas aos competidores.
- Os diversos veículos representam os diversos projetos corporativos, que "carregam" diferentes componentes da estratégia, mas todos com a mesma importância para sua continuidade e êxito. Ter um projeto prejudicado pode, no mínimo, trazer sérias conseqüências para a estratégia como um todo e, numa visão mais pessimista, comprometê-la.
- O helicóptero representa a área responsável pela gestão estratégica, que deverá reunir insumos de todos os componentes da equipe, mas que, por sua visão mais panorâmica e privilegiada, terá a função de definir as ações a serem implementadas. Na fase da implementação (trajeto), acompanhará os veículos e participará da viagem, fornecendo aos veículos as informações fundamentais para que os trajetos sejam desenvolvidos da forma mais eficaz possível.
- Preservar ou aliviar carga, manter ou alterar trajetos constituem avaliações nas fases *check* e até mesmo eventuais *tradeoffs*, que devem ser analisados e revisitados, permanentemente.
- Periodicamente, alguns competidores de baixa *performance* deixarão a competição e as lideranças provisórias serão reconhecidas, embora não garantam sua preservação nas etapas futuras.

Após toda a abordagem que desenvolvemos sobre estratégia, tentamos finalizar este capítulo com um exemplo que, entendemos, traz uma visão bastante prática de suas fases, de seus aspectos e de sua importância para a preservação da empresa no contexto da competição. Espero ter permitido uma reflexão produtiva sobre o tema, já que a sua visão a respeito da estratégia terá uma enorme importância na seqüência de nosso conteúdo.

Capítulo 2

Aspectos da Gestão Contemporânea

> *O marketing vai mal. Não a teoria, mas a prática.*
> Philip Kotler

Parafraseando a afirmação acima, presente no livro *Os dez pecados mortais do marketing*, gostaria de iniciar este capítulo com a seguinte provocação: **As teorias e as técnicas da Gestão Contemporânea vão bem; a prática, nem tanto...**

Na história da humanidade, nunca investimos tanto conhecimento e tantas técnicas que pudessem subsidiar as boas práticas de gestão, no entanto, as práticas rudimentares e a visão predominantemente retrógrada na gestão das empresas e de seus projetos continuam existindo e, às vezes, predominando.

Se o leitor concorda com essa constatação, devemos refletir agora sobre a seguinte questão: se temos um repertório tão rico de teorias e de ferramentas eficazes de gestão, por que elas não vêm surtindo um efeito esperado no ambiente corporativo?

Muitos fatores poderiam responder essa pergunta, mas arriscaria dizer que o principal deles é que a gestão é um processo que depende da natureza humana. E não se pode transformar a natureza humana tão rapidamente quanto as teorias e as ferramentas de gestão. Já antecipamos e abordaremos no conteúdo deste livro que os problemas vivenciados no ambiente corporativo normalmente não apresentam culpados. É claro que os traumas provocados pelas práticas de gestão resultam de atitudes intencionalmente perniciosas em alguns casos, atitudes essas que apresentam um conjunto de ações condenáveis realizadas por pessoas que, claro, são culpadas pelos atos. O que se vê na maioria das vezes, porém, são desencontros vivenciados na gestão corporativa, decorrentes principalmente de comportamentos e posturas relacionados à natureza humana, em que não existem culpados e sim vítimas.

Não estou defendendo aqui os tantos executivos que nos fazem sofrer em nosso dia-a-dia por não entenderem – ou não praticarem – aquilo que parece ser mais do que evidente no contexto de desenvolvimento dos projetos empresariais.

Primeiramente saliento que, ao abordar a gestão contemporânea, não me refiro apenas ao grupo de altos executivos a quem, geralmente, as estratégias empresariais são subordinadas. Estou falando de todos os profissionais que gerenciam ao menos uma parte da estratégia em curso e também de todos os profissionais envolvidos no projeto empresarial. Saiba que até o mensageiro ou vigilante, por exemplo, dentro de seu escopo de atuação, também gerencia um processo e faz parte da estratégia como um todo.

O Diretor de hoje nada mais é do que o Gerente de ontem, o Gerente de ontem nada mais é do que o Supervisor de anteontem, e assim por diante. Na busca de encontrarmos "culpados", comumente nos esquecemos de que os profissionais vão assumindo novas responsabilidades e prerrogativas, mas não deixam de ser as mesmas pessoas que eram anos antes, quando também reclamavam da postura dos profissionais mais bem posicionados dentro da empresa.

O que tentarei defender neste capítulo é que a grande distância que existe entre as teorias e as práticas da Gestão é decorrente da própria natureza humana presente no universo corporativo, assim como do próprio ambiente, que, não raramente, estimula a manutenção desse estado de coisas.

Em uma abordagem histórica resumida, Chiavenatto e Sapiro destacam, em seu livro *Planejamento estratégico*, alguns diferentes momentos do ciclo estratégico vivenciados no século passado:

- No final do século XIX e início do século XX: com a revolução industrial inicia-se, efetivamente, o ciclo moderno da competição nos negócios.
- No início do século XX: Henry Ford inaugura a linha de montagem, definindo o conceito de produção em massa, confrontado mais tarde pela GM de Alfred Sloan Jr., a partir da estratégia de diversificação de oferta aos clientes.
- Após a Segunda Guerra Mundial, surgem os primeiros conceitos tradicionais de planejamento estratégico, transferidos da área militar para o mundo empresarial, intensificando a utilização sistematizada dos con-

ceitos de gestão. Nessa época, Peter Drucker propõe a Gestão por Objetivos (*Management by Objectives* ou *MBO*), modelo que prevê os objetivos a serem alcançados, o papel de cada trabalhador, o processo para seu atingimento e as formas de acompanhamento em suas diversas etapas, para a maximização dos resultados finais.

- Na década de 60 surge a Análise SWOT (que abordaremos no capítulo dedicado ao diagnóstico estratégico), como ferramenta de avaliação do ambiente interno e externo.
- Em seguida, Ansoff e Steiner criam e sistematizam modelos de planejamento estratégico baseados em Unidades Estratégicas de Negócios, que até hoje servem de premissas para a formulação de estratégias empresariais.
- O planejamento estratégico atinge seu auge na década de 70, brilho ofuscado na década de 80 pela grande recessão vivenciada pela economia mundial, quando os grandes prejuízos sofridos pelas empresas provocaram um movimento de crítica e revisionismo.
- Na década de 80, os estudiosos Gare Hamel e C. K. Prahalad, assim como o Professor Michael Porter, trouxeram enormes contribuições à gestão contemporânea, ao abordarem, respectivamente, os conceitos de *core competences* (competências essenciais) e de vantagem competitiva, abrindo novas possibilidades de utilização da estratégia como importante processo na busca do sucesso corporativo a longo prazo.
- Na atualidade, Chiavenatto e Sapiro defendem que o planejamento estratégico deixa de ser uma atividade anual ou qüinqüenal para se tornar um processo contínuo e ininterrupto.

Paralelamente ao processo histórico descrito, a sociedade atravessou uma transformação nunca antes presenciada, provocada por aspectos socioculturais, políticos e, particularmente, tecnológicos. Conseqüentemente, essa revolução atingiu de forma bastante sensível o ambiente das empresas e, entre outros aspectos, resultou em:

- Redução dos níveis hierárquicos, possibilitada pela automação de grande parte das atividades corporativas, achatando sobremaneira as pirâmides organizacionais.
- Melhoria do nível educacional dos trabalhadores, impulsionada pela necessidade de adaptação às novas funções disponíveis e pela maior oferta de fonte de conhecimento.
- Ampliação do acesso ao mercado por novos investidores, a partir da maior facilidade na estruturação de novos projetos, ensejando a entrada de competidores até então distantes e alheios à competição.

- Explosão do mercado editorial, permitindo a disseminação das novas teorias organizacionais e, ao mesmo tempo, de inúmeras obras precursoras de "modismos" fugazes e passageiros, levando muitas empresas a "embarcarem em trens que prometiam paisagens maravilhosas, mas rumavam para o precipício...".
- Questionamento da estrutura patriarcal nas famílias, cuja liderança passou a ser compartilhada com a mãe e, não raramente, com os filhos, fato que quase de imediato foi transportado para dentro das organizações.

Acredito que basta imaginarmos uma matriz formada pelos poucos acontecimentos históricos citados por Chiavenatto e Sapiro e pelas transformações socioculturais resumidas anteriormente para entendermos o grau de complexidade que vem permeando o ambiente empresarial, particularmente nas três últimas décadas.

Não é de estranhar que o comportamento dos profissionais presentes no mercado não tenha acompanhando o frenesi do ritmo de mudanças e de inovações oferecidas pelas teorias e técnicas contemporâneas da gestão.

Enquanto algumas corporações vêm adotando uma postura de vanguarda no processo de absorção dos novos conceitos organizacionais, operando como "locomotivas" no novo ambiente concorrencial, outras empresas ainda vivem na "idade das cavernas corporativa", criando uma distância que não faz bem a ninguém, uma vez que comprometem e, não raramente, corrompem o ambiente onde a competição se desenvolve.

Durante nossa viagem através do conteúdo desenvolvido neste livro, abordaremos também conceitos, técnicas, práticas e comportamentos adotados pelas "locomotivas" empresariais, abrindo espaço para a reflexão sobre sua aplicação nos projetos desenvolvidos pelo caro leitor.

Abordaremos agora os aspectos mais essenciais do processo de gestão, ou seja, os aspectos que não se alteraram ao longo do tempo, que fazem parte da essência da natureza humana e que influenciam decisivamente o processo de gestão. Costumo chamá-los de "pilares da gestão", por entender que representam estruturas de sustentação da gestão, em todos os tempos, mas que, por nem sempre estarem consolidadas nos projetos corporativos, causam grandes fissuras e até comprometem as estratégias empresariais. Eis os pilares da gestão:

- **HUMILDADE**
- **FLEXIBILIDADE**
- **SIMPLICIDADE**

Essas três palavras sintetizam valores que vêm se mostrando imprescindíveis nas práticas da liderança e da gestão ao longo da história da humanidade, mas que, apesar de antigas e conhecidas por todos aqueles que empreendem ou que contribuem no desenvolvimento de projetos, nem sempre representam práticas comuns, o que, não raramente, leva as empresas e os projetos a resultados muito menos satisfatórios do que os desejáveis e possíveis. Então, vamos tecer mais alguns comentários sobre elas.

Humildade

No contexto que julgo mais relevante para as práticas de gestão, a palavra **humildade poderia ser definida como "a consciência de que o conhecimento é algo cada vez mais coletivo e de que a decisão deve ser uma ação cada vez mais compartilhada"**.

O ambiente corporativo é muito propício à disputa pela ocupação de espaços, legítima, inquestionável e aceitável, já que todos os seus participantes têm o direito de buscar reconhecimento, ampliação de seus domínios ou ascensão profissional. A situação começa a se tornar crítica quando as disputas individuais comprometem os interesses coletivos. Agrega-se a esse fator a dificuldade que muitos empreendedores apresentam em admitir seus próprios erros ou sinais de fracasso de um projeto sob sua condução, assim como a importância das contribuições que agentes externos podem trazer para seu êxito.

Vamos ler algumas considerações a esse respeito que merecem reflexão:

- Hamel e Prahalad propõem uma reflexão acerca do tema, quando dizem: "Os executivos seniores são propensos a acreditar que seu *status* na organização confirma o fato de que eles sabem mais sobre o setor, as necessidades do cliente, concorrentes e regras de competição do que seus subordinados. Mas, na verdade, com muita freqüência, o que eles conhecem mais é o passado. Aqui está nossa definição de uma empresa retardatária: é uma empresa em que a gerência sênior não foi capaz de anular com rapidez suficiente a depreciação de seu capital intelectual e não investiu o suficiente na criação de um novo capital intelectual. É uma empresa em **que os gerentes seniores acreditam que sabem mais sobre o funcionamento do setor do que realmente sabem, e o que realmente sabem está desatualizado.**"[1].
- Larry Bossidy e Ram Charan concordam que "cometer erros é inevitável, mas bons líderes admitem e aprendem com eles e criam ao longo do tempo um processo de tomada de decisão com base na experiência"[2].

- Hamel e Prahalad voltam à carga, destacando a importância da "humildade suficiente para especular. Para desenvolver *insight* sobre o setor, a alta gerência precisa estar disposta a ir além das questões sobre as quais ela poderia pretender ser especialista. Precisa admitir que o que mais conhece é seu passado. Precisa estar disposta a participar de debates sobre o futuro de igual para igual, não como um juiz onipresente. Precisa estar disposta a ouvir vozes menos convencionais, menos 'experientes' e que levantam questões para as quais não existem respostas prontas."[3].
- Kotler aconselha: "os consultores são capazes de prestar importante ajuda às empresas, sob a forma de reavaliação de suas oportunidades, estratégias e táticas de mercado, oferecendo-lhes perspectivas de fora para dentro que compensam sua propensão à abordagem de dentro para fora"[4].
- Hamel e Prahalad decretam: **"as sementes do fracasso encontram-se dentro dos frutos do sucesso** [...] O problema não surge porque a empresa é líder no setor, mas sim pelo fato de os funcionários acreditarem que a empresa é líder"[5].
- Hamel e Prahalad ainda complementam: "a ampliação das estruturas gerenciais depende, mais do que qualquer outra coisa, da curiosidade e da humildade [...] É a humildade que motiva uma equipe de gerência sênior a sondar a mente dos concorrentes, a fim de testar os limites de suas próprias estruturas gerenciais [...]"[6].
- E a mesma dupla de estudiosos ainda "alfineta": "os gerentes norte-americanos são melhores professores do que alunos [...]"[7].

Os diversos autores que estudam e publicam suas teses sobre gestão e liderança indicam a humildade como um dos fatores mais importantes na avaliação do ambiente e na definição das ações a serem implementadas, assim como na capacidade de interagir com os implementadores e com os *stakeholders*, de maneira geral.

A palavra "humildade" nem sempre é bem aceita pelos profissionais de mercado, porque, de maneira geral, é confundida com outras características bastante distintas, tais como submissão, inferioridade, acomodação ou complacência. Os executivos – em todos os níveis – normalmente entendem a humildade como um sinal de fraqueza, quando, na verdade, ela se constitui no caminho para se minimizar os pontos negativos e se potencializar os aspectos positivos presentes nos projetos de que participam.

Na concepção que defendemos neste conteúdo, humildade representa a prática de se aproveitar de forma mais produtiva todas as forças e oportunidades presentes em um projeto, assim como admitir as fraquezas e as ameaças como primeiro passo para tentar minimizá-las.

À medida que os profissionais ascendem em suas carreiras, tendem a incorporar a sensação de que compartilhar decisões com subordinados, consultores ou outros parceiros pode levar à percepção de que eles não estão preparados para conduzir tais decisões ou que não são capazes de tomá-las sozinhos. Tal postura faz com que os líderes se tornem, ao longo do tempo, "lobos solitários". Eles acabam perdendo a capacidade de compartilhar suas decisões e suas responsabilidades, reduzindo consideravelmente as chances de chegar a decisões ponderadas e enriquecidas pelos diversos pontos de vista possíveis em qualquer situação sob análise.

Ao mesmo tempo, nas empresas pioneiras em qualquer mercado, assim como nas que ocupam momentaneamente a liderança, instala-se – na mente dos acionistas, executivos e, freqüentemente, de todos os seus funcionários – a visão de que o pioneirismo e a liderança constituem fatores que garantem o sucesso para sempre. Embora não admitam, as empresas líderes permitem o desenvolvimento de uma arrogância corporativa em seus quadros que, se por um lado eleva consideravelmente a auto-estima de seus colaboradores, por outro gera um efeito relaxante entre eles, entorpecendo-os e tornando-os alvos fáceis para os concorrentes que desenvolvem estratégias repletas de "adrenalina concorrencial", ou seja, aquele grau de concentração pleno, que talvez só venha a diminuir quando o "ópio" da liderança tiver trocado de lado.

Todos já ouvimos muitas piadas sobre "consultores". É muito comum, no mercado corporativo, que se estimule a criação e a disseminação delas, como caminho sutil (às vezes nem tanto) para desqualificar o trabalho de agentes externos que possam contribuir para o desenvolvimento dos projetos corporativos. É claro que, em muitos casos, o baixo nível de qualificação dos profissionais que se aventuram no mercado de consultoria pode suscitar tais ironias, afinal, trata-se de um mercado em amadurecimento, em que os profissionais ainda não são apresentados a partir de um diploma de "consultor profissional", mas, geralmente, por suas experiências anteriores e formação nas diversas áreas de interesse. Mas mesmo nos casos em que os profissionais são qualificados por cursos específicos, tais como médicos, advogados, engenheiros e administradores, não é difícil se deparar com relatos sobre "barbeiragens" e incompetências explícitas. Em qualquer setor de atuação há os profissionais com alta e os profissionais com baixa qualificação.

No entanto, acredito que a grande quantidade de piadas a respeito dos consultores e a descrença que se tem quanto à capacidade desses profissionais em contribuir para os projetos corporativos têm origem em duas razões principais:

- As empresas só aceitam a presença de consultores quando os projetos se encontram em fase terminal. É como se contratassem "coveiros" para enterrá-los. Caso tenha vivenciado experiências em que empresas de consultoria foram chamadas pelos executivos da empresa para desenvolver ações de melhoria em seus projetos, procure saber em que fase os projetos se encontravam: vigorosos, rentáveis e bem-sucedidos ou deficitários, problemáticos e comprometidos? Nem precisamos confirmar quais fases predominam nesses casos, não é mesmo?

    Mas pode haver também um certo questionamento a respeito de minha crítica. Afinal, para que gastar dinheiro com consultores se o projeto está caminhando bem, sem sobressaltos? Deixe-me provocá-lo um pouquinho: por acaso, você é um daqueles seres humanos que só procuram o médico quando está com cólica de rim? E, se for, acredita realmente que essa é a melhor maneira de se manter saudável e evitar problemas mais críticos? O médico é nosso consultor para assuntos de saúde e sabemos que nossa postura vem, ao longo do tempo, migrando de uma estratégia terapêutica para uma estratégia preventiva. Por isso, especialidades médicas como a medicina ortomolecular, a endocrinologia e a geriatria vêm ampliando tanto sua presença no segmento médico. Os homens, que no passado julgavam que demonstrariam fraqueza se consultassem um médico sem que estivessem vertendo sangue por algum ponto do organismo, atualmente se sentem à vontade buscando tratamentos preventivos que ampliem sua qualidade de vida e os tornem menos vulneráveis a crises de saúde. E, em minha opinião, substituíram a arrogância pela inteligência.

    No caso das empresas, o que se percebe é que essa prática ainda não é tão comum. Normalmente, os consultores são chamados quando o "organismo" já se encontra com "convulsões intermitentes", "falência múltipla dos órgãos" e "baixos níveis de imunidade". Provavelmente o "paciente" não sobreviverá e, logo após seu "enterro", os familiares, responsáveis até então pela preservação de sua saúde, sairão propagando que a culpa pela morte foi dos "médicos", que não conseguiram tratá-lo adequadamente.

- Uma outra razão para essa verdadeira aversão à presença de consultores em um projeto é, justamente, a dificuldade que seus gestores têm de admitir auxílio externo para suas ações. Freqüentemente alegam a necessidade de se manter a confidencialidade do projeto (o que, algumas vezes – apenas algumas vezes – é verdadeiro e coerente) para declinar a qualquer possibilidade de interação com consultorias. Essa postura traz-me um exemplo vivenciado na juventude, quando eu trabalhava com um colega muito dedicado e bastante inteligente. Ele apresentava um perfil autocentrado e raramente compartilhava suas expectativas com outras pessoas. Gostava de surpreender. Todas as vezes que ele chegava com uma notícia sobre algum negócio que fechara, não sabíamos se comemorávamos ou se nos preparávamos para consolá-lo. Apartamentos com problemas de sucessão de herdeiros, automóveis onerados por garantias a empréstimos, clubes de investimentos que "viravam pó", enfim, muitos foram os projetos que, caso esse meu amigo compartilhasse mais com pessoas que pudessem ajudá-lo a avaliar, não teriam sido implementados nem teriam gerado tantos prejuízos como geraram.

Com essas argumentações, não estou defendendo que os consultores sejam indispensáveis em qualquer projeto nem que as empresas devam investir recursos que não possuem para tê-los por perto. A intenção é que reflitamos sobre a postura presente no ambiente corporativo e, particularmente, sobre as razões que levam a maioria das empresas a não compartilhar seus projetos com empresas qualificadas de consultoria. Se os executivos atuantes no mercado agirem com mais imparcialidade e tiverem mais humildade, será mais fácil definir a essencialidade, a importância ou a dispensabilidade de se contar com as consultorias, de acordo com as especificidades e o ambiente presente em cada projeto. E o que dizer sobre os "consultores internos"?

Os condutores de qualquer projeto precisam se convencer de que vivemos em uma sociedade cujos valores se alteram em uma velocidade tão espantosa quanto os produtos e serviços. Entre essas mudanças, percebe-se que os seres humanos abdicaram definitivamente de suas posições de expectadores ou de coadjuvantes para atuar como atores e protagonistas em seus projetos pessoais, o que inclui suas atividades profissionais.

Ao mesmo tempo, as empresas buscam funcionários cada vez mais qualificados para compor seus quadros, valorizando características como criatividade, iniciativa e energia, e depois "enjaulam" essas verdadeiras "feras" em espaços reduzidos do ambiente corporativo. Tal postura produz frustrações profissionais, além de subutilizar as forças presentes nos projetos. Os profissionais que não têm uma posição hierárquica forte dentro do organograma da empresa detêm pouco espaço de participação nos projetos, e as chances de que ocupem uma dessas posições de destaque gerencial mostram-se cada vez mais reduzidas, em função do "achatamento" da pirâmide organizacional.

Assim, faz-se necessário buscar alternativas para que todos os participantes de um projeto tenham a oportunidade de influenciá-lo, quer em sua fase de elaboração, quer em sua fase de implementação, o que leva a organização a se apropriar dos talentos disponíveis, além de reduzir a frustração resultante da indiferença corporativa.

Embora tenho dirigido a maior parte das críticas ao estilo de atuação nos projetos aos executivos e altos gestores das empresas, destaco, da mesma forma, uma profunda reflexão sobre humildade que deve estar presente em todos os profissionais, seja qual for a posição ou o cargo ocupado na empresa. O fato de que nem sempre os executivos abrem espaço adequado para a participação de todos os condutores do projeto em sua elaboração e nas decisões estratégicas não justifica a insubordinação que muitas vezes presenciamos por parte dos implementadores; um erro não justifica o outro.

O tão "badalado" termo *empowerment* vem se mostrando mais uma dessas palavras que tão-somente rebuscam textos vazios e palestras motivacionais. Na verdade, ele busca definir uma postura corporativa cujo poder de decisão é compartilhado a partir de alçadas e competências definidas pelos projetos, tornando sua implementação mais dinâmica e os eventuais ajustes mais ágeis. Na prática, poderíamos definir o termo *empowerment* com a seguinte situação real: muitos executivos juram que o valorizam, mas não delegam; muitos funcionários adotam-no para se insubordinarem, utilizando-se de prática arbitrárias, de acordo com sua conveniência e com seu nível de impertinência. A maioria desses funcionários faz de conta que está aderindo às políticas orientadas pela empresa, mas na verdade não está.

O universo corporativo vem se preocupando há décadas em formar líderes, mas não demonstra a menor preocupação em formar subordinados – é o que sempre digo nas palestras. Você se lembra de ter visto algum livro com o título parecido com "Como se transformar em um subordinado de sucesso?" Ou se recorda de ter assistido a alguma palestra intitulada "Os sete atributos-chave de um subordinado eficaz?" Acredito que não. Todos os nossos esforços estão voltados para a liderança e estamos nos esquecendo de que, para nos transformarmos em bons líderes, temos de aprender a ser, antes, bons subordinados.

Afinal, todos temos que nos subordinar durante a elaboração e a implementação de nossos projetos: de forma simplificada, os acionistas têm de se subordinar a seus objetivos e valores, o presidente da empresa aos acionistas e auditores, a alta-gestão ao presidente e a todos os já citados, as diretorias a seus vice-presidentes e deles para cima. Enfim, todos temos que nos subordinar a alguém e, particularmente, à estratégia em curso. E o que se percebe é que os empregados não têm demonstrado uma predisposição adequada a se subordinar às premissas mais amplas das organizações. Tais como "filhos rebeldes", agem como se fossem donos dos projetos: alteram *layouts* das áreas em que trabalham, comprometendo projetos de padronização visual e organizacional mais amplos; modificam rotinas operacionais de acordo com sua conveniência; e, não raramente, descumprem normas corporativas que acabam por comprometer os projetos como um todo. Essas não são práticas desonestas, já que estas nem devem estar presentes em um estudo de comportamento organizacional, mas sim em fichas policiais; não estou tratando disso, mas estou ressaltando posturas que, consciente ou inconscientemente, são dotadas de uma perceptível ausência de humildade, na medida em que se caracterizam por total insubordinação, muitas vezes justificadas por excelentes intenções.

A respeito e no intuito de dar um senso mais prático a esta discussão, relato, a seguir, um fato que sempre uso como exemplo em aulas e palestras: como utilizo freqüentemente o metrô de São Paulo como meio de transporte, deparo-me, às vezes, com conversas nos seus vagões ou nas escadarias rolantes que nos tiram dos subterrâneos e nos devolvem à cidade. Em uma dessas oportunidades, encontrava-me em uma escada rolante e, à minha frente, dois jovens que supostamente rumavam para uma empresa de *contact center* (uma dessas empresas que opera exclusivamente através de contatos telefônicos com seus clientes). A garota parecia ainda mais jovem do que o rapaz (ambos na faixa dos 20 anos), mas falava como "veterana", já que, pelo que pude constatar, estaria trabalhando há algumas semanas, enquanto o rapaz estaria começando naqueles dias.

Em um determinado momento do diálogo, a garota disse ao rapaz, com toda a eloqüência que já lhe parecia característica: "Pô, meu, você vai ver que o *script* que utilizamos em nossos contatos é 'mó porcaria'... Mas eu já preparei o meu próprio *script*, muito melhor, e vou te passar pra que você possa usá-lo..." Por um instante, minha vontade foi interceptá-la, colocá-la no colo e dar-lhe umas palmadas. A garota, por entender que o material que a apoiava em seus contatos não reunia a qualidade necessária, estava se achando no direito de abandoná-lo, criar o seu próprio *script* e ainda o distribuir para outros colegas. Ela estava montando sua própria empresa dentro daquela que lhe pagava o salário!

É claro que esse exemplo não é tão dramático assim para condenarmos a garota à cadeira elétrica. E é óbvio que continuei meu trajeto sem interrompê-los, pois sei que eu também cometo insubordinações de vez em quando e que isso faz parte da natureza humana no contexto atual.

Já que você, caro leitor, está se dedicando a uma reflexão mais profunda acerca do ambiente corporativo, não posso deixar de ressaltar que funcionários que conseguem levar suas idéias adiante, a partir de projetos e de argumentações consistentes, mas que preservam a subordinação em relação à estratégia e aos valores mais amplos da organização, tendem a ser mais bem-sucedidos a médio e longo prazos. Um profissional com consistência e subordinação é uma jóia rara; um profissional "oco" e que faz da insubordinação o caminho para demonstrar autonomia e iniciativa é uma "bomba-relógio".

Flexibilidade

Assim como fiz em relação à humildade, se tivesse que definir "flexibilidade" em uma única frase, dentro do contexto que desejo discutir neste conteúdo, destacaria que **"flexibilidade não é a característica que faz com que a empresa altere a todo instante sua rota, mas é a postura que permite à empresa chegar ao seu melhor destino..."**.

Já citamos anteriormente as intensas mudanças socioculturais como uma referência para uma profunda reflexão quanto aos aspectos relacionados à gestão contemporânea. Quando tratamos de flexibilidade, é difícil não voltarmos ao assunto. Vale a pena desenvolvermos uma rápida viagem no tempo e retrocedermos algumas décadas, para tentarmos responder às seguintes perguntas:

- Como era a mobilidade social na década de 50?
- Qual era o grau de fidelidade do consumidor na mesma época?
- Qual era o nível de separações entre os casais dos anos 50?
- Quanto tempo um funcionário permanecia na mesma empresa?

As respostas às estas questões nos revelam, por si só, a intensa mudança no conceito de flexibilidade ao longo dos últimos 50 ou 60 anos. O mundo se tornou mais flexível, as pessoas se tornaram muito mais flexíveis, a aristocracia cedeu espaço para uma multidão de novos ricos, o consumidor que antes usava um único produto de uma única marca durante décadas hoje é sedento por experimentações, os casais separam-se tão logo percebem que o "projeto comum" não vem trazendo os resultados almejados, e os funcionários migram de uma empresa para outra (nem sempre contra a sua vontade) em busca de melhores oportunidades e sem aquele apego ao fato de entrar na empresa como torneiro mecânico nível 1 e se aposentar como torneiro mecânico nível 15.

Como está a flexibilidade no caso das empresas? Não estamos tratando de "empresas sem rumo" que "navegam ao sabor dos ventos" e, quase sempre, permanecem em círculos até serem apanhadas por uma tempestade em alto mar, como algumas que conhecemos. Estamos nos referindo à capacidade de rever posições assumidas, de adequar-se às forças competitivas quando tal procedimento se mostra recomendável, de reinventar-se permanentemente, de concordar que um recuo estratégico pode ser necessário e providencial às vezes, e de aceitar que nem todos os projetos resultam em êxito, por mais bem elaborados que tenham sido. Será que as empresas estão incorporando a flexibilidade presente no mundo contemporâneo com a velocidade que ela tem se incorporado em nossas vidas? Acredito que a resposta seja: não! O mesmo executivo que às vezes cede às pressões de seus filhos a fim de estimular uma relativa autonomia e preservar um clima familiar saudável, mostra-se freqüentemente irredutível quanto aos seus pontos de vista na empresa. E o mesmo investidor que cede aos encantos da esposa e amplia um pouco mais o limite de seu cartão de crédito, insiste em manter ações questionáveis em um projeto, sem aceitar que seu "faro" pode estar incorreto, levando-o à sua inviabilidade. Vamos ler o que alguns autores falam sobre o tema:

- Hamel e Prahalad sentenciam: "Para descobrir o futuro não é necessário ser um profeta, mas é absolutamente vital não ser ortodoxo."[8].
- Chiavenatto e Sapiro alertam: "A flexibilidade é o 'amortecedor da operação', pois uma organização opera num ambiente de incertezas de longo e curto prazos, com uma variedade enorme de condições sob as quais tem de atuar. Assim, a flexibilidade oferece um tipo de proteção, permitindo que a operação não pare seu trabalho."[9].
- Kotler decreta: "Nossa máxima: a empresa deve se autocanibalizar, antes que outra o faça."[10].
- E Andy Grove concorda: "Você deve ser seu pior concorrente [...]"[11].
- Chiavenatto e Sapiro citam o "velho" Darwing: "As espécies vivas que sobrevivem não são as mais fortes e nem as mais inteligentes: são aquelas que conseguem adaptar-se e ajustar-se às demandas do meio-ambiente."[12].
- Kotler ainda critica: "As empresas são mais rápidas em lançar do que em eliminar produtos e, assim, passam a ter um excesso de perdedores de dinheiro [...]"[13].

Essas citações são de estudiosos que, ao se debruçarem sobre teorias e práticas da gestão contemporânea, identificaram a ausência de flexibilidade como uma das principais causas de desprezo a caminhos alternativos, na fase da elaboração de projetos, e de desastres espetaculares em sua fase de implementação.

Sabemos, por exemplo, que não é fácil admitir o desinvestimento em um projeto quando já foram colocadas elevadas somas de recursos nele. Mas, fazendo uma comparação com nossas atitudes no dia-a-dia, será que, ao sair de casa no domingo para ver sua mamãe e errar o caminho, você se contentaria em visitar a mãe de outra pessoa só para não ter de voltar atrás?

As principais questões nessa nossa sublime comparação seriam: eu conseguiria chegar à casa de minha mãe a partir de um desvio? Será que ir à casa de minha mãe naquele domingo seria algo indispensável? Mãe só tem uma, mas será que no caso de meu projeto eu só teria um destino? Claro que não quero sentenciar aqui que os condutores de um projeto devam desistir dele logo que surjam os primeiros obstáculos críticos. Mas o que queremos defender é que, muitas vezes, a revisitação de um projeto indica com muita clareza que é hora de recuar, alterar a rota ou desistir. E a falta de flexibilidade faz com que seus condutores continuem insistindo no erro.

Veja agora este caso real: uma amiga é sócia em uma empresa de consultoria empresarial com escritórios em São Paulo e Rio de Janeiro. Chamada a realizar um trabalho para um investidor que mantinha três hotéis na cidade de São Paulo, seus consultores detectaram uma situação que, resumidamente, apresentava os seguintes aspectos: uma das unidades hoteleiras estava instalada em prédio alugado e completamente deteriorado; outra unidade estava instalada também em prédio locado e em condições mercadológicas e de conservação medianas; e a última unidade estava instalada em prédio próprio e em condições de mercado e de conservação bastante razoáveis. No final do trabalho de consultoria, entre outras coisas, a recomendação era a de desativar a unidade mais deteriorada, vender a unidade mediana em prédio locado e investir os recursos na modernização da unidade instalada em prédio próprio, anexando, para tanto, um projeto financeiro com a previsão de fontes e aplicação dos recursos.

O proprietário da pequena rede pagou os honorários, agradeceu o apoio da consultoria, mas destacou o seguinte: seu avô iniciara o negócio com um hotel, seu pai lhe entregara três hotéis e, portanto, sua meta era entregar a seu filho nove hotéis. (Veja que, no ímpeto empreendedor, ele instalara em sua mente uma verdadeira "progressão geométrica instintiva, de razão três"). Talvez até já previsse que seu filho entregaria vinte e sete unidades para seu neto e assim por diante. Bem, o fato é que esse empresário "quebrou" um ano e meio depois, perdendo todos os hotéis. O imóvel se encontrava hipotecado a um banco por causa de um empréstimo captado depois da decisão de conservar todos os negócios, assumindo uma dívida que nem juntando todos os seus bens poderia pagar.

A respeito disso, tenho uma frase que repito sempre que quero falar sobre flexibilidade: **"Mecanicamente, o movimento de um passo atrás é sempre o mesmo; estrategicamente, a intenção implícita no movimento é que vai definir se é apenas um momento de hesitação e desistência ou um recuo para um salto ainda maior".**

Para finalizar este tópico, gostaria de destacar que os projetos sofrem de falta de flexibilidade também em sua fase de elaboração. Nossa mente está sempre cheia de "armadilhas" e uma delas é que começamos um projeto pela conclusão e depois vamos analisar as possibilidades. Ou seja, começamos a consulta receitando o remédio e depois vamos verificar os sintomas. Isso porque o fluxo natural de nossa mente nos leva a buscar as opções mais simpáticas ou aquelas que nos deixam mais seguros segundo experiências anteriores. Não quero deixar transparecer que o conhecimento e as experiências adquiridas não sejam importantes, mas gosto muito da definição de Hamel & Prahalad, quando afirmam que "o futuro não é uma extrapolação do passado". Seria muito triste e até enfadonho se nos convencêssemos de que o futuro nada mais é do que a extensão de uma reta de tendência que definiu nosso passado até então. Como o próprio Hamel adverte, as empresas devem buscar manter-se no mercado, não seus produtos, seus processos ou seus projetos. Esses podem (e não raramente devem) ser flexíveis ao longo do tempo. Faça uma reflexão: pense em empresas que vêm sobrevivendo ao longo do tempo e vencendo os obstáculos concorrenciais. Agora, reflita com sinceridade e responda para si próprio se se tratam, predominantemente, de empresas enrijecidas ou de empresas flexíveis na definição de seus objetivos, de seus rumos e de seus projetos.

Enfim, num mundo cada vez mais flexível, com consumidores cada vez mais flexíveis e estruturas sociais cada vez mais flexíveis, ou as empresas aprendem a ser flexíveis ou suas estratégias "quebrarão pela fadiga", abrindo espaços para a "juventude corporativa de plantão". Afinal, como lembram Hamel e Prahalad: "As empresas que criam o futuro são rebeldes. Na verdade, provavelmente estão repletas de pessoas que não se importaram de ir para a sala do diretor de vez em quando, na época do colégio [...]"[14].

Simplicidade

Para falar desse terceiro – e não menos importante – pilar da Gestão, gostaria de relatar uma experiência pessoal. Há alguns anos, eu era assinante de uma empresa de TV por assinatura. Num certo domingo, deixei Votuporanga muito cedo para rodar mais de quinhentos quilômetros até São Paulo e poder chegar antes das três da tarde. Minha cabeça já estava em Paris, onde aconteceria a final do Torneio de Rolland Garros, com "nosso Guga" em quadra. A viagem transcorreu muito bem e meia hora antes do início da partida já estava de banho tomado e pronto para compartilhar momentos de emoção com milhões de brasileiros. Num gesto mecânico, apertei o botão do controle-remoto e eis que apareceu uma "tela azul" em minha frente. Tentando evitar o desespero, repassei todos os canais e a única coisa que se alterava naquela "tela azul" era o número do canal. Entrei em pânico. Com o pouco de lucidez que restava, disquei para a empresa que prestava os serviços de fornecimento dos sinais de TV e, enquanto discava, meu coração disparou ainda mais, pois me lembrei de que não havia liquidado o boleto de cobrança que recebera na semana anterior. Tantos compromissos, tão pouco tempo e acabei esquecendo o "danadinho" na gaveta de minha escrivaninha. Mas, afinal, era um cliente de três anos, sem um único atraso e esse fato não haveria de ser um obstáculo intransponível. Meus pensamentos ainda vagavam quando a atendente finalmente me abriu espaço. Em menos de 30 segundos já havia externado meu desespero. Faltavam dez para as três, precisava ser breve. A partir daí, iniciei uma "conversa em círculos", em que a atendente me explicava que eu deveria liquidar o boleto tão logo o banco abrisse, na segunda-feira, encaminhar um "fax" para o setor de cobrança da empresa e o sinal seria reativado. Nesse momento eu reiniciava minha "prece", prometendo que pagaria o boleto ainda antes que o banco abrisse (trabalho em banco), rogando que ela reativasse o sinal naquele momento, pois o jogo do Guga estava para começar. A atendente, com toda a calma, revisitava seu *script* e repetia, pausadamente, as mesmas informações. Num certo momento (já eram três horas), solicitei que ela me transferisse para o seu chefe. Ela disse que não havia supervisão no domingo e recomeçou a "ladainha". Desabei exausto na poltrona. Pensei em sair e procurar algum bar onde pudesse "afogar as mágoas" e, quiçá, assistir ao menos uma parte do jogo, mas estava tão desolado com o atendimento que recebera que não consegui sair. Nem preciso dizer que a primeira coisa que fiz na segunda-feira foi pagar o boleto, não é? Não o fiz para solicitar a reativação, mas sim para pedir o cancelamento imediato de minha assinatura de mais de três anos. Nas semanas seguintes, recebi diversas correspondências assinadas por um tal "vice-presidente comercial", que infelizmente não estava lá naquele domingo fatídico; rasguei cada uma das cartas com um estranho e assustador prazer.

Naquela segunda-feira, cheguei em casa depois do trabalho e tomei conhecimento de uma mensagem telefônica deixada por uma micro-empresa, que substituíra na semana anterior o catalisador de meu automóvel. Deixara um número telefônico e pedira que eu retornasse. Minha primeira reação foi pensar: será que não paguei os serviços, também? Que semana! Liguei e a única funcionária da lojinha (que não ocupava mais do que uns quarenta metros quadrados, com um pequeno guichê de madeira e vidro no centro, onde uma moça emitia notas fiscais, atendia o telefone, cobrava e fazia as cotações para a compra de peças, enquanto o suposto proprietário atuava como gerente, mecânico e tudo o mais que fosse necessário) atendeu-me de imediato. Expliquei a razão de meu retorno e ela prontamente me disse: Ah, o senhor é aquele cliente do automóvel azul que trocou o catalisador na semana passada, não é mesmo? Eu só liguei para saber se está tudo bem, se o senhor não está ouvindo nenhum barulho no carro, já que, às vezes, as buchas de borracha podem não estar devidamente fixadas e podem provocar batidas entre o catalisador e o chassi. Caro leitor, com toda a sinceridade, eu tive que conter as lágrimas. Sim, porque eu quase chorei de gratidão por aquela funcionária de uma micro-empresa que demonstrava preocupação com o possível barulho no assoalho de meu carro e de raiva daquela funcionária de uma grande empresa que me tirara a alegria de ver o Guga erguendo o troféu em Paris. Perguntei como ela conseguia fazer aquilo e ela me disse que era simples: grampeava a cópia do orçamento em sua agenda de papel para que, uma semana depois, ligasse para avaliar o grau de satisfação de seus clientes.

Acredito que você já tenha percebido qual a razão de eu ter iniciado o tópico por essas duas historinhas. A razão é destacar, desde já, que a qualidade na elaboração e na implementação de uma estratégia empresarial não decorre do grau de sofisticação dos projetos; ao contrário, resulta, principalmente, da simplicidade presente.

Os condutores de projetos, não raramente, entendem que, tendo em vista a complexidade presente no ambiente mercadológico, em que um número cada vez maior de variáveis influencia o resultado dos projetos, a sofisticação representa elemento relevante na elaboração e implementação da estratégia e de seus projetos. E é exatamente o contrário.

Vejamos o que temos a respeito:

- Larry Bossidy e Ram Charan decretam: "Além de definir metas claras, você deve procurar a simplicidade. Uma coisa que você notará a respeito dos líderes que sabem executar é que eles falam simples e diretamente sobre o que pensam"[15].
- Kotler chama atenção para o tema, alertando que "a adoção de nova tecnologia por más-organizações apenas as transforma em más-organizações ainda mais deficitárias e perdulárias"[16].
- Brian Fugere, Chelsea Hardaway e John Warshawsky, três consultores da Deloitte, lançaram recentemente um livro com o título *Why business people speak like idiots*, cuja tradução literal seria algo como "Por que os homens de negócio falam como idiotas?". Nele, os autores desenvolvem uma discussão acerca da linguagem rebuscada e evasiva utilizada no mundo corporativo, em que as mensagens chegam freqüentemente truncadas e não apresentam a objetividade esperada para um ambiente. Ambiente esse em que as mensagens são emitidas em diversas direções e a minimização da

perda de qualidade na recepção representa fator fundamental no sincronismo da estratégia.

Em uma época na qual estamos superofertados de novidades e de produtos e serviços altamente sofisticados, não é fácil resistir à tentação de propor soluções extravagantes para nossos projetos. O que não podemos deixar de considerar é que os investimentos previstos em um projeto e seu fluxo de caixa esperado determinarão sua viabilidade ou não. Portanto, investimentos desnecessários representam um passo importante para que um projeto não saia do papel.

Muitas vezes, a sofisticação dificulta a implementação do projeto e seus aspectos operacionais. Vale lembrar a história do mercado de videocassetes, em que a Sony, idealizadora do sofisticado padrão "betamax", perdeu a batalha concorrencial para a JVC, cujo padrão VHS apresentava a simplicidade em seus componentes como atributo mais competitivo, o que permitiu um maior número de alianças estratégicas para a produção, a distribuição e a assistência técnica dos aparelhos.

Para que um projeto busque a simplicidade sem comprometer sua qualidade, é de fundamental importância que os gestores da estratégia de seus projetos estimulem a participação de representantes das diversas áreas corporativas, com a humildade que permita buscar soluções simples e eficazes.

Um dos casos mais famosos apresentados em palestras proferidas no Brasil refere-se a uma situação vivenciada há alguns anos em uma fábrica de tubos de creme dental, localizada no interior de São Paulo. Essa fábrica vinha apresentando alto índice de defeitos na etapa de embalagem, uma vez que durante o processo de introdução dos tubos nas respectivas caixas de papelão, na esteira, mais de 20% das caixas acabavam fechadas e vazias, chegando ao varejo com índice inaceitável de embalagens vazias nos fardos.

Chamados a avaliar o problema, os engenheiros da matriz definiram um caminho para a solução do problema: a instalação de balanças eletrônicas no curso das esteiras, que pesariam as caixas e rejeitariam aquelas que pesassem menos do que um parâmetro previamente definido.

Acionado o projeto, os engenheiros retornaram à matriz e observaram uma queda acentuada nas rejeições, enquadrando o nível de defeitos ao padrão aceitável para a época.

Passados alguns meses, os engenheiros voltaram à fábrica para avaliar outro projeto e passaram pela linha de embalagem do creme dental para visitar o projeto anterior. Ficaram muito assustados quando viram que as balanças eletrônicas estavam desligadas e encostadas em um canto do galpão. Chamado a se explicar, o encarregado do setor, entre amedrontado e constrangido, explicou que as balanças nunca haviam funcionado bem. Como a fábrica ficava em local próximo à linha ferroviária, a passagem do trem desregulava totalmente seus mecanismos hiper-sensíveis, o que exigia intervenções constantes para recalibragem, inviabilizando a operação. Assim, dias após a saída dos engenheiros da fábrica, os empregados da linha de produção haviam proposto uma outra solução: colocaram grandes ventiladores na altura das esteiras e tecido esterilizado (gaze) no lado oposto. Quando as embalagens vazias passavam pela esteira, eram "expulsas" da esteira pelos ventiladores, o que permitiu o atingimento dos índices de sucesso previstos no projeto, sem os problemas que as balanças eletrônicas causaram. Conta-se que um acordo informal entre os engenheiros e os empregados da linha de produção fez com que a história demorasse muito tempo para chegar à matriz.

O que gostaria de destacar é que a simplicidade representa uma característica fantástica, quando aliada à eficácia. Os projetos que primam pela simplicidade reduzem os investimentos necessários, minimizam os custos de aprendizagem, facilitam as ações de treinamento e de *endomarketing*, permitem ajustes mais rápidos e otimizam o fluxo de informações nas diversas etapas do projeto. Mas é claro que os outros dois pilares – humildade e flexibilidade – têm de estar presentes para se obter simplicidade e eficácia, por constituírem fatores fundamentais na construção participativa de projetos, assunto que abordaremos com maior profundidade nos capítulos futuros.

Capítulo 3

O Ambiente

Na natureza não há prêmios nem castigos, apenas conseqüências.

Robert G. Ingersoll

Houve um tempo em que os seres vivos vagavam à mercê das mudanças climáticas e das variações ambientais, condenados à extinção por alterações mínimas em seu ambiente natural. Sobreviviam sustentados por instintos sutis, nem sempre capazes de possibilitar a antecipação ou a reação às variáveis presentes em seu hábitat. Provavelmente, os fantásticos dinossauros sucumbiram às grandes variações climáticas resultantes do choque de um meteoro com nosso planeta. Embora se trate de um fator imponderável em que reagir é o único caminho, presenciamos, em 04 de julho de 2005, a precisão com que uma cápsula lançada da sonda *Deep Impact*, a 134 milhões de quilômetros da terra, atingiu o cometa Tempel. Esse fato estabelece claras evidências de que, atualmente, os seres vivos dominantes no planeta não só têm maiores chances de sobreviver a um impacto provocado por um meteoro como também já caminham para reunir conhecimento que lhes possibilite evitar a colisão.

O que aconteceu no tempo transcorrido entre o último suspiro de um dinossauro e a nuvem de gelo resultante do projétil que penetrou o cometa Tempel? O homem, ser vivo mais inteligente que já habitou este planeta, adquiriu a capacidade e a habilidade de reconhecer o ambiente onde vive e de planejar ações capazes de direcionar as forças desse ambiente a seu favor. Eu sei que o leitor pode estar pensando – até justificadamente – que o homem que vem causando tanta destruição a esse ambiente onde habita não pode ser classificado de tão inteligente assim. Mas esse é um assunto para outro livro.

Em nosso contexto, é importante relembrar que a inteligência, fator decisivo para que o homem percorresse toda a sua escala evolutiva até o presente momento, tem, como um de seus momentos rudimentares, a demonstração de que o homem já começava a perceber que fazia parte de um ambiente. Percebia também que muitos acontecimentos desse ambiente eram previsíveis e que ele poderia reverter tais acontecimentos em ocasiões favoráveis à sua sobrevivência, a partir de uma estratégia adequada. Dessa forma, o homem passou a utilizar o dia e a noite de forma mais sistemática, a usar elementos ambientais para confeccionar suas armas, a se aproveitar da força da água para seu transporte, a plantar e colher a partir de uma observação eficiente das estações climáticas, a guiar-se com o auxílio das constelações.

Mesmo nos dias atuais, a grande diferença entre o homem e os demais animais que habitam nosso planeta é que, enquanto os demais animais percorrem o ambiente a partir de ações predominantemente instintivas, tal qual faziam quando surgiram na face da terra, o homem detém a capacidade de avaliar o ambiente em que vive e extrair dele mais do que simplesmente o instinto de sobrevivência.

Neste capítulo, abordaremos o ambiente no contexto empresarial, buscando discutir fatores endógenos e exógenos aos projetos, que influenciam fortemente os projetos corporativos, tal qual o ambiente para o ser humano. A capacidade de uma empresa de perceber o ambiente no qual está inserida e de estruturar a sua estratégia de maneira que aproveite eficientemente as variáveis nele presentes determinará maior ou menor probabilidade de êxito em seus projetos e de sua perenidade no ambiente concorrencial.

Não pretendemos abordar técnicas e conceitos para a avaliação do ambiente neste capítulo. Desenvolveremos o estudo em capítulo específico, na segunda parte deste livro, em que discutiremos a elaboração de projetos. Nesta etapa, nossa intenção é destacar alguns aspectos predominantes no ambiente corporativo contemporâneo, salientando, inclusive, alguns fatores históricos e socioculturais que os justificam, e dessa forma identificar tendências e inferir o caminho que tais aspectos vêm percorrendo, já buscando uma visão que enfatize a análise do passado e uma avaliação sistematizada do presente, para uma inferência qualificada do futuro.

Sem pretender encontrar culpados ou ser dono da verdade, antecipo minha posição de que as empresas, de maneira geral, ainda não desenvolvem a contento estudos eficientes do ambiente no qual conduzem suas estratégias e seus projetos, o que, não raramente, as deixa "à deriva" no contexto concorrencial, de maneira semelhante àqueles grandes animais que sucumbiram ao choque do meteoro, milhões de anos atrás.

Para efeito didático, chamaremos de variáveis endógenas aquelas variáveis presentes no ambiente sobre as quais detemos total domínio. Por exemplo, se seu projeto é uma viagem para o Litoral Sul de São Paulo e você tem um automóvel disponível e em condições de utilização, o ato de ir de carro ou de ônibus representa uma variável endógena, já que se encontra sob seu total domínio e arbítrio. Como variáveis exógenas denominaremos aquelas em relação às quais o projeto não detém total domínio. No caso de seu projeto (a viagem para a praia), poderíamos supor que utilizar a rodovia Imigrantes ou a rodovia Anchieta já não representaria uma variável endógena, e sim exógena, uma vez que você dependeria de fatores sobre os quais não detém total domínio, pois agentes externos ao projeto influenciam a decisão quanto às vias que estarão disponíveis para a viagem.

No passado, era muito comum se diferenciar as variáveis em um ambiente corporativo como "internas" ou "externas" ao projeto. Tais definições partiam do pressuposto de que os projetos detinham total domínio sobre as variáveis internas, o que não ocorria com as externas. As grandes alterações ocorridas no ambiente nas últimas décadas fizeram com que as definições fossem revistas, uma vez que, como não é difícil perceber, no ambiente corporativo contemporâneo presenciamos variáveis internas aos projetos que representam variáveis exógenas, ou seja, aquelas sobre as quais os projetos não detêm total domínio, e, ao mesmo tempo, deparamo-nos com variáveis externas aos projetos sobre as quais eles detêm total domínio, o que acabou indicando a pertinência de se utilizar as denominações "endógenas" e "exógenas", conforme as situações definidas anteriormente.

Assim, neste capítulo, buscarei destacar alguns aspectos endógenos e outros exógenos aos projetos corporativos, concentrando as citações aos fatores comportamentais envolvidos, como forma de identificar elementos que tendem a influenciar, positiva ou negativamente, os resultados de organizações, dependendo de como eles sejam avaliados e trabalhados no contexto empresarial.

Aspectos endógenos aos projetos

As "síndromes organizacionais"

Vamos iniciar este tópico tratando do que eu denomino de "síndromes organizacionais", que representam um conjunto de aspectos presentes nos projetos. Elas fazem parte da genética corporativa e, dependendo da forma como são identificadas e tratadas pelas empresas, tendem a afetar os projetos de maneira mais ou menos comprometedora:

- **Síndrome do fotógrafo**: essa síndrome é mais comum do que se imagina. Seu nome deve-se ao fato de que as pessoas envolvidas no projeto "**só vêem negativo**...". Essa "síndrome" ataca elaboradores e condutores de projetos que relevam em suas análises e em suas ações, preponderantemente, as ameaças e as fraquezas presentes, esquecendo-se de que a perfeição não é desse mundo e de que toda ameaça é uma fonte de oportunidades. Se persuasivos, os portadores dessa "síndrome" podem fazer com que projetos sejam abortados, sem a menor chance de vingarem. Nem todas as pessoas que identificam ameaças e fraquezas em um projeto são portadores dessa "síndrome". Para identificá-los, o melhor teste é avaliar se, no ambiente de trabalho, esses colaboradores agem como aquela hiena do desenho animado de Hanna Barbera (*Hardy Har Har*), que passa o tempo todo choramingando: "Oh vida! Oh céus! Oh azar! isso não vai dar certo!" Caso a presença desses "portadores" seja realmente necessária, um bom "anticorpo" é a presença de colaboradores positivos, que possam equilibrar as visões, além, é claro, de uma boa palestra motivacional ou um filme energizante.

- **Síndrome de Lex Luthor**: os portadores dessa "síndrome" costumam se concentrar na área de elaboração dos projetos, de produtos e de seus orçamentos. O nome é justificado pelo fato de que esses "portadores", tal como o inimigo mortal do *Superman*, agem o tempo todo com o seguinte objetivo: "**Eu vou dominar o mundo**...". Buscam ampliação de *market-share* a qualquer preço, abrindo mão, inclusive, da rentabilidade; não aceitam a possibilidade de voltar atrás quando um projeto demonstra sinais de "cansaço" e não hesitam em tirar da frente qualquer voz que possa representar obstáculo ao alcance de seus objetivos que, como já dissemos, não é nada menos do que dominar o mundo.

    Michael Porter destaca que "de todas as influências, o desejo de crescer talvez seja a que exerce o efeito mais perverso sobre a estratégia [...]"[1]. É muito difícil imunizar essa síndrome, mas a valorização dos projetos participativos, da construção do capital intelectual e do clima de trabalho, assim como a inibição dos "executivos rotativos", costumam mantê-la sob relativo domínio.

- **Síndrome de "Alice"**: essa "síndrome" ataca predominantemente os colaboradores localizados na área de produtos e de P&D. Deslumbradas com suas idéias geniais, costumam se convencer de que **estão no "país das maravilhas"**, onde não existe maldade, nem ameaças, nem concorrentes... Estimam fluxos de caixa fantásticos e crescentes e, sob sua ótica, os projetos tendem a se pagar em meses. Como "terapia" para essa "síndrome", a apresentação de um cenário mais realista pode despertar seus "portadores" do deslumbramento exacerbado. A presença de alguns "portadores" da "síndrome do fotógrafo" pode, igualmente, contribuir para uma redução de seus efeitos devastadores.

- **Síndrome de "Gabriela"**: essa "síndrome" acomete particularmente os executivos e proprietários de empresas pioneiras, que, amparadas no sucesso inicial de suas operações, resistem à necessidade de dinamizar suas estratégias, insistindo no pensamento de que merecem a eternidade pelo êxito originalmente alcançado. Assim, tal qual no caso de *Gabriela, Cravo e Canela*, passam o tempo todo cantando: **"eu nasci assim, eu cresci assim, eu sou mesmo assim, vou ser sempre assim..."**. Normalmente, quando os "portadores" dessa "síndrome" não conseguem percebê-la e tratá-la por si só, o próprio mercado se encarrega de alertá-los, recebendo golpes desferidos por concorrentes mais ágeis na percepção do ambiente. O problema é que nem sempre o diagnóstico é tempestivo, o que pode fazer com que, no momento de sua detecção, a empresa já apresente sinais de "septicemia corporativa" (infecção generalizada), o que pode levar à falência geral dos órgãos.
- **Síndrome da "beata"**: conforme já comentamos anteriormente, essa "síndrome" está presente na maioria das empresas e seu maior efeito é fazer com que as empresas **passem todo o tempo "seguindo a procissão"**, sem mesmo saber, muitas vezes, qual é o santo que está no andor, lá na frente. São condutores de estratégias e projetos que preferem seguir a multidão a buscar seus próprios caminhos. Essa é uma "síndrome" difícil de se debelar, uma vez que todos os envolvidos se sentem "protegidos" e seguros quanto a eventuais fracassos, pois, se perderem o rumo, culparão os que estão "guiando" a multidão lá na frente.
- **Síndrome do "filho rebelde"**: as empresas que sofrem dessa "síndrome" vagam pelo mercado repetindo aos quatro cantos: **"o mundo não me entende, o mercado é inóspito, ninguém me ajuda, nada do que faço está certo..."**. Não raramente, contam com a compaixão daqueles que compartilham suas angústias, porém, essa compaixão em nada contribui para seu crescimento. Tal como ocorre com o "filho rebelde", essa "síndrome" só é debelada com um trabalho de intensa conscientização de que o ambiente não costuma ser favorável ou desfavorável. O ambiente nada mais é do que o ambiente. É a maneira como conduzimos nossas ações, a partir de sua análise, que fará com que ele reaja a nosso fa-

vor ou contra. Ou seja, o mesmo bisturi que salva, mata; tudo depende de como o utilizamos.
- **Síndrome da "miopia corporativa"**: essa "síndrome" acomete principalmente os executivos ligados a orçamentos e faz com que eles, não raramente, desprezem o que foi definido na elaboração dos projetos e passem a exigir números não realistas, tentando reduzir o *payback* (tempo de retorno de um investimento) pela metade. O sintoma mais perceptível é a concentração extrema no curto-prazo, causando uma "amnésia" que faz com que tais "portadores" se esqueçam de que a empresa tem um médio e um longo prazo para atingir e, de preferência, com êxito. Kotler lembra que "toda empresa deve oferecer incentivos adequados para a consecução de seus objetivos, evitando estimular os resultados de curto prazo, em detrimento do desempenho no longo prazo [...]"[2]. Talvez uma possível "terapia" para essa "síndrome" seja fazer com que tais executivos leiam um pouco mais sobre as catástrofes provocadas por visões turvas decorrentes da miopia resultante de ações extravagantes e espetaculosas, às vezes pela vaidade exacerbada e, às vezes, estimuladas pelo tamanho dos "bônus" semestrais, sem a menor preocupação com a perenidade e a continuidade das organizações.
- **Síndrome da "EMA"**: essa "síndrome" provavelmente é conhecida por todos os colaboradores em projetos. É extremamente estimulada por diretores que, sem o menor constrangimento, digladiam-se entre si e estimulam, de maneira sutil, a mesma postura em seus subordinados, contribuindo para uma ausência total de integração, em que o lema é "ema, ema, ema, cada um com o seu problema...". Essa postura provoca a existência de uma grande quantidade de "empresinhas" dentro da mesma empresa, que, não raramente, concorrem entre si, "torcendo para o jacaré...".

Vou tecer alguns comentários sobre a frase "torcer para o jacaré". Pode parecer que estamos fugindo de nosso tema principal para devanear, mas tenho certeza de que isso ajudará a reforçar o sentimento de que o mesmo fenômeno provocado pela natureza do ser humano que ocorre em outras situações de nosso cotidiano repete-se nas empresas. E, mais uma vez, reforço que o caminho mais adequado não é procurar culpados, mas reconhecer que se trata de uma realidade e buscar alternativas na Gestão para minimizar suas conseqüências. Bem, mais voltando ao nosso amigo "jacaré": Até alguns anos atrás, eu participava de pescarias em rios pitorescos anualmente (hoje já não participo mais por ter feito um "pacto de paz" com todos os animais do planeta, incluindo os peixes): Paraguai-Mirim, Ayolas, Sepituba, São Lourenço; enfim, são eventos atrativos, pelas percepções que nos permitem em relação ao convívio social requerido e pelas maravilhosas paisagens que se descortinam em áreas como o Pantanal mato-grossense, por exemplo (e antes que algum leitor julgue que eu já fui um "assassino da natureza", vale ressaltar que praticávamos a pesca esportiva, sem maiores prejuízos ao meio-ambiente). Essas pescarias utilizam-se de grandes "chalanas", dotadas de ar condicionado, salão, quartos, cozinha, terraço, banheiros etc., nas quais passávamos uma semana sem colocar os pés em terra firme.

Não é difícil imaginar que uma pescaria dessas só pode ser planejada por um grupo muito unido, formado por grandes amigos, já que qualquer conflito maior pode ser difícil de contornar em uma embarcação com espaços bastante reduzidos e localizada na mais absoluta solidão, em algum rio no meio do Pantanal. Pois bem, todos os dias, ainda de madrugada, diversos barcos menores (botes) – que até então estavam acoplados à "chalana" – deixavam a embarcação principal e partiam para a pescaria, levando dois pescadores e um "pirangueiro" (piloto do barco). De maneira geral, esses barcos rumavam para pontos comuns, já que na noite anterior os "pirangueiros" faziam suas reuniões, trocando informações sobre os melhores pontos para a pescaria. Consideravam as localizações dos cardumes, o nível de água do rio, a presença de corredeiras etc. Ou seja, eles nada mais estavam fazendo do que "**planejar**" a pescaria.

Assim, algum tempo depois de partir, diversos botes ancoravam em um ponto onde se pensava ter boas perspectivas de haver peixe. Note que são botes pertencentes à mesma embarcação, que por sua vez reúne grandes amigos – quase irmãos – que realizam aquelas pescarias juntos praticamente todos os anos; que, no final da pescaria, independentemente da quantidade de peixes pescada, todos os participantes levariam para casa a mesma quantidade de peixes. Pois bem, a partir daí, o que se vivencia é uma verdadeira demonstração das características presentes na natureza humana. Tentando dissimular de todas as maneiras, os botes passam a "torcer contra" os demais, a fim de levar a maior quantidade de peixes possível para a "chalana" e ser, portanto, o "primeiro bote" da pescaria. Se um bote não levou "chumbadas" por esquecimento ou por displicência, é muito comum se presenciar a resistência do outro "bote-irmão" para fornecer tais apetrechos, fundamentais para a pesca naquele local e sem os quais o exercício ficaria totalmente comprometido dadas as peculiaridades do rio.

E, não raramente, quando algum dos pescadores fisgava um peixe nobre era comum que, em suas ações para trazê-lo ao bote, ele ganhasse outro adversário, que era o jacaré. Nesses momentos (e quem tem ido ao Pantanal, completamente dominado por esses répteis, sabe que não estou exagerando) o pescador tem que batalhar para que o peixe não escape de seu anzol (e qualquer descuido – como bambear a linha, por exemplo – fará com que o exemplar desapareça nas profundezas do rio, levando inclusive sua "tralha") e tentar evitar que o jacaré agarre o seu peixe e o destrua antes que ele possa chegar nas proximidades do bote. Já presenciei momentos em que o pescador (nesse caso era eu) se concentra no peixe (dependendo do tamanho e da esperteza do exemplar) e o pirangueiro se concentra no jacaré, aplicando-lhe pancadas com o remo do bote, para evitar que ele ataque o peixe fisgado. E nesses momentos, meu caro leitor, os pescadores que se encontram nos "botes-irmãos", próximos ao bote que trava a "batalha" pelo peixe, chegam a parar de pescar, fixam-se naquele exercício e, descaradamente, "torcem para o jacaré". Acompanham os movimentos até o final, torcendo para que o grande réptil consiga abocanhar o exemplar e levá-lo para longe do pescador.

Nunca perguntei a ninguém sobre a origem da frase "torcer para o jacaré", mas acredito que ela tenha uma grande relação com esses freqüentes momentos vivenciados na imensidão do Pantanal, que em muito se assemelham ao clima predominante nas corporações.

Os "dogmas organizacionais"

Neste tópico abordarei os dogmas e "cacoetes" que muitas vezes influenciam nossa maneira de gerir. Não temos, uma vez mais, que tentar nos defender como se fôssemos culpados por cairmos em armadilhas que não foram preparadas por ninguém especificamente, mas que vão surgindo a partir de percepções, conclusões precipitadas e nem sempre embasadas, mas que se disseminam de forma acentuada e rápida a partir do convívio social em que graças a Deus estamos inseridos.

Como já disse, nasci no interior de São Paulo (a "grande" Votuporanga) e lembro-me de que, na infância, tremia de medo quando acabava de comer e, sem perceber, me via defronte a um espelho. Se após o almoço recebesse o reflexo do sol vindo do espelho de um carro, então, entrava em pânico. Por quê? Porque para muitos – inclusive para mim – olhar para o espelho ou receber um reflexo após comer representava um alto risco de ter todo o rosto desfigurado e retorcido. Havia até um termo próprio para assustar ainda mais: "estuporar"! Não é de dar medo? Além desse medo, convivia com outras preocupações, tais como o perigo de comer e tomar banho em seguida ou comer manga e tomar leite logo depois. Enfim, eram inúmeras as preocupações que me afligiam, principalmente quando percebia que, sem querer, havia cometido algum desses deslizes. Aí, eram horas de desespero, até que acabava me esquecendo e o medo se dissipava.

Com o tempo e depois de muitos "medos" dissipados, fui percebendo que a realidade não era tão parecida com aquelas histórias. Confesso que até hoje, quando estou na casa de meus pais, exagero no almoço (aquela comidinha caseira...) e sigo para tomar uma ducha gostosa, percebo que eles ficam rondando o banheiro, como que vigiando para fazer alguma coisa caso ouçam um barulho de queda lá dentro.

O fato é que, não só em Votuporanga, mas em qualquer lugar, estamos sempre sujeitos a internalizar medos e percepções que nem sempre correspondem à realidade, mas que interferem de forma bastante importante em nossas vidas. E, no ambiente corporativo, não poderia ser diferente, afinal, o ambiente corporativo é apenas mais uma parte de nosso ambiente social. Discutir e refletir sobre esses possíveis "dogmas" e "cacoetes" pode ser altamente eficaz em nossa busca de ter uma visão mais clara da realidade, o que pode contribuir para que desenvolvamos nossos projetos com menor influência de histórias de "estupores" ou "congestões" inexistentes.

Assim, tomarei a liberdade de identificar, a seguir, uma série de percepções que pairam no ambiente corporativo, tecendo alguns comentários dignos de reflexão:

- **A empresa em que trabalho está matando todo mundo, espremendo o quanto pode e nos jogando fora quando percebe que não valemos mais nada. Seus acionistas só pensam em ganhar o máximo de dinheiro, ainda que isso custe as nossas vidas...**

Eis uma afirmação repleta de autocompaixão, mas que carece de um pouco mais de discussão, pelo menos quanto à sua real motivação. Não tenho a intenção de "canonizar" nenhum CEO ou conceder o Prêmio Nobel da Paz aos altos executivos do mundo inteiro, mas acredito que exista um certo exagero e até mesmo uma grande injustiça nessa percepção. Para que possamos refletir um pouco a respeito (o resto deixarei para que você faça sozinho), peço que responda algumas questões:

- Afinal, quem é o maior responsável por se exigir, atualmente, produtos e serviços cada vez mais sofisticados e a preços cada vez menores?
- Quando, em outros períodos da História da Humanidade, o mundo apresentou um processo de distribuição de renda tão eficaz (obviamente que

muito longe da perfeição, ainda) quanto o período que sucedeu o surgimento das empresas e corporações em nosso cotidiano?
- São os benefícios disponibilizados pelas empresas ou o nível de expectativa de seus funcionários a maior causa da insatisfação predominante no ambiente corporativo?
- Você colocaria toda a sua fortuna – caso a tivesse – na aventura de um projeto corporativo, sujeitando-se ao atual ambiente concorrencial?

Poderia colocar muitas outras questões, mas como não temos todo o espaço do mundo, vamos ficando por aqui. Acredito que agora você já tenha pensado pelo menos por alguns segundos nas questões formuladas, então, vamos formatar algumas possíveis respostas, dentro de uma visão razoavelmente racional e sem as emoções acaloradas que costumam cercar esse tema.

Em relação à primeira pergunta, se você respondeu que nós, consumidores, somos os principais atores desse processo, concordo contigo. Ora, não podemos negar que vimos sendo extremamente cruéis com o mercado, exigindo um nível de sofisticação a preços cada vez mais baixos, a ponto de "matar" muitas empresas que não conseguem nos satisfazer. Claro que não somos os únicos responsáveis por esse estado de coisas. Mas certamente somos seus maiores indutores. Recentemente, percebi-me aos berros com um atendente de *call center* de uma grande empresa que vende, também, pela Internet, porque havia comprado uma TV que deveria ter chegado dois dias após a compra e, no quarto dia, ainda não havia chegado. Tinha, naquele momento, três aparelhos de TV em casa, mas o fato de a empresa não ter cumprido o prometido estava me levando às raias da loucura. E o rapaz do outro lado da linha, desesperado, tentava me convencer de que problemas com o estoque (a promoção tinha feito com que as vendas superassem todas as expectativas.) tinham provocado o atraso. Chegou a me oferecer uma TV maior, um pouco mais cara. Mas eu não queria outra TV. Eu queria o "fígado" dele... Em um "momento de lucidez", percebi o absurdo que estava fazendo, pedi desculpas ao rapaz e disse-lhe que esperaria o tempo necessário para receber o aparelho. Confesso que tive a sensação de que o meu interlocutor achou que eu estava "possuído" naquele momento por algum espírito maligno e que havia me livrado dele logo em seguida. O aparelho de TV chegou dois dias depois e estou certo de que não valeu a pena lançar tanta adrenalina em meu sangue por um motivo tão vil quanto aquele.

Mas esse é apenas um entre muitos exemplos. Nosso nível de exigência vem crescendo quase que de maneira irracional e, como a Natureza é perfeita, cobra-nos por tamanha impaciência quando passamos para o outro lado do balcão e precisamos "entregar" aquilo que, antes, exigimos como consumidores. E as empresas? Em minha sincera opinião, constituem-se em verdadeiras "reféns" desse processo, sentindo-se às vezes perdidas perante tamanha crueldade. Se elas fossem seres vivos, eu diria que dormiriam mal, teriam intensos pesadelos durante toda a noite e acordariam desesperadas, todos os dias, pensando em como conseguiriam estar vivas ao seu final, diante do nível de hostilidade com que precisariam conviver, oriundo de ações de consumidores, legisladores, cobradores de impostos, concorrentes, enfim, diante de todas as adversidades presentes. Todas as adversidades muitas vezes parecem entoar, em uníssono, um aviso de que o melhor caminho seria "passar o ponto".

Em relação à segunda questão colocada, vale ressaltar que vivo no mesmo mundo que você, caro leitor, e, portanto, nem de longe, tentarei convencê-lo de que estamos no Paraíso. É cristalina a visão de que nosso universo está repleto de problemas, incluindo a caótica distribuição de renda, na qual a distância entre os mais ricos e os mais pobres é maior do que entre a Terra e os outros planetas de nossa Galáxia. Mas gostaria de propor uma reflexão comparativa, até para tirarmos nossas próprias conclusões sobre estarmos evoluindo ou regredindo. Em que época anterior o acesso ao consumo, o grau de cidadania e a distribuição de renda, em nível mundial, foram mais bem-sucedidos do que hoje? Confesso a você que não detenho dados estatísticos a respeito, mas, relembrando meus estudos do segundo grau e do "cursinho", não consigo visualizar um momento em nossa História em que se presenciasse um acesso à renda e ao consumo e a capacidade de mobilidade social compatível com a que presenciamos hoje.

Lembro-me de ter lido sobre situações em que uma minoria de privilegiados vivia cercada por muros altos e a plebe comia e bebia aquilo que lhe era dado, quase como esmola. Li, ainda, sobre artesões que eram obrigados a fabricar suas peças e depois andar por muitos quilômetros para alcançar algum daqueles espaços de "escambo", torcendo para que alguém quisesse trocar alguns sacos de alimento por algumas peças de vestuário ou algum móvel. Realizando tais reflexões, não é difícil constatar que as empresas foram muito importantes no processo de inserção social, no qual simples operários, dependendo de sua capacidade e de sua dedicação, puderam, muitas vezes, tornar-se executivos e até donos de seus próprios negócios ou empresas. E lembro, ainda, de que foi a partir da produção em escala empresarial que muitos cidadãos tiveram acesso a uma educação mais adequada, a produtos mais sofisticados a preços razoáveis e a saúde de melhor qualidade. E são essas mesmas empresas que "condenamos" a partir de nossos "cacoetes".

A terceira questão foi formulada para que possamos refletir um pouco sobre o que está acontecendo no universo corporativo: de um lado, empresas preocupadas em buscar benefícios que possam estimular seus empregados, no sentido de obter uma maior retenção de talentos e um maior aproveitamento do capital intelectual por eles representado e, de outro, empregados que parecem estar cada vez mais insatisfeitos e angustiados em suas relações com os empregadores. Aqui, vale a pena nos aprofundarmos um pouco mais nas razões que podem estar contribuindo para tal distância de visão: as empresas entendendo que estão cedendo cada vez mais e os empregados entendendo que estão recebendo cada vez menos. Uma primeira reflexão que julgo relevante refere-se aos dois principais determinantes do nível de satisfação do ser humano: a expectativa e a realidade percebida.

Essa reflexão é muito importante, pois nem sempre paramos para pensar sobre os motivos de nossas angústias – muitas vezes indevidamente identificadas como *stress* –, o que, de forma simplificada, nos leva a acreditar – ainda que inconscientemente – que as empresas são as grandes "vilãs" nessa história. Na verdade, estamos vivendo um período em que, comparativamente, o nível de benefícios e a qualidade do ambiente de trabalho na maioria dos segmentos e das empresas vêm mostrando uma melhoria substancial, fato que não depende de estatística para ser demonstrado. Basta imaginarmos como eram as condições de trabalho há cinqüenta, cem anos, e como elas são hoje. Os operários do passado não contavam, sequer, com capacetes de proteção no exercício de suas atividades. Exames periódicos de saúde seriam considerados atos de insanidade. Ações de treinamento e de desenvolvimento certamente seriam consideradas desperdício de investimento há algumas décadas. No entanto, essas melhorias certamente não estão acompanhando o ritmo das expectativas dos empregados. E como expectativas e realidade percebida são fatores que influenciam o nível de satisfação do ser humano, as atuais circunstâncias tendem a gerar uma frustração importante e, em muitos casos, injustificada, em relação à qual as empresas passam a figurar como maiores "culpadas". Quanto às expectativas presentes, podemos citar alguns fatores que as influenciam intensamente:

- A maior qualificação dos empregados, estimulada e muitas vezes patrocinada pelas próprias empresas, levando-os – não raramente – a se sentirem subutilizados e mal recompensados. Ou seja, a empresa procura fazer com que os empregados "sobrem" em suas atividades atuais, enquanto que os empregados entendem que o novo patamar de qualificação os habilita ao próximo passo, o que nem sempre é possível, dada a atual estrutura organizacional predominante.
- A disseminação dos comportamentos de liderança, em que grande parte dos funcionários se frustra por não ter quem liderar, principalmente em um momento em que a horizontalização das relações funcionais e a redu-

ção dos níveis hierárquicos das estruturas organizacionais restringem ainda mais os cargos com amplitude de comando. Tais percepções devem-se, também, a uma leitura inadequada sobre o que representa ser um líder ou praticar a liderança. De maneira geral, o entendimento é de que a liderança se concentra nas ações que se exerce na coordenação de equipes, desprezando-se as outras não menos importantes formas de liderança, tais como articulação, poder de persuasão, capacidade de obter consenso, gerenciamento de conflitos, gerenciamento técnico etc.

- A atual tendência em se valorizar o melhor aproveitamento do tempo, priorizando atividades que representem o ócio e o lazer, assim como a maior disponibilidade de opções para tal, além de uma perceptível melhoria de acesso a esses itens. O que eu quero dizer com isso? No passado, as pessoas iam pela manhã para seus empregos, trabalhavam durante todo o dia e quando voltavam, à noite, jantavam e ficavam praticamente esperando o momento em que iriam se deitar para, no dia seguinte, reiniciar suas jornadas de trabalho. Quando muito, conversavam sobre o que ocorrera durante o dia e, em muitos casos, as jornadas de trabalho constituíam-se nos momentos em que a vida fugia um pouco à rotina, se não pelas atividades desenvolvidas, pelo menos pelos contatos sociais possíveis. E hoje? Hoje nosso cotidiano é permeado por um sem-número de possibilidades (academias, viagens, festas, teatros mais próximos, cinema, TV, vídeo, livros etc.), além de uma maior capacidade de acessá-los. Ah, você acha que estou exagerando na dose novamente? Então, reflita com sinceridade e responda: o número de pessoas que fazia viagens freqüentes dentro do País ou para o exterior elevou-se consideravelmente ou se reduziu? Não é uma verdade que, no passado, um evento como uma festa de aniversário ou de casamento era aguardada ansiosamente pelos convidados (sendo, inclusive, motivo de fofocas e comentários antes e depois do evento) e que, atualmente, esses e outros eventos são em número tão elevado que, muitas vezes, fica difícil comparecer a todos? E o acesso a peças teatrais e a grandes novidades do mundo do entretenimento (como danceterias, eventos esportivos etc.) tem se mostrado crescente (particularmente nas cidades menores) ou decrescente ao longo dos anos? Se desenvolvermos uma reflexão honesta e realista, perceberemos, certamente, que o nível de ofertas e de acesso ao lazer e ao "ócio produtivo" cresceu consideravelmente nas últimas décadas e, sem dúvida, a maioria dos empregados passa a julgar – ainda que inconscientemente – que o período compulsório em que passa nas empresas em que trabalha reduz consideravelmente as oportunidades de "aproveitar melhor a vida". É como se cada hora trabalhada representasse uma hora a menos de "curtição". E, paradoxalmente, as mesmas empresas que são talhadas de "vilãs" nessa história constituem-se no principal agente de mudança de comportamento, de preços e opções – e, portanto, de acesso – oferecidos para os momentos de ócio.

- Os efeitos das práticas de Marketing, excedendo-se nos esforços para o estímulo ao consumo e para a indução dos consumidores a buscarem obter e usufruir avidamente tudo aquilo que um mercado cada vez mais dinâmico e ofertado disponibiliza. E a ampliação do acesso ao consumo a grupos até então alijados desse processo também faz com que, em muitos casos, o consumidor "quase" consiga adquirir certos produtos e serviços, ficando muito próximo da realização de seu desejo, o que, geralmente, amplia a decepção. Um objeto de desejo inatingível ou se torna algo platônico – o que ocorre em poucos casos – ou é esquecido por uma defesa instintiva de nossa mente. Agora, quando se chega perto de possuir algo que se deseja e não se consegue, a frustração das expectativas costuma ser muito mais intensa. E, no final, as empresas – como principais geradoras da renda que permitem o consumo e a redução relativa de preços – acabam responsabilizadas pelas decepções vivenciadas.

- O grau de mobilidade social que o mundo corporativo ajudou a construir, permitindo que pessoas pertencentes a classes sociais inferiores ascendessem rapidamente a pirâmide social, também trouxe à maioria das pessoas uma expectativa muito elevada quanto à escalada profissional no curto prazo. Antigamente, um funcionário iniciava sua carreira em uma empresa como operador de máquinas e, não raramente, aposentava-se como "operador de máquinas sênior". Atualmente, empossamos alguém em um novo cargo, resultado de promoção e reconhecimento e ouvimos, na avaliação seguinte (três ou quatro meses depois), que esse mesmo funcionário está se sentindo angustiado, pois se sente "estagnado" e mal aproveitado dentro da empresa.

O fato é que seria muito produtivo se cada um de nós refletisse sobre as verdadeiras razões que hoje nos afligem e buscássemos estabelecer os responsáveis diretos por isso. No passado, quando as empresas mantinham gestões autoritárias e as pessoas mal tinham o direito de se manifestar, parecia que o estresse era menos intenso. Talvez, nas empresas, estejamos presenciando a repetição do que acontece nas famílias, em que um processo de maior abertura em que todos os seus membros podem interferir de forma mais direta e participativa acabou exacerbando o nível de conflitos e, em muitos casos, elevando o nível de insatisfação de seus componentes. É claro que, como um processo de mudanças radicais e rápidas, dificilmente deixará de trazer desequilíbrios e conflitos, mas seria muito útil avaliarmos de forma mais profunda o que está ocorrendo, principalmente em relação às expectativas e à realidade percebida, pois, ao final desse processo reflexivo, talvez percebamos que esse tão comentado estresse e as angústias de nosso cotidiano corporativo são resultados não só daquilo que nos têm sido oferecido pelas empresas para as quais trabalhamos, mas também – e, às vezes, predominantemente – das expectativas exacerbadas que alimentamos.

E a quarta e última questão (vou resumi-la, pois "viajamos" tanto que ela ficou distante: se você investiria sua fortuna em um empreendimento corporativo, correndo todos os riscos do atual momento concorrencial) foi levantada para reforçarmos a compreensão de que as empresas são constituídas, de maneira geral, por empreendedores que arriscam muito de seus recursos (tempo, dinheiro, energia etc.) em um projeto que acabará por favorecer muitas outras pessoas e a própria sociedade. E, portanto, deve pertencer também a esses empreendedores a prerrogativa de implementar os ajustes necessários em seu empreendimento, assim como de retirar os dividendos sobre os lucros alcançados, necessários à recomposição de seus investimentos.

Se o dinheiro estivesse em uma caderneta de poupança ou em um fundo de investimentos, auferindo remuneração (que em nosso país não raramente excede aos ganhos no mercado produtivo), ninguém se importaria caso o investidor resolvesse redirecionar parte desses recursos para outros investimentos ou até mesmo gastar parte deles em algum desejo de consumo. Agora, se o dinheiro foi investido em uma atividade produtiva, envolvendo riscos muito maiores, o investidor passa, muitas vezes, a se ver pressionado pela sociedade, pelos empregados, pelo poder judiciário e pelos políticos, entre outros, a desenvolver suas ações de acordo com o que os demais agentes participantes do projeto julgam conveniente, perdendo, muitas vezes, a capacidade de gerir seus próprios recursos.

Eu não defendo que os investidores tenham o direito de fazer o que quiserem, por investir seus recursos em uma empresa. É claro que a sociedade e os seus agentes precisam fiscalizar e exigir que esse empreendimento tenha, entre outros, o objetivo de atuar de forma ética, produtiva e socialmente responsável. O que critico aqui são as atitudes populistas que presenciamos amiúde, em que pessoas que não colocaram nenhum único centavo no empreendimento passam a atuar como se dele fossem donos. Assim, um empresário chega em uma pequena cidade, instala uma fábrica, investe muito dinheiro, contrata centenas de empregados e cria um novo ciclo econômico para o local. É aclamado pela população e bajulado pelos políticos locais. Na primeira crise que enfrenta e necessita realizar ajustes, que podem envolver venda de ativos e demissão de funcionários, esse mesmo empresário se torna o inimigo número um da localidade, sofrendo toda sorte de pressões para que não aja, ainda que a inação possa levar à inviabilidade total do projeto no futuro. Ou seja, esquece-se tudo o que de bom aquele empreendimento trouxe para a localidade e concentra-se na pressão para que os ajustes não sejam realizados. Com toda a sinceridade, você já viu esse filme? E, se viu, com a mesma sinceridade, você acha que tal reação é coerente e racional?

- **"A busca competitiva, que muitas vezes exige automação de processos e otimização de recursos (incluindo a mão-de-obra), é um dos principais fatores da redução do emprego em todo o mundo."**

É muito comum (e até compreensível) que todas as vezes que ouvimos discursos falando que a empresa tem de se empenhar para ser mais competitiva entendamos, nas entrelinhas, que teremos novas demissões num futuro muito próximo. E é até provável que seja verdade.

Quando analisamos essa questão num ambiente estreito, talvez tenhamos motivos para condenar tal postura organizacional. Mas quando deixamos de olhar a árvore, para avaliar o bosque, percebemos que tal afirmação carece de reflexões mais profundas. O mundo vem sofrendo, sim, diversos movimentos políticos, econômicos e sociais, que – de certa forma – causam um certo desequilíbrio, pois é assim que as coisas evoluem. Afinal, caminhar é um exemplo clássico de corpo em desequilíbrio. Não fosse por momentos sucessivos de desequilíbrio, o corpo ficaria estático, sem sair do lugar. As conseqüências da globalização (que, ao contrário do que muitos defendem, não é um fenômeno recente, pois já ocorria desde os tempos das invasões bélicas ou das caravelas que vagavam pelos oceanos buscando ampliação das parcerias comerciais) têm sido – em saldo – positivas para muitos países e negativas para tantos outros. Mas não há estudo que demonstre que a busca competitiva seja uma das causas do desequilíbrio entre oferta e demanda por empregos. Antes de fixarmos essa idéia, seria bom que refletíssemos sobre alguns aspectos:

- Nos últimos cinqüenta anos, o mundo – e particularmente o Brasil – vivenciou acontecimentos político-econômico-sociais sem precedentes na História da Humanidade, entre outros: intenso crescimento populacional estimulado pela melhoria das expectativas de vida e pela ausência de movimentos bélicos de alcance global (a última grande guerra foi declarada superada em 1945), êxodo rural, movimentos imigratórios, intensificação da presença da mulher no mercado de trabalho, maior inserção de pessoas no mercado (resultado da melhoria de qualificação e do maior acesso à educação) etc. Esses movimentos levaram a uma ampliação crítica da po-

pulação economicamente ativa, que sem aspectos atenuantes poderia ter chegado às raias da ruptura social.
- Diversos estudos demonstram que iniciativas e invenções viabilizadas dentro do processo de busca competitiva (o computador e o automóvel, por exemplo) provocaram visões catastróficas sobre a empregabilidade, mas, em vez de se mostrarem vilãs do emprego, acabaram por criar muito mais colocações, inclusive em indústrias complementares (no caso do computador, a Internet, a indústria de componentes, assistência técnica, treinamento, *softwares* etc.; no caso de automóveis, os segmentos de reposição, mecânica, seguradoras, financiamento, estradas etc.).
- Faça uma rápida reflexão. Pense em três países em que, em sua opinião, a busca e o foco na competitividade constituem-se em prioridade. Agora pense em outros três países que tratam essa questão como não prioritária e que apresentam um ritmo competitivo aquém da média mundial. Pensou? Agora, com toda a sinceridade que venho propondo desde nossa primeira reflexão, analise e responda em que conjunto de países o nível de empregabilidade e de renda é maior? Acho que não precisamos cotejar as respostas, não é?
- Os "tigres asiáticos" entenderam a intensificação do processo de globalização como uma oportunidade e não como uma ameaça. Buscaram estabelecer estratégias de elevação da competitividade e do foco para aproveitar algumas das oportunidades que surgiram nas últimas décadas e apresentaram melhorias substanciais em sua capacidade de crescimento econômico e de geração de renda. Enquanto isso, muitos outros países não conseguiram capitalizar, no mesmo grau, as oportunidades que surgiam e acabaram sofrendo mais com todos os movimentos vivenciados neste último meio século.

De qualquer forma, o nível de empregabilidade (que não anda nenhuma maravilha) é influenciado por uma série de fatores, tais como nível de educação, crescimento econômico e grau de competitividade das empresas (ou seja, a partir dessas premissas a busca competitiva representaria um fator atenuante, e não agravante), e pode estar sofrendo, mais do que um problema pontual de oferta e demanda, uma alteração considerável em sua estrutura. Talvez não estejamos acompanhando exclusivamente um processo de falta de empregos, mas sim um processo de qualificação e de mudança de *status* do emprego.

E, tal qual as profundas alterações que vivenciamos na localização do emprego, que migrou da "montante" do produto (atividades anteriores e durante a fabricação do produto) para a "jusante" do produto (treinamento, vendas, pós-venda, assistência técnica, consultoria, treinamento etc.), provocando o deslocamento da mão-de-obra e maiores dificuldades para os trabalhadores que não se encontravam qualificados para esse movimento, possivelmente estejamos acompanhando um processo em que as relações entre empregadores e empregados venham a se alterar significativamente, concentrando-se na relação entre clientes e fornecedores, desonerando e flexibilizando as relações trabalhistas. Portanto, a percepção de que a busca pela competitividade venha reduzindo os empregos, num âmbito mais amplo, não se justifica. Precisamos avaliar se vale a pena esperar que os empregos retornem, pois, talvez, no formato em que os conhecíamos há décadas, eles não voltem jamais.

- **"A competição e a busca competitiva tornam o mercado menos ético e mais agressivo."**

Na verdade, quando nos aprofundamos nos estudos sobre competitividade, entendemos que quando os movimentos competitivos são bem-sucedidos a agressividade e as ações não éticas tendem a se reduzir. Uma das principais premissas defendidas por Michael Porter é que, para ser competitiva, a empresa necessita buscar uma posição exclusiva, em um ambiente favorável. Ora, se todas as empresas conseguissem ser exclusivas em pelo menos um dos atributos de seus produtos e contribuíssem para estimular um ambiente concorrencial favorável, fica claro que a agressividade do mercado tenderia a se reduzir. Ao mesmo tempo, Jordan Lewis defende que, para se atingir um nível de competitividade adequado, as empresas necessitam manter uma relação de confiança e cumplicidade com seus clientes e fornecedores, no intuito de desonerar suas operações (contratos, pedidos, logística etc.) e tornar os "elos" entre eles mais duradouros e produtivos. Assim, podemos até mesmo deduzir que muito da agressividade presente no mercado se deve à falta de uma visão mais adequada quanto à estratégia para se atingir um nível esperado de competitividade, o que faz com que as empresas entrem num círculo vicioso em que as estratégias acabam se concentrando em atacar o concorrente direto e aceitar exclusivamente a "guerra de preços" ou a oferta de atributos complementares, sem a respectiva receita, como caminho estratégico dentro do ambiente concorrencial.

- **"O cliente tem sempre razão."**

Cuidado! Muita calma nessa hora! Sempre digo aos meus ouvintes que essa frase me arrepia e me preocupa. É óbvio que eu não seria insano a ponto de desdizer tudo o que já foi dito sobre a importância que o cliente tem em qualquer projeto. Ele é e sempre será a variável mais crítica e mais importante nessa equação. Mas o que me preocupa é que muitas empresas e muitos profissionais de Marketing e Vendas se tornam reféns das expectativas de seus clientes. Muitas vezes entram em um "leilão sem fim", em que apenas os clientes levam vantagem e todos os competidores se vêem altamente vulneráveis.

Quando alguém me pergunta sobre o que fazer caso sua empresa esteja inserida em um segmento que atua predominantemente dessa forma e que, caso ela não "jogue o jogo", estará fatalmente excluída dele, eu respondo: você realmente está com problemas! Talvez você não deva sair do jogo, até porque possivelmente você nem teria como entrar em outro, com os ativos de que dispõe. Mas, certamente, você deve buscar, obsessivamente, adicionar às suas operações vantagens competitivas que lhe permitam sinalizar que tem algo diferenciado e valioso e que, por isso, vale a pena para seu cliente pagar um preço-prêmio.

Você também pode trabalhar exaustivamente sua cadeia de valores e os elos possíveis no sistema de valores para reduzir seus custos, a ponto de anular os prejuízos que a "guerra de preços" pode trazer. Pode, ainda, acompanhar atentamente os movimentos do mercado, para analisar se não se trata de uma estratégia momentânea, de algum competidor buscando se posicionar no mercado, cujos prejuízos tendem a se reduzir na medida em que ele ganhe a parcela de mercado pretendida, reiniciando o movimento de recuperação de margens. Você pode, ainda, conforme os estudiosos W. Kim Chan e René Malborgne brilhantemente abordam em seu livro *A estratégia do oceano azul*, desenvolver análises e ações que permitam a identificação de caminhos para a "inovação do valor" oferecido a seus clientes, como forma de deslocar sua operação do "oceano vermelho" em que se encontra para o "oceano azul", em que a concorrência exerce uma influência menos devastadora e em que a luta sangrenta cede espaço para o desenvolvimento mais saudável da estratégia.

Agora, se após um trabalho exaustivo você concluir que se encontra em um mercado altamente prostituído, no qual a estratégia de baixar preços é uma prática perene e irresponsável, em que – por mais que se esforce – você não consegue baixar custos no nível necessário à preservação das margens e não é capaz de acrescentar diferenciais valiosos para seus clientes, saia do jogo, logo. Não é um jogo para você. Repense seu público-alvo (segmentação estratégica), reavalie seus ativos e sua capacidade de utilizá-los para a inserção em um outro segmento, menos hostil, avalie as possibilidades de desinvestimento. Enfim, desenvolva um diagnóstico sincero e profundo e busque a alternativa mais adequada ao seu futuro. Mas não permaneça no jogo, pois decididamente ele não é para você!

E voltando ao nosso valioso e querido cliente, Kotler em seu livro *Marketing de A a Z* distingue os clientes em quatro grupos: o CML (cliente mais lucrativo), o CMC (cliente mais cultivável), o CMV (cliente mais vulnerável) e o CMP (cliente mais problemático). Para cada grupo existe uma estratégia mais adequada, mas uma coisa é certa: aceitá-los e não fazer nada para alterar essas relações (principalmente no caso dos CMPs) pode custar muito caro para a estratégia do projeto, do médio e longo prazos. É claro que não se pretende estimular a perda de clientes, pois em um mercado concorrencial como o atual isso é lamentável, mas, se no final de todo o processo negocial e diagnóstico a empresa concluir que parte dos clientes vai continuar "sangrando" a estratégia tanto do ponto de vista financeiro quanto do ponto de vista do foco, melhor deixá-los ir e que eles encontrem alguma empresa em condições de atendê-los com lucratividade ou que sangrem a concorrência.

Empresas que vêm demonstrando vigor e rentabilidade, ao longo do tempo, manifestam idéias que merecem uma reflexão mais atenta acerca do cliente. Akio Morita, o visionário líder da Sony, por exemplo, disse: "Nosso plano é influenciar o público com novos produtos, em vez de perguntar que produtos eles querem. O público não sabe o que é possível, mas nós sim. Por isso, em vez de realizar muita pesquisa de mercado, aperfeiçoamos nosso raciocínio sobre um produto e seu uso e tentamos criar um mercado para o produto, educando o público e comunicando-nos com ele [...]"[3,4].

Ao mesmo tempo, Hamel e Prahalad afirmam que "uma empresa precisa ser muito mais do que voltada para o cliente. Os clientes, notoriamente, carecem de falta de visão [...]"[5].

E Kotler enriquece nossa reflexão acrescentando: "O marketing eficaz tem sido tradicionalmente definido pela frase 'descubra necessidades e as atenda'. Isso define uma empresa orientada pelo mercado. Mas, com tantas necessidades sendo atualmente atendidas por inúmeros produtos, o desafio passou a ser inventar novas necessidades. Esse é o objetivo da empresa orientadora de mercado [...]"[6].

■ **"Se eu pensar muito eu não faço..."**

É muito comum encontrarmos empresas e empreendedores que ainda investem expressivas quantias em novas ações, sem cuidar de um planejamento adequado para tal. Está cientificamente comprovado que, quando não sistematizamos uma decisão, nossa mente nos leva por armadilhas, tais como quando somos levados a caminhos que julgamos mais fáceis a partir de experiências anteriores e que ocultam ou subdimensionam ameaças presentes, para que não nos desestimulemos em relação à decisão tomada. Dessa forma, primeiro decidimos viajar e depois buscamos os argumentos para confirmar que a idéia é boa. O ideal seria que, a partir de um desejo de viajar, desenvolvêssemos um diagnóstico para conhecer as vantagens e as desvantagens presentes e daí decidíssemos se estaríamos diante de um projeto viável ou não.

Chiavenatto e Sapiro defendem que "quanto mais forte a tempestade e maior o balanço do mar, mais o timoneiro precisa estar atento e seguro quanto aos desafios das águas por onde navega [...]"[7].

Infelizmente, continuamos observando que na maioria das empresas prevalece a tese da "tentativa e erro", ou seja, implementa-se as ações resultantes de propostas meramente instintivas, sem uma discussão participativa a respeito e, a partir dos resultados, reage-se. Tal postura costuma levar as empresas a uma perda desnecessária de energias e a investimentos adicionais na correção de curso, que, se não comprometem de vez os projetos, poderiam ser utilizados em outros projetos ou no acúmulo de lucratividade para os momentos mais difíceis.

- **"É o olho do dono que engorda o gado..."**

"Santa pretensão"! No ambiente corporativo no qual convivemos hoje e que tende a se perenizar, o "gado" está muitas vezes espalhado por "pastos" longínquos, sob o acompanhamento remoto e, não raramente, em "fazendas" que não nos pertencem. Portanto, a despeito de valorizarmos a dedicação e a boa vontade que a frase encerra, prefiro defender que os projetos atuais necessitam de um planejamento claro e objetivo, primando pela flexibilidade em sua implementação, com ações altamente integradas e com um acompanhamento compatível e eficaz, em que todos os implementadores tenham a exata noção do papel que lhes cabe em sua execução. Mais do que isso, o projeto necessita contar com líderes que possam manter o rumo (e um mesmo rumo), caso contrário a estratégia tende a se descaracterizar e se enveredar pelo meio-termo estratégico, situação em que a empresa ou o projeto se desvia do foco original e cede às pressões ou às oportunidades, privilegiando o curto-prazo em detrimento do médio e longo prazos.

Ambiente exógeno aos projetos

Conforme já comentei anteriormente, o ambiente exógeno, ou seja, aquele sobre o qual os projetos não possuem pleno domínio, não se constitui em fator negativo ou positivo ao seu desenvolvimento; seu posicionamento predominantemente favorável ou desfavorável dependerá, sobremaneira, da capacidade demonstrada de aproveitar as oportunidades e de minimizar as ameaças presentes. Nos capítulos destinados à discussão quanto à elaboração de projetos, abordaremos passos e ferramentas importantes no processo de identificação das variáveis exógenas críticas e caminhos para sua melhor absorção pelos projetos.

Nesta etapa de nosso conteúdo, gostaria de comentar alguns aspectos que devem fazer parte de nossas reflexões, uma vez que em nossas práticas de gestão nem sempre atentamos para fatores que vêm se alterando de forma representativa nas últimas décadas e que tendem a contribuir ou a prejudicar nossas estratégias, de acordo com nossa competência em considerá-las em nossas propostas.

Um primeiro aspecto que gostaria de abordar trata a visão que muitos de nós temos a respeito da concorrência. É muito comum que, ainda que inconscientemente, imaginemos que a concorrência é algo de que não fazemos parte, que nasce muitas vezes da gana dos empresários em ganhar cada vez mais e que, em função disso, nos coloca no "olho do furacão", obrigando-nos a desenvolver esforços para nossa sobrevivência e, quiçá, nosso crescimento pessoal e profissional. Não é uma percepção rara nem condenável. Afinal, como seres humanos, preferimos não fazer parte de realidades que não nos são amigáveis e que, muitas vezes, nos fazem sofrer.

A princípio, vale a pena retomar uma questão levantada anteriormente: quem é que exige produtos cada vez mais sofisticados, entregues em prazos cada vez mais curtos, a preços cada vez mais acessíveis?

A resposta a essa pergunta já demonstra como todos nós somos extremamente responsáveis pelo ambiente concorrencial contemporâneo. E, para que não julguemos que somos "vilões" nessa história, vale lembrar que a concorrência é o motor propulsor da evolução. São os desequilíbrios provocados pelo ambiente concorrencial os maiores responsáveis, ao longo da História, pela exigência e viabilização dos movimentos evolutivos em todas as áreas que permeiam a humanidade.

Em um passado mais distante, a busca competitiva era uma conseqüência do acirramento do ambiente concorrencial. O homem só se dispôs, por exemplo, a criar armas de caça, quando a comida escasseou e sua obtenção exigiu maior criatividade e esforço. Os períodos que antecederam os grandes conflitos entre povos mostraram-se, também, ricos em invenções e na introdução de inúmeros produtos para ampliar o poder de cada um dos lados envolvidos.

O que vem ocorrendo no último século, no entanto, é uma intensificação do movimento concorrencial, assim como a elevação de seu grau de complexidade, não porque os competidores passaram a gostar mais da "emoção" provocada por esse acirramento, mas porque há uma série de fatores em relação aos quais os seres humanos (não no papel de executivos ou de gestores das empresas, mas sim no papel de agentes socioeconômicos e consumidores) apresentam-se como principais atores, alterando significativamente o grau de complexidade presente.

De qualquer forma – e mais uma vez me apoiando na dualidade de todas as coisas – não se pode dizer que o acirramento exacerbado do ambiente concorrencial represente, tão-somente, ameaças para as nossas vidas e para a vida das empresas. As alterações ocorridas no ambiente trouxeram também muitas oportunidades e o tempo vem mostrando quais são os projetos e as empresas que estão conseguindo aproveitar melhor as oportunidades e quais os que vêm sucumbindo diante das ameaças. As empresas de "terceirização" de mão-de-obra, por exemplo, constituem-se em exemplo de absorção de oportunidades.

Em relação às razões que podem ter influenciado de forma mais intensa o ambiente concorrencial no último século, podemos destacar:

- A evolução dos processos de transformação, que acrescentou valor às matérias-primas, fez com que boa parte da riqueza migrasse dos "donos das jazidas" para os donos do *know-how*. Como conhecimento não é um ativo que se retenha com tanta facilidade quanto uma "jazida" – que pode ser protegida por cercas, seguranças e títulos de propriedade –, a possibilidade de novos contendores acessarem o ambiente concorrencial, em busca de oportunidades, ampliou-se consideravelmente.

- A intensificação do processo de globalização, que gerou desequilíbrios no mercado global, tal qual ocorreria com diversos tubos contendo líquido no momento em que fossem liberados os vasos comunicantes entre eles. Nesse caso, muitos mercados locais, representados por países e blocos regionais, acrescentaram muito mais vantagens do que desvantagens, enquanto outros não têm sido tão felizes no curso do processo. Além disso, a globalização reduziu substancialmente as práticas protecionistas, abrindo o ambiente concorrencial local para um ambiente concorrencial global, o que puniu severamente as ineficiências existentes e exigiu ações rápidas e contundentes para a equiparação do nível competitivo. Um exemplo clássico no Brasil pré e pós abertura de mercado é o setor têxtil, em que a abertura de mercado liquidou com muitas empresas e as que se mantiveram deram um salto qualitativo fantástico no que diz respeito à competitividade, concorrendo em iguais condições com empresas do mundo todo.

- Na busca de apresentar produtos cada vez melhores, as empresas acabam concorrendo com elas próprias. Veja o caso de um aparelho de TV, que no passado tinha vida útil de um a dois anos e hoje tem vida útil até oito vezes maior. Isso faz com que as empresas sejam forçadas a ampliar a penetração no mercado, cujo caminho, muitas vezes, passa pela necessidade de redução de preços ou acréscimo de valor, exigindo ações constantes de elevação de competitividade para sua sobrevivência. No caso da TV, por exemplo, fica muito fácil visualizar esse processo quando comparamos o preço de um aparelho de TV há vinte anos e o preço dele hoje, e quando

avaliamos as camadas sociais que tinham um aparelho de TV em casa, nas duas épocas analisadas.
- As crises globais da primeira metade do século tiveram também seus dois lados. Apesar de trazerem mortes e tragédias, abriram um grande leque de oportunidades mercadológicas, seja na viabilização de produtos que pudessem acrescentar vantagem bélica às partes envolvidas no conflito, seja nas ações de reconstrução que as sucederam. Na segunda metade do século XX, apesar da tensão provocada pela Guerra Fria, os conflitos globais arrefeceram, eliminando as oportunidades mercadológicas a eles relacionados.
- Falando em Guerra Fria, presente na segunda metade do século XX, o alinhamento político dos países coadjuvantes tais como Brasil e Cuba, entre outros, permitiu um fluxo de capitais que nem sempre tinha relação direta com a competitividade dos mercados, mas era decisivamente influenciado pela escolha ideológica. Assim, muitos países mantinham um fluxo importante de capital, sem uma correlação de produtos competitivos, bastando para isso se manterem alinhados com a ideologia política escolhida. Com o final da guerra fria, a fonte secou.
- A evolução tecnológica ocorrida no último meio século não apresenta precedentes na História da Humanidade. Já tive contato com alguns textos que defendem – e até fazem comparações – que em outros momentos de nossa História também presenciamos evoluções notáveis. Concordo que a evolução de hoje está totalmente apoiada na evolução de ontem. Mas quando comparamos o mundo no final do século XX com o mundo no início do mesmo século fica difícil discordar de que foi um século especial no que diz respeito ao processo evolutivo, particularmente em relação à tecnologia. E essa evolução intensa e rápida trouxe aspectos importantes para a análise do ambiente concorrencial:
    ✓ a facilidade de comunicação, a partir do que o mercado consumidor passou a ter extrema facilidade em comparar produtos e avaliar atributos, qualidade e preços a eles vinculados;
    ✓ a redução expressiva dos custos de P&D, reduzindo sobremaneira os investimentos necessários para um "Novo Entrante". Basta refletirmos que, em muitos casos, um novo entrante em um mercado que viabilize um *set* com microcomputador, fax e telefone pode fazer estragos em parcelas de mercado de uma grande multinacional. Isso fez com que o acesso de novos competidores no mercado ficasse mais fácil – ao contrário do que alertavam muitos trabalhos e artigos publicados, contaminados com a "síndrome do fotógrafo", quanto aos números chocantes

de mortalidade de empresas em todos os cantos do mundo. Uma rápida visita à "maternidade das empresas" demonstraria que o número de nascimentos também vem aumentando significativamente, resultando em uma quantidade líquida crescente de empresas, e não o contrário;
- ✓ a maior possibilidade de acompanhamento remoto dos mercados, permitindo aos investidores um fluxo de capital rápido e eficiente, saindo de mercados e de projetos menos eficientes e migrando para mercados e projetos mais eficientes. A redução da necessidade de ativos intensivos em muitos segmentos e a valorização da inteligência na composição dos produtos facilitaram ainda mais esse processo, já que abrir mão de ativos fixos em prol da otimização de ativos intelectuais, por exemplo, tornou-se uma atitude muitas vezes viável sob o ponto de vista de custo/benefício.
- O movimento de desestatização de empresas, predominante em países cujos governos optaram por desonerar-se de atividades que pudessem ser desenvolvidas pelo mercado privado, repassando-lhe inclusive a obrigatoriedade dos investimentos necessários e permitindo um maior foco das ações públicas nas atividades primárias de governo, como segurança, educação, saúde, guarda da moeda e gestão de projetos de infra-estrutura, entre outros.
- Por fim, vale ainda citar a influência das novas práticas de Gestão e de Marketing, que persuadiram as empresas quanto à importância de que, no momento de concentração de competidores e, portanto, de redução de contendores, a busca de competitividade não sofresse interrupção e, ao contrário do que ocorria no passado, se intensificasse, no intuito de aproveitar o ambiente mais favorável para erguer "barreiras de entrada" que inibissem o estímulo a novos entrantes.

Se no passado as empresas se aproveitavam dos momentos de arrefecimento da concorrência para recompor suas margens a partir da elevação de preços aos consumidores (aproveitando-se do maior poder de barganha e da velha lei da oferta e da procura), agora, acreditando que o consumidor seja o ativo mais valioso do projeto, as empresas aproveitam os momentos favoráveis para atingir posições ainda mais competitivas – se possível sem impactar os preços para os consumidores –, de forma a estarem ainda mais fortes nos momentos em que tiverem que enfrentar os competidores presentes e aqueles que possam ter interesse em adentrar seu mercado.

Essa mudança de postura pode ser melhor ilustrada se imaginarmos que aqueles guerreiros que voltavam para casa, após ganhar a guerra, estivessem no dia seguinte em uma academia, treinando todos os tipos de lutas, alimentando-se de forma adequada à manutenção da boa forma, instruindo-se sobre novas práticas bélicas e viabilizando novas armas de combate, em vez de se entregarem às boas bebidas e às mulheres que os esperavam, ganhando muitos quilos e perdendo a agilidade, panorama que só se alteraria nas proximidades de um novo conflito. Eu sei que você talvez prefira a imagem dos guerreiros tomando vinho e contando suas histórias de guerra, mas sinto informar que não é essa a mentalidade que predomina atualmente no ambiente concorrencial.

Esta abordagem tem como principal premissa em nosso conteúdo permitir que pensemos um pouco a respeito e percebamos que o que ocorre na arena mercadológica não é culpa ou responsabilidade de alguém em específico – nem, particularmente das empresas em que trabalhamos –, mas um processo decorrente de diversos fatores, tecnológicos, políticos, econômicos e sociais, geralmente impulsionados por nós mesmos, em busca da evolução e do acesso massificado aos produtos que desejamos. É como se vivenciássemos aquela célebre frase de um famoso livro infantil, de Antoine Saint Exupéry: "Tu te tornas eternamente responsável por aquilo que cativas".

Parte 11

A Gestão
e os
Projetos

Capítulo 4

Gestão por Projetos

Não podemos dirigir os ventos; mas podemos ajustar as velas [...]

Autor desconhecido

Quando visitamos uma empresa, ainda é lugar-comum nos depararmos com divisórias ou pavimentos que indicam seus diversos departamentos, tais como Recursos Humanos, Financeiro, Compras, Marketing, Área Comercial etc. Talvez, em um futuro não muito distante, essa estrutura de distribuição organizacional venha a se reduzir e passemos a observar áreas compostas por mesas de reunião nas quais se lerá: "Projeto A", "Projeto B", "Projeto C", e assim por diante. Os profissionais distribuídos nas diversas funções da organização estarão se movimentando entre essas salas, a partir de cronograma definido para a discussão, em conjunto, de como cada uma das áreas específicas da empresa acrescentará valor aos projetos, que passarão a representar a prioridade nas políticas organizacionais. Ou seja, atualmente os funcionários se fixam e os projetos circulam. No futuro, os projetos se fixarão e os funcionários circularão.

Devaneio? Antes de responder que sim, sugiro ao caro leitor que visite algumas das empresas que atualmente detêm a liderança global em seus respectivos segmentos de atuação. Ainda que não nos deparemos com uma distribuição tão explícita como esta delineada, percebemos que é cada vez mais comum visualizar diversas áreas interagindo em relação a um determinado projeto, compartilhando sua elaboração e as responsabilidades por sua implementação e por seus resultados.

Mais uma vez, as práticas empresariais mostram uma convergência para a natureza humana. Afinal, o próprio ser humano representa um dos projetos mais sofisticados e espetaculares da natureza. Desde a elaboração, a concepção, o desenvolvimento, a consolidação, o declínio e a morte, o ser humano representa um fantástico laboratório para o estudo da estratégia e da condução de projetos.

O organismo é um projeto elaborado e concebido por duas partes extremamente distintas: homem e mulher (poderíamos dizer que representa uma fantástica *joint venture*...) e seu desenvolvimento envolve um número expressivo de partes específicas, mas interligadas: coração, rins, fígado, pulmões, estômago, olhos, boca, ouvidos, nariz, cérebro etc. E, em seu desenvolvimento, o ser humano não representa ações isoladas, que começam em um certo momento e terminam em outro, quando se inicia a atividade de uma outra área. Na verdade, todas as áreas (órgãos, músculos, tecidos, nervos etc.) estão atuando durante o tempo todo, por um único objetivo: a sobrevivência e o desenvolvimento do organismo, como um todo. Nesse processo e em situação normal, não deparamos com momentos em que o pulmão decide bombear sangue, o fígado resolve que passará a filtrar o oxigênio e o coração decreta que passará a "pensar". Cada uma das partes executa efetivamente aquilo para a qual está definida. No entanto, já sabemos, diante da atual capacidade diagnóstica, que, quando o organismo perde parte de si (massa encefálica, por exemplo), se observa que outras áreas preservadas procuram "assumir" as funções comprometidas (num processo denominado "plasticidade motora"), como forma de preservar, dentro do possível, as funções anteriormente existentes. E quando o organismo entra em estado de alerta (como quando sofre um corte profundo no pulso, por exemplo), todas as partes atuam simultaneamente no intuito de minimizar as ameaças presentes (a mão é instintivamente levada à boca, para contar com os elementos coaguladores presentes na saliva e com a pressão dos lábios que pode ajudar a reduzir a perda sanguínea; a pressão arterial altera-se e pode advir até mesmo um desmaio, buscando a readequação das funções vitais à nova realidade vivenciada etc). Ou seja, o organismo trabalha de forma independente e interdependente em situação normal, absorve eventuais atividades, caso o órgão principal se mostre comprometido para tal, e atua em estado global de alerta quando diante de uma ameaça contundente. Pode haver um exemplo mais adequado para um projeto bem conduzido?

Pois bem, as empresas vêm percebendo que, se não é possível atingir um nível tão eficiente na condução de seus projetos, é completamente viável, a partir de um *benchmarking* com nosso organismo, buscar práticas de gestão que estabeleçam **modelos orgânicos** nas empresas, deixando para trás os **modelos mecânicos** que prevaleceram durante tanto tempo no ambiente corporativo.

Assim, percebe-se uma tendência muito clara de se colocar os projetos – e não os departamentos – no centro da Gestão Competitiva. A partir desse novo paradigma, os projetos passam a ser o fim e os departamentos ou as áreas passam a ser os meios. Parece óbvio no conceito, mas, na prática, ainda estamos longe de utilizar essa premissa como postura de gestão. De maneira geral, deparamo-nos com empresas em que os departamentos se constituem no centro gravitacional da gestão e os projetos os permeiam, não raramente soando como "problemas a serem resolvidos" ou meros aborrecimentos que comprometem sobremaneira o bem-estar dos departamentos, que certamente apresentariam um ambiente mais agradável sem eles.

Mas devo alertar o caro leitor de que essa situação tende a mudar e a velocidade dessa mudança pode ser surpreendente, dependendo dos resultados obtidos pelos pioneiros. E acredito que seja muito importante tratarmos de uma tendência que, se consolidada, alterará significativamente a maneira como as coisas acontecem dentro de uma organização. Por isso, a partir de agora, abordarei conceitos, comportamentos, ferramentas e práticas voltadas para a Gestão de Projetos, considerando os sinais das novas tendências organizacionais.

Por que planejar?

Abordar projetos é abordar planejamento, já que os projetos nada mais são do que a tangibilização do ciclo PDCA (*Plan – Do – Check – Action*), do qual o planejamento é o elemento indutor.

Acho pertinente iniciarmos nossos estudos sobre projetos tratando de planejamento, pois o ser humano (tal como você e eu), por natureza, não gosta de planejar. Aliás, vou além: o ser humano odeia planejar. Nós gostamos de fazer, de realizar. Planejar parece-nos perda de tempo.

Eu sei que o caro leitor deve estar pensando, mais uma vez, que eu sou um exagerado de mau-humor. Deixe-me explicar: quando afirmo que não é de nossa natureza gostar do planejamento, não estou dizendo que somos culpados por isso. Apenas que isso faz parte de nossa natureza. Vamos a um exemplo prático: Por acaso o prezado leitor utiliza freqüentemente os serviços de Metrô? Bem, se não o faz, talvez utilize ônibus. Mas deixe-me dizer por que estou perguntando isso: como um cidadão que procura contribuir para a redução do caos em nosso trânsito paulistano, utilizo predominantemente o metrô para minha locomoção na cidade. Quase todas as manhãs, adentro a mesma estação e deixo o metrô em outra estação específica. Quando passo pela bilheteria, no mesmo horário de sempre, costumo ver as mesmas pessoas em longas filas para comprar seus bilhetes. Confesso que de vez em quando reduzo o passo para ouvir o que eles estão choramingando. Invariavelmente reclamam das filas, dos poucos guichês abertos, de que estão atrasados para o trabalho, de que o governo não faz nada a respeito e essas coisas que ouvimos o tempo todo. Sigo, então, meu caminho (pois já conto com diversos bilhetes múltiplos em minha carteira), mas sem deixar de refletir a respeito daquelas mesmas pessoas, que todos os dias encaram as mesmas filas e trocam as mesmas reclamações. E me vêm algumas perguntas à mente:

- Por que aquelas pessoas não compram seus bilhetes no final de semana ou em outros horários do dia, quando o movimento é muito mais tranqüilo?
- Por que elas não compram bilhetes múltiplos, que, além de custarem menos do que os bilhetes individuais, reduziriam a necessidade de entrarem nas filas?
- Por que, em vez de passarem o tempo reclamando que se atrasarão para o trabalho, essas pessoas não pensam, pelo menos, em sair um pouco antes de casa, já que pelo visto gostam de começar o dia curtindo uma fila?

Talvez o caro leitor já esteja, em um momento de compaixão, elencando uma série de justificativas para ajudar nossos amigos anônimos, tais como a falta de dinheiro para comprar mais de um bilhete ou o fato de que eles somente passam pelas estações de metrô naquele horário. Mas responda-me, com toda a sinceridade: quantas daquelas pessoas recebem salários diários, de tal forma a terem que destinar verbas diárias para equilibrar seus respectivos "fluxos de caixa"? E mais: quem utiliza metrô durante toda a semana não o utiliza, da mesma forma, nos finais de semana? Apesar de sua elogiável tentativa de justificar tais atitudes, continuarei afirmando: o que falta para a maior parte daquelas pessoas é um mínimo de planejamento. A partir de um diagnóstico dos mais simples e de alguma flexibilidade para alterar posturas, essas pessoas enfrentariam menos filas e economizariam um bom dinheiro no final do mês.

O que estou tentando reforçar é que, se não aceitamos planejar as coisas mais corriqueiras de nosso cotidiano, é muito provável que levemos essa mesma resistência ao planejamento para dentro das empresas nas quais trabalhamos. Vejamos o que alguns autores já escreveram acerca do tema:

- Em seu livro *Os dez pecados mortais do marketing*, Kotler demonstra que todos os pecados mortais apontados são influenciados pelo processo de planejamento das empresas[1].
- No mesmo livro, Kotler questiona os gestores de Marketing: "o seu plano visualiza cenários alternativos e explicita as ações daí decorrentes?". E recomenda: "Estabeleça um formato padrão para os planos, incluindo análi-

se da situação, SWOT, grandes questões, objetivos, estratégias, táticas, orçamentos e controle."[2].

- Djalma Pinho destaca: "na realidade, os executivos deveriam entender que esse é o momento primordial para as empresas terem um planejamento estratégico estruturado, pois só assim poderão delinear um futuro esperado para suas empresas e maneiras de alcançar ou se aproximar, o mais possível, desse futuro desejado. Inclusive, se de uma maneira não der certo, o executivo saberá como pular para outra maneira, no momento certo e de forma adequada"[3].
- Hamel e Prahalad alertam: "Em suma, para a maioria das empresas a agenda da transformação organizacional é reativa, não proativa [...]"[4].
- E Hamel e Prahalad decretam: "O futuro não precisa ser apenas imaginado; precisa ser construído [...]"[5].

Na verdade, apesar de todas essas citações de autores consagrados, é a constatação de que o planejamento otimiza os investimentos, orienta as ações, viabiliza ajustes mais tempestivos e menos traumáticos e permite uma melhor aferição dos resultados que vem motivando as empresas a vencer a natureza de seus colaboradores e a estimular a intensificação das práticas de planejamento.

Quem deve planejar?

Como observamos no exemplo anterior sobre os usuários de metrô, o planejamento deve ser uma prática de cada um e de todos. Mas mesmo os projetos mais amplos, como é o caso da própria estratégia global da empresa, devem contar com a participação das diversas áreas intervenientes e, dentro delas, das diversas representações funcionais.

É claro que, como já destacamos, o processo deve levar em consideração as diversas etapas envolvidas, assim como buscar uma representatividade adequada em suas diversas fases, caso contrário nos depararíamos com algumas empresas locando o estádio do Morumbi para realizar atividades de planejamento.

De qualquer forma, defendemos que, a partir de avaliação amostral e utilizando a tecnologia disponível, é totalmente possível desenvolver planejamentos amplos e participativos, o que por si só representa uma fantástica ação de *endomarketing*.

Vejamos algumas citações a respeito de projetos participativos:
- Kotler determina: "Em última instância, a quem compete o projeto do produto? P&D? Engenharia? Fabricação? Marketing? Não! A resposta é: a todos, em conjunto, com a participação do cliente [...]"[6].

- Larry Bossidy e Ram Charan defendem: "Para ser eficaz uma estratégia tem de ser elaborada e pertencer àqueles que vão executá-la, quer dizer, ao pessoal de linha [...]"[7].
- Hamel e Prahalad corroboram: "apesar de todas as sombrias fórmulas segundo as quais 'a mudança deve começar a partir do topo' é preciso perguntar com que freqüência a monarquia liderou as revoluções. Em nossos trabalhos e pesquisas, encontramos mais sementes da revolução intelectual nos níveis organizacionais médios do que no topo [...]"[8].
- E Kotler complementa: "um plano não é nada até que se converta em trabalho. No entanto, um plano ruim com ótima implementação não é melhor do que um plano bom com péssima implementação. A verdade é que ambos os fatores são essenciais para o sucesso". E ainda: "A boa implementação exige que os responsáveis pela execução 'comprem' o plano. A melhor maneira de conquistar a adesão é incluir os executores na equipe de desenvolvimento do plano."[9].

Essas citações falam por si só e, quando estivermos desenvolvendo as ferramentas de planejamento, voltaremos ao assunto.

Como planejar

Se o caro leitor "comprou a idéia" de que planejar pode ser um bom caminho para a otimização de recursos e a melhor visão do futuro esperado – e ainda que a pura curiosidade o faça seguir adiante – a próxima pergunta pode ser: Certo, mas como posso desenvolver um planejamento? Bem, é isso que buscarei lhe oferecer na última parte deste capítulo e nos próximos capítulos desta etapa de nosso conteúdo.

Desde que iniciamos nossa discussão, estamos tratando de "gerir projetos". Mas o que seriam projetos? Tenho lido as mais diversas definições, mas de uma forma um pouco diferente, **definiria "projeto" como a representação mais fiel do movimento**. Os projetos, de maneira geral, tangibilizam a vontade de agir em direção a alguma coisa. Quando pensamos em adquirir um imóvel iniciamos um projeto, quando a empresa estuda a melhor forma de investir recursos disponíveis, inicia um projeto, quando encaramos alguém no balcão de um bar, imaginando que uma aproximação poderia ser muito agradável, iniciamos um projeto, quando nos reunimos frente a uma ameaça, no intuito de buscar alternativas que possam minimizá-la estamos, da mesma forma, diante de um novo projeto. Dessa forma, poderíamos dizer que o projeto representa a sistematização de ações no sentido de atingir um objetivo previamente estabelecido.

Em diversos livros sobre Planejamento, deparo-me com a palavra "problema" como sendo a razão para o início de um projeto. Não gosto. Entender que um planejamento nasce de um problema é imaginar que os projetos são eminentemente reativos e nascem da existência de algo a se corrigir. Incomoda-me o uso do termo "problema" para originar o estudo de um projeto, assim como me incomoda entrar em um banco, em um departamento público ou mesmo em uma loja e ouvir do atendente: "Qual o seu problema?". Invariavelmente respondo: "Nenhum. Quem te disse que tenho um problema? Eu estou com cara de quem tem um problema?". Aquilo me deixa indignado. Quando adentramos qualquer local que tenha a finalidade de nos atender em algo, podemos estar carregando uma série de finalidades: um desejo, uma intenção, uma dúvida, uma idéia, uma necessidade, uma sugestão, uma oportunidade, uma crítica. Nem sempre um problema! É inacreditável, mas em um mundo contemporâneo em que todas as empresas se dizem abrir as portas para "atender às necessidades dos clientes" ainda existem muitos funcionários que estão lá para "resolver problemas". Eis mais um exemplo da distância galáctica existente entre a teoria e a prática.

Aqui cabe um primeiro comentário: a natureza humana leva-nos, preponderantemente, a estabelecer objetivos de forma reativa. Ou seja, apenas quando temos um "problema" iniciamos, de fato, um processo mais profundo de planejamento. No ambiente corporativo, presenciamos empresas que se dispõem a contratar consultorias para discutir os seus projetos, mesmo quando estão "voando em céu de brigadeiro". Mas não dá para negar que, na maioria das vezes, as consultorias só são convidadas a participar quando a empresa não está com apenas um, mas com muitos "problemas". Também é fácil acreditar que as pessoas realizam um orçamento doméstico adequado somente quando o limite do cheque especial está no fim e alguns carnês já começam a "dormir" nas gavetas, dada a impossibilidade de sua quitação. Isso decorre de nossa predileção por agir, reagir, fazer, em detrimento de avaliar, elaborar, planejar. Não podemos nos esquecer de que empresas são constituídas e geridas por pessoas, então todos os nossos vícios como pessoas tendem a ser transferidos para o ambiente corporativo.

É bastante comum, quando realizo uma visita com um de meus Gerentes de Contas, buscar informações que me permitam aferir o nível de planejamento com que aquela visita ao cliente foi preparada. E não é incomum perceber que estamos caminhando para um "vôo cego". Em poucos minutos estaremos "navegando sem bússola", na expectativa de que, num golpe de sorte, durante a reunião, encontremos o caminho que nos leve a um excelente negócio. É emocionante! Mas, sem dúvida, não é a melhor alternativa para a otimização de nossos recursos. Tal postura assemelha-se a um jogo sem preleção.

E, falando em otimizar recursos, diria que esse é o principal desafio da Gestão nos dias de hoje. Num passado ainda recente, pudemos acompanhar negócios cuja gestão exigia "administrar abundâncias", entre as quais estão:

- Abundância de empresas no grupo empresarial (algumas contavam com empresas de "táxi aéreo", empresas de turismo e até empresas de confecção de uniformes, entre outras).
- Abundância de recursos financeiros, que, sem direcionamento adequado, vagavam entre as alternativas de aplicações financeiras disponíveis para a alocação das "sobras de caixa" – exigindo, não raramente, mais foco por parte dos profissionais de finanças da empresa em aplicar os recursos no mercado financeiro do que no planejamento financeiro, propriamente dito.
- Abundância de recursos humanos.
- Abundância de ativos fixos (muitos deles locados a outras empresas e cujos problemas de relacionamento desviavam o foco das principais competências a serem desenvolvidas) etc.

Com o passar do tempo, o acompanhamento das empresas que demonstravam "excelência competitiva" em seu histórico demonstrou aos pesquisadores uma tendência à substituição da abundância pela escassez. Não a escassez que provocasse uma "anorexia corporativa", impedindo os investimentos necessários à preservação da capacidade competitiva, mas a escassez que estimulasse a criatividade, reduzisse os "problemas periféricos" e mantivesse o foco no *core business* (negócios-chave) da empresa.

Assim, os recursos abundantes deveriam ser:

- reinvestidos em novos projetos que pudessem gerar retorno satisfatório sobre os investimentos; ou
- dispensados, alienados ou devolvidos a seus proprietários, caso não se identificassem projetos em que eles pudessem ser adequadamente aplicados.

Dessa forma, os projetos passaram a fazer parte do cotidiano corporativo de forma muito mais freqüente e ativa, já que a dinâmica empresarial, a partir de então, passou a exigir a permanente identificação de alternativas em que seus recursos pudessem ser mais bem empregados.

Assim, o ambiente corporativo passou a conviver com inúmeros projetos para análise, muitos deles "mutuamente excludentes" (ou seja, os recursos e as particularidades presentes não permitiriam implementar ambos concomitantemente). Esse fato passou a exigir ainda mais o desenvolvimento de projetos bem fundamentados que pudessem levar aos escalões de decisão a segurança necessária para fazê-lo, assim como elevar as chances de êxito diante da concorrência interna e externa.

Diversos executivos médios, em artigos e pesquisas publicadas nas revistas especializadas, reclamam de maior participação na etapa estratégica dos negócios. Eles alegam que freqüentemente recebem o projeto "pronto" e são obrigados a implementá-lo de forma a gerar os resultados esperados, sem terem a chance de participar de sua elaboração. É como se recebessem um "adolescente com vícios que remontassem à sua concepção" e fossem orientados a transformá-lo em um adulto brilhante. Não se pode dizer que seria uma missão impossível, mas sem dúvida costuma ser uma missão espinhosa. Participando da elaboração, poderiam (e deveriam) acrescentar informações relevantes para ampliar a probabilidade de êxito nas etapas seguintes.

A esse respeito, devo dizer que não só concordo com tais críticas, como também com a importância da participação de todas as áreas corporativas envolvidas – em seus diferentes níveis – no processo de planejamento. E, reforçando meu entendimento de que a Gestão pode ser representada por uma sinfonia executada por muitos instrumentos, diria, no entanto, que muitas vezes quando chamados a participar do processo, levando projetos para avaliação, esses instrumentistas "desafinam", estimulando a alta gestão a preferir um "solo".

Ou seja, não se pode negar que há, por parte da alta gestão, uma resistência em abrir espaços para a participação das áreas táticas e operacionais no processo estratégico, mas também é preciso admitir que muitos projetos encaminhados para análise representam "sonhos de uma noite de verão", sem uma sustentação que permita dotar a alta gestão de segurança e confiança quanto às propostas elaboradas.

Portanto, se os funcionários tencionam participar mais ativamente dos projetos de sua empresa – de maneira parcial ou total, direta ou indireta –, é preciso que o façam de forma instrumentalizada e sistematizada, sem o que suas participações tendem a ser interpretadas apenas como gestos de boa vontade e não como presenças dignas de atenção.

Independentemente de sua origem ou de sua natureza, os projetos seguem um padrão quanto à sua estruturação, que podemos simplificar em um fluxograma, conforme segue:

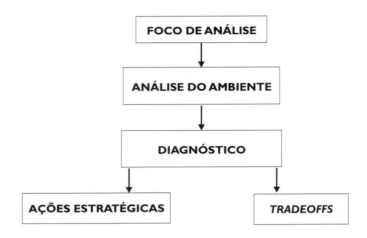

Sintetizarei, a seguir, o que proponho em cada uma das etapas de elaboração do planejamento mencionadas no fluxograma e, em seguida, as abordarei de maneira analítica.

O foco de análise

O que chamo de "Foco de Análise" é o que muitos autores chamam de "problema", ou seja, a razão que origina um projeto, conforme já citamos anteriormente. Tal como trataremos no tópico destinado ao "diagnóstico", quando abordaremos a Análise SWOT como ferramenta diagnóstica, o foco de análise precisa ser suficientemente claro, para que os participantes do planejamento entendam qual é a sua exata razão de ser, o que confere produtividade e objetividade nas etapas seguintes, em linguagem compatível com os participantes do planejamento, de tal forma a conferir clareza e objetividade à proposta.

Análise do ambiente

A análise do ambiente representa a fase de estruturação de informações sobre a realidade passada, presente e futura (inferências) que possa contribuir para dotar os participantes de conhecimento suficiente para uma análise profunda das alternativas existentes. Não estou falando aqui apenas de cenários macroeconômicos (aqueles que traçam probabilidades quanto a índices econômicos a partir de dados passados e presentes e inferência sobre fatos futuros), nem apenas de estudos de mercado, que abordam características do mercado em que se atua ou se atuará, tais como comportamento do consumidor, ambiente concorrencial etc.

Entendo como ambiente um conjunto mais abrangente de informações, que envolve todos os agentes que possam interagir em um projeto. É óbvio que a amplitude e a abrangência de um ambiente analisado será sempre compatível com a abrangência e a amplitude de um projeto. Não podemos imaginar um empresário investindo recursos em uma elaboração sofisticada de análise ambiental para decidir se altera ou não a localização do balcão de sua padaria. Mas, certamente, antes de tomar a decisão, deveria viabilizar uma análise de ambiente a respeito, com abrangência e amplitude compatíveis com o seu projeto, obviamente.

O diagnóstico

O diagnóstico representa o tratamento de todas as informações levantadas no curso do planejamento e, como discutiremos no próximo tópico, entendo que seja o momento mais importante na individualização da estratégia. Se, em função do nível de acesso às informações disponibilizado às empresas nos dias de hoje, uma grande parte da análise de ambiente converge para informações bastante similares, é no momento de seu tratamento que tais informações podem se transformar em "conhecimento organizacional", o que, certamente, dependerá de cada organização e da forma como ela analisa o ambiente e estabelece suas estratégias a partir dessa análise.

Ações estratégicas

Após o desenvolvimento de um diagnóstico aberto, participativo e amplo, os participantes do Planejamento estarão aptos a discutir e propor as ações estratégicas a serem implementadas. Vale a pena destacar mais uma vez a necessidade de uma visão integrada, em que pelo menos os alicerces dos projetos seqüenciais já estejam previstos, no intuito de permitir que, a partir da divulgação dos projetos para cada unidade envolvida, a seqüência do planejamento não sofra uma descaracterização que comprometa sua implementação. Assim, se na fase estratégica o grupo de elaboração entendeu que a logística é um fator crítico de sucesso para o projeto, na etapa tática a área de finanças desenvolverá o seu planejamento tático observando que suas ações não poderão comprometer a manutenção de uma capacidade de logística compatível com a estabelecida no planejamento estratégico, ainda que, para cumprimento de seus objetivos táticos, a área de finanças tenha que restringir os recursos para uma outra atividade do projeto, considerada menos prioritária.

Tradeoffs

Não foi por acaso que no fluxo gráfico do projeto identifiquei o quadro *tradeoffs* ao lado do quadro "ações estratégicas". Os planejadores deverão, a partir das ações propostas, discutir e avaliar a relevância de se identificar e registrar *tradeoffs* que têm como principal função evitar que propostas ou ações futuras, descoladas do planejamento original, possam descaracterizá-lo e até comprometê-lo.

Importante reforçar que, a princípio, os *tradeoffs* não são obrigatórios, mas, uma vez estabelecidos, devem ser respeitados. Ainda que não representem leis imutáveis do projeto, exigirão no mínimo uma revisitação do Planejamento, caso oportunidades, ameaças ou características internas presentes recomendem a avaliação quanto à ruptura deles. Aqui, recomenda-se um "julgamento de corpo presente" e não um "julgamento à revelia", em que o *tradeoff* seria "executado" sem a chance de uma avaliação mais criteriosa a respeito.

Depois de apresentados sumariamente no final deste capítulo, passarei a discorrer, nos capítulos seguintes, sobre cada um dos passos propostos para a construção do planejamento de um projeto, de forma simples e prática, abordando não apenas conceitos vagos a respeito, mas as particularidades presentes em sua consecução, tentando posicionar o prezado leitor no interior de um processo de planejamento, esperando que isso contribua para reduzir as resistências ao processo e para fazê-lo perceber que planejar, além de simples e aplicável, pode ser bastante produtivo e enriquecedor.

Capítulo 5

O Foco de Análise

> *Para quem não sabe a que porto dirige não há ventos favoráveis [...]*
>
> Sêneca

Acho que vale a pena relembrar o trecho do livro *Alice no país das maravilhas* que relata o diálogo entre Alice e o gatinho:

Alice: Por favor, você poderia me dizer que caminho eu devo seguir?
Gato Cheshire: Isso depende muito do lugar para onde você quer ir...
Alice: Eu não me importo para onde ir.
Gato Cheshire: Então não faz diferença o caminho a pegar...

Pois é. Como o caro leitor pode observar, até as histórias infantis nos trazem profundas mensagens acerca da importância de um bom planejamento. Nesse exemplo, a história foca a necessidade de que tenhamos um objetivo definido para que possamos optar pelos melhores caminhos. No caso dos projetos, estamos falando, especificamente, do "Foco de Análise".

De maneira geral, a bibliografia trata esse momento do projeto como "o problema". Por razões já defendidas neste livro, recuso-me a denominar essa fase como "definição do problema". Sei que se trata apenas de uma denominação, mas estou convicto de que as denominações podem determinar interpretações influenciadas por nossas "armadilhas mentais", que por sua vez moldam nossas posturas. Ou seja, ao internalizarmos a idéia de que um projeto se inicia sempre a partir de um problema, estaremos, ainda que inconscientemente, admitindo uma visão reativa e negativa em relação a ele. Assim, sempre que nos depararmos com um problema, concluiremos que existe a necessidade ou a pertinência de iniciarmos um projeto para resolvê-lo; ou aguardaremos (e, não raramente, torceremos para que ocorra...) o surgimento de um problema para, então, termos um projeto.

Não sei se o leitor concorda, mas em minha convivência com líderes empresariais tenho percebido, ao longo do tempo, que nos raros momentos em que os ambientes interno e externo se encontram favoráveis, ou seja, conspiram a favor da estratégia da empresa, surge uma certa "tensão" nas lideranças. É como se os gerentes não se sentissem muito confortáveis quando não estão diante de "problemas" a serem resolvidos. Percebe-se, nesses momentos, que boa parte dos líderes ficam confusos, inquietos, como as donas de casa que, num certo dia, deparam com varandas que os ventos de outono não sujaram com as folhas das árvores, lixo que os cães e os gatos da vizinhança não espalharam em suas aventuras noturnas, maridos que não reclamam o conserto de algum botão de camisa, filhos que não trazem algum problema da escola e cestos de roupas para lavar e passar vazios... Acredite, isso pode desencadear uma momentânea, mas profunda depressão...

O que quero ressaltar, na verdade, é que, de maneira geral, temos muito mais familiaridade com os problemas que surgem em nossas vidas do que com a ausência deles. E, fatalmente, isso também ocorre nas empresas. Ao propor uma nova denominação para a fase inicial de um projeto, pretendo mais do que uma inovação literária, proponho uma nova maneira de ver as coisas. Segundo relatos de Gary Hamel, no vídeo e no livro denominados *Competindo pelo futuro*, a EDS decidiu iniciar um processo profundo de reavaliação de sua estratégia global num momento em que a empresa detinha a liderança confortável em seu mercado. Ou seja, a EDS não esperou que os "problemas" surgissem para revisitar seus projetos corporativos e, mais do que isso, sua própria arquitetura estratégica. Portanto, ao tratar a fase inicial dos projetos como "Foco de Análise" e não como problema, a intenção é, mais uma vez, provocar uma reflexão sobre nosso "olhar" em relação às práticas corporativas, buscando estabelecer as verdadeiras distâncias entre aquilo em que acreditamos e aquilo que verdadeiramente praticamos.

Voltando à história de Alice no País das Maravilhas, a definição de um destino pretendido, de maneira clara e objetiva, constitui-se em aspecto fundamental na busca dos caminhos adequados para uma "viagem" bem-sucedida. Embora pareça simples, estabelecer uma intenção, com a clareza e a objetividade necessária, não é algo tão fácil assim. Principalmente quando o grupo que está participando da elaboração de um projeto é muito heterogêneo e apresenta diferentes visões sobre a estratégia corporativa.

Apenas para ilustrar, imaginemos uma situação em que o presidente convide os diretores das diversas áreas da empresa para discutir o planejamento anual e, no intuito de ser simples e direto, passe o seguinte recado aos participantes: "Pessoal, as ações que devem nortear nosso planejamento, neste ano, são aquelas que nos levarão a melhores resultados e ao incremento de nossa lucratividade.".

Com essas palavras, o presidente deixa a sala de reuniões, tendo delegado aos diretores a tarefa de discutir o tema. Não precisamos ser muito perspicazes para perceber que, provavelmente, teremos alguns conflitos naquela sala, não é mesmo? Vejamos algumas "visões" que poderão ser colocadas pelos diretores, de acordo com seus possíveis perfis, dotadas de argumentações que, de certa forma, embora diferentes e distantes de um consenso, não se mostrarão conflitantes com o "foco de análise" apresentado pelo presidente:

- O diretor comercial defenderá que é necessário alocar mais verbas para as campanhas e as promoções, pois assim o seu pessoal conseguirá alavancar as vendas, as receitas e, conseqüentemente, os lucros nominais.
- O diretor de crédito dirá que a melhor maneira de chegar aos resultados esperados é reduzir a exposição aos riscos, incrementando a parcela de vendas a vista, o que certamente reduzirá a inadimplência e melhorará os resultados e a lucratividade.
- O diretor de marketing afirmará que o melhor caminho é a seleção mais criteriosa do público-alvo, primando por concentrar os esforços naqueles cujo valor percebido é superior, o que permitirá a ampliação do *markup* (margem) e, conseqüentemente, dos resultados e da lucratividade da empresa.
- O diretor financeiro defenderá ações de reestruturação das áreas e reengenharia de processos, uma vez que tais medidas reduzirão os custos e, conseqüentemente, elevarão os resultados e a lucratividade.
- O diretor de recursos humanos defenderá que os melhores investimentos deverão se concentrar nas pessoas, uma vez que estas constituem a parcela mais importante do capital intelectual da empresa, seguramente o melhor "gatilho" para a melhoria dos resultados e da lucratividade.
- O diretor de P&D (Pesquisa e Desenvolvimento) defenderá que é chegado o momento de investir em novos produtos e aprimorar os existentes, pois sem essas medidas os resultados e a lucratividade da empresa tendem a ser declinantes.

Poderíamos continuar nossas simulações a respeito das conversas que se desenrolariam naquela sala, mas o mais importante é percebermos que, a partir do "foco de análise" estabelecido pelo presidente da empresa, haveria muitos conflitos até que o *board* alcançasse um consenso; se alcançasse. Talvez o presidente, intencionalmente, tivesse agido para provocar o conflito; ou talvez tal fato decorresse em razão do seu desconhecimento da importância de estabelecer "focos de análise" mais adequados aos projetos. De qualquer maneira, enquanto os diretores da empresa estivessem se digladiando naquela sala, talvez fosse interessante que o presidente investisse um pouco de seu tempo, submetendo-se a atividades de *coaching* com o "gato Cheshire"...

Como já dissemos anteriormente, um foco de análise que represente o início de um projeto pode derivar de uma série de situações, podendo-se destacar, entre outras:

- O planejamento estratégico da empresa, por exemplo. Nesse caso, o novo projeto representaria um "galho" da árvore delineada pelo planejamento estratégico. Assim, entre as ações estratégicas propostas, encontraríamos diversas que se tornariam novos projetos, percorrendo todas as fases previstas no ciclo PDCA. Imaginemos, por exemplo, que, ao final de um Planejamento Estratégico Global da empresa, identificaríamos uma ação que propusesse a reciclagem e o treinamento de todos os funcionários de uma determinada unidade de negócio, como caminho para suprir uma deficiência competitiva ou uma fraqueza crítica daquela unidade. Como forma de viabilizar essa ação, deveríamos iniciar um novo projeto que tivesse como "foco de análise" algo como "elaborar e implementar programa de reciclagem e treinamento dos talentos envolvidos nas operações da Unidade X, de acordo com as premissas estabelecidas no Planejamento Estratégico da empresa".
- A necessidade, o desejo ou uma idéia original, sem motivação ou causas anteriores. Como exemplo, o foco de análise poderia ser algo como "elaboração de projeto para investimentos na exploração de novo produto a ser criado, produzido e comercializado pela Unidade X, como forma de reduzir a dependência decorrente da concentração de sua atual linha de produtos".
- A necessidade ou o interesse de acompanhar um projeto em andamento (fase *check* do ciclo PDCA) a partir de uma razão específica (por exemplo: "revisitação do projeto X, tendo em vista a traumática desvalorização cambial ocorrida nas últimas semanas") ou sem que haja uma razão determinada (por exemplo: "revisitação do projeto X, conforme cronograma

originalmente estabelecido, para a avaliação quanto à adequação das ações em andamento e eventuais realinhamentos caso o estudo assim o recomende").

- O interesse de analisar, de maneira mais ampla, o ambiente e, a partir dessa análise, elaborar um diagnóstico que seja independente do atual *core-business* da empresa, no intuito de identificar eventuais oportunidades que possam, no futuro, representar "focos de análise" para desenvolvimento de novos projetos, visando a diversificação de suas operações, se assim os investidores entenderem necessário, ou identificação de tendências ainda não explícitas que possam representar sinergias ou até mesmo possíveis ameaças aos negócios atualmente explorados. Por exemplo, uma empresa que atue no segmento de petróleo poderia estabelecer como foco de análise de um projeto o "levantamento de cenário, o desenvolvimento de diagnóstico e a elaboração de conclusões relativas ao estágio do desenvolvimento de fontes alternativas de energia para os próximos dez anos".

Existe um modelo padronizado para a definição do foco de análise de um projeto? Infelizmente a resposta é não! Isso porque são o projeto em si e as variáveis presentes (internas e externas) que definirão a amplitude e a abrangência que ele deverá apresentar. Assim, as informações presentes em um "foco de análise" que objetiva desenvolver algumas ações explicitáveis (por exemplo, ações de logística) dentro de um projeto mais amplo e extremamente confidencial, como o lançamento de um produto revolucionário pela empresa, apresentarão um número de detalhes menor do que um projeto de "revisitação" de uma estratégia em andamento e já conhecida por todos. Enquanto um projeto que já estabeleça praticamente todas as premissas de sua implementação apresentará, certamente, maior detalhamento do que aquele projeto cujo principal objetivo seja identificar boas oportunidades de investimento, por exemplo. Acompanhamos projetos de concepção de novos modelos de automóveis em que as áreas de projeto da empresa e seus sistemistas recebiam informações moduladas, mas não obtinham informações do projeto como um todo.

Eventualmente, sou questionado sobre a pertinência de desenvolver um projeto e, portanto, de avaliar ambiente, elaborar diagnóstico etc., quando todas as premissas já foram estabelecidas pelos investidores. Nesse caso, respondo com outro questionamento: imagine que você já decidiu que escalará o Everest. Também definiu que levará consigo mais três alpinistas, já escolhidos. Determinou que a escalada iniciará no mês de março. Estabeleceu os recursos financeiros que apoiarão o projeto. Também já determinou por qual lado a escalada será desenvolvida. E até já definiu quem permanecerá nas bases e quem explorará os caminhos da subida. Ainda assim, você não acha importante que o grupo se reúna, durante todas as etapas do processo, para discutir, a partir do ambiente então presente, quais as principais dificuldades que deverá enfrentar, bem como para revisitar as ações planejadas e definir se elas serão mantidas ou ajustadas e para avaliar sistematicamente o projeto e pesar se ele deve ser mantido até o seu objetivo originalmente definido? Se você respondeu "sim" à essa questão, então deve concordar que a avaliação de um projeto é muito importante, seja qual for o "espaço de manobra" presente.

Quando os coordenadores do projeto não desejam "engessá-lo", permitindo maior liberdade em sua discussão, geralmente estabelecem "focos de análise" mais "abertos", o que permite maior abstração de quem o estiver desenvolvendo, elevando o grau de criatividade e de diversidade de ações, mas, ao mesmo tempo, ampliando o grau de dispersão das propostas resultantes. Esse tipo de "foco de análise" é muito comum, por exemplo, em projetos desenvolvidos a partir de demandas por fundos de "Venture Capital". Esses fundos são formados por recursos financeiros para aplicação em investimentos de risco. Normalmente, os conselheiros desses fundos se reúnem e avaliam o ambiente presente (setores mais atrativos, grau de concentração dos recursos já investidos pelo fundo em determinados setores, aspectos da legislação vinculados a esse tipo de investimento e volume de recursos que se pretende aportar, entre outras particularidades).

Com base nessas premissas, esses conselheiros estabelecem um "foco de análise" geralmente "aberto", a partir do qual os "Gerentes de Projetos" prospectarão, no mercado, oportunidades de investimento, o que resultará em várias e diferentes propostas de investimento. As pesquisas mais específicas de ambiente realizadas pelos gerentes de projetos, o tratamento diagnóstico desenvolvido e o nível de sustentação das propostas definirão em quais projetos os recursos serão investidos. Nem precisaríamos reforçar que, geralmente, a remuneração dos gerentes de projetos depende do número de projetos que conseguem "emplacar", assim como dos resultados que eles apresentarão ao longo do período estipulado para implantação e desenvolvimento.

No outro oposto, encontramos "focos de análise" mais "fechados", ou seja, aqueles cujos "espaços de manobra" são menores; contudo, nem por isso a avaliação do projeto se torna menos importante. Apesar de compreender o relativo grau de frustração dos participantes em situações como essa, julgo relevante ressaltar que a discussão participativa de projetos com essas características representa passo importante para seu êxito, tendo em vista que reforça o processo de *endomarketing*, conforme já defendemos anteriormente, e permite a identificação das particularidades que podem estar presentes em sua implementação, assim como a definição de ações contingenciais para a minimização dos efeitos negativos ao longo do caminho.

Como exemplo, podemos citar projetos de reestruturação de empresas, que, não raramente, apresentam uma série de restrições em relação a novos investimentos (*tradeoffs*) e a necessidade de ações contundentes para melhoria do caixa e redução de custos (alienação de ativos, dispensa de empregados etc.). Nesses casos, a maior parte das ações a serem desenvolvidas já está definida quando o projeto é apresentado para uma avaliação mais ampla, cabendo a discussão de "como" e não de "o que" fazer. Ainda assim, julgamos muito importante contar com a participação criativa e construtiva daqueles que estão participando de sua implementação, pois já que o caminho é espinhoso e terá de ser percorrido, que seja da maneira mais produtiva e menos sofrível possível.

Assim, e voltando àquela pergunta que fizemos há pouco, não há um modelo correto nem incorreto para a definição do "foco de análise" de um projeto. Há, sim, um modelo mais adequado, considerando o contexto em que o projeto está inserido. E, para que possamos otimizar nossas avaliações quanto à adequação dos "focos de análise" que estaremos estabelecendo em nossos projetos, sugerimos, a seguir, algumas premissas em sua formatação:

- **Clareza e objetividade**: devem estar *sempre* presentes. São características que não dependem do volume de informações ou do escopo do projeto. Dependem, principalmente, de uma comunicação eficiente. A ausência desses atributos leva os participantes a entenderem que a coordenação do projeto não está muito segura quanto ao que realmente quer, o que pode suscitar tendências oportunistas quanto ao seu desenvolvimento. Além disso, a falta de clareza e objetividade pode comprometer a qualidade da recepção da mensagem por parte dos participantes do projeto, o que, por sua vez, pode prejudicar a eficácia em seu desenvolvimento.
- **Definição do objetivo essencial e dos eventuais objetivos secundários do projeto**: essa premissa visa a dotar o foco de análise obrigatoriamente de um objetivo principal e, quando for o caso, estabelecer objetivos complementares que deverão ser respeitados em seu desenvolvimento. A diferença entre o objetivo principal e os objetivos secundários é que o principal representa a razão de ser do projeto. Portanto, questioná-lo seria como propor um novo destino para a viagem, o que só deve ser tentado quando as evidências que sustentam tal proposta sejam efetivamente contundentes para justificá-lo. Já os objetivos secundários representam intenções estratégicas que derivam do objetivo principal e resultam de

desejos ou necessidades levantados pela coordenação do projeto, o que não quer dizer que não possam, eventualmente, ser questionados. Ou seja, nesse caso, as informações servem mais como "trilhas" do que como "trilhos", e, dependendo da seqüência do projeto (levantamento de cenário, diagnóstico, definição dos fatores críticos, cruzamento de variáveis etc.), os elaboradores poderão propor alterações nessas premissas ou objetivos. Observe exemplo a seguir:

✓ **Objetivo essencial**: posicionar-se como líder na região Centro-Oeste, conquistando a parcela majoritária de mercado (liderança em *Market-Share*) e a mais ampla rede de distribuição do segmento.

✓ **Objetivos secundários:**
- Preservar as atuais margens de contribuição do produto.
- Priorizar a utilização de recursos oriundos do caixa viabilizado pelo próprio projeto.
- Concentrar-se no *core-business*, terceirizando as atividades não essenciais na criação de valor/vantagem competitiva para o projeto.

■ **Desenvolvimento de *tradeoffs***: entre detalhamento e espaço de manobra; entre intenção de retenção de informações e dispersão criativa. Dessa escolha decorrerá o nível de detalhamento e a amplitude de informações presentes no foco de análise. Voltamos a insistir que a amplitude do foco de análise deve ser conseqüência da intenção do projeto e não resultado de simplificação exagerada da proposta ou de displicência quanto à comunicação da proposta aos participantes.

■ **Comunicação compatível com os participantes do projeto**: aqui o que se pretende é estimular os coordenadores de projeto a adequar *sempre* a linguagem do foco de análise ao perfil dos colaboradores que estarão interagindo com ele. A utilização de termos técnicos e eruditos deve ser evitada sempre que possível, pois, se houver o comprometimento da liberdade e da segurança do ambiente, os participantes podem não entender a proposta e não questioná-la, partindo para o desenvolvimento do projeto com uma compreensão inadequada, o que certamente comprometeria a seqüência dos trabalhos.

Imagine que uma fábrica de *lingerie* esteja desenvolvendo um projeto para expansão das vendas e tenha decidido contar com o apoio de suas representantes autônomas que realizam as vendas diretas (porta a porta). Antes do início das discussões, a coordenadora do projeto, entusiasmada em demonstrar seus conhecimentos nas áreas de Marketing e Vendas, coloca um *slide* em frente às vendedoras com os seguintes dizeres:

Foco de análise do projeto: Avaliar os cenários disponibilizados, no intuito de desenvolver uma Análise *SWOT* para identificar os Fatores Críticos que permitirão ações estratégicas, visando, como *target*, a alcançar um nível mais elevado de *Market-Share*, sem comprometer o *markup* do produto.

Seria divertido sair da sala e continuar observando as representantes, pois certamente presenciaríamos cenas bastante interessantes, que começariam com aqueles sorrisos tímidos e nervosos, enquanto avaliariam aquelas palavras "alienígenas" em sua frente e, sem dúvida, desembocariam em gargalhadas espontâneas e descontraídas, já que, para quem enfrenta cachorros bravios e moradores nem sempre receptivos nas casas por onde passam, estar diante de uma frase que mais parece um "antigo hieróglifo" seria apenas mais um momento de relaxamento antes de descobrir o que realmente se pretenderia fazer dali para frente.

Talvez, na seqüência, a coordenadora voltasse e, a partir das muitas dúvidas que seriam externalizadas, escrevesse em um *flip-chart* com pincel atômico, a seguinte frase, que, a despeito de não ser tão imponente, representaria um caminho mais eficaz para o entendimento das representantes:

Intenção do projeto: Discutir o que está acontecendo em nosso dia-a-dia, separar os pontos mais importantes que estejam atrapalhando ou ajudando as vendas e encontrar caminhos para as melhorias que permitam o aumento das vendas sem a diminuição dos lucros.

"Ah bom!!! Agora, ao trabalho..."

Capítulo 6

A Análise de Ambiente

> *A velocidade é importante apenas quando se está no rumo certo [...]*
>
> Philip Kotler

Imaginemos uma daquelas situações em que você, caro leitor, está disputando uma ótima vaga de emprego. Diversas etapas dentro do processo de seleção já foram superadas e você é um dos finalistas. A próxima e última etapa será uma entrevista com o diretor da área em que você, se bem-sucedido, passará a trabalhar.

Poderíamos propor que seu projeto, nesse momento, teria como foco de análise "obter sucesso no processo de seleção e conseguir a tão sonhada vaga". Mas, para isso, você possivelmente acrescentaria alguns objetivos secundários, um dos quais poderia ser, por exemplo, "preparar-se adequadamente para cada uma das fases envolvidas no processo".

A partir do foco de análise proposto, qual seria seu próximo passo? A data da entrevista estaria se aproximando. E você, como estaria desenvolvendo o seu projeto? Rezando? Fazendo promessas? Desenvolvendo algumas simpatias? Para alguns, isso pode até ser importante, se elevar a autoconfiança e reduzir a tensão, mas certamente você precisaria ampliar um pouco mais o seu escopo de ações.

Que tal conhecer um pouco mais o segmento em que a empresa está inserida? Ou acessar a *homepage* da empresa e conhecer um pouco mais sobre sua história, sua presença no mercado mundial, seu posicionamento mercadológico, seus principais concorrentes, os principais produtos e serviços comercializados, as principais características, aptidões e talentos desejados pela organização (tais informações costumam estar disponíveis no *site* da empresa e também na comunicação institucional durante a fase de recrutamento)? Que tal procurar por aquele amigo que trabalha ou já trabalhou na empresa e investir algum tempo recebendo informações sobre a organização e seus dirigentes? Quiçá conhecer os principais desafios que a organização vem enfrentando e buscando superar no momento.

Você também poderia pensar um pouco sobre você mesmo. Suas principais características, forças e carências identificadas, seu perfil psicográfico, suas principais conquistas e derrotas... Atributos que, em sua opinião, poderiam contribuir para a estratégia da empresa.

O que você estaria fazendo com isso seria a "Análise do Ambiente", ou seja, a reunião de informações que pudessem contextualizá-lo quanto a variáveis importantes (críticas) na sua preparação. Agora, honestamente, diante de dois candidatos com exatamente o mesmo nível de qualificação, qual teria, para você, maior probabilidade de ser bem-sucedido na entrevista: você, que se preparou adequadamente, buscando informações relevantes e tratando-as adequadamente, ou um concorrente que estivesse surfando no Havaí até a véspera da entrevista e "pulasse de pára-quedas" para a participação na atividade?

Espere! Antes que você comece a rebater minha questão com argumentações do tipo "talvez ele voltasse com um 'inglês' melhor do que o meu e 'arrebentasse' na entrevista" ou "pelo menos, se ele perdesse a vaga, teria curtido o Havaí até a véspera, o que, há de concordar, seria um bom consolo..." deixe-me reforçar dois pontos: o que estou propondo não é avaliar se surfar no Havaí vale ou não a pena; e mais: salientei no princípio da hipótese que vocês estariam rigorosamente iguais no item "qualificação", incluindo a fluência no idioma. Vamos, você há de concordar que, do ponto de vista da probabilidade, a maior chance seria a de que você conquistasse a vaga. Portanto, deixe de autocompaixão e assuma comigo que a contextualização, ou, como estamos propondo, a análise adequada do ambiente presente em um projeto, amplia consideravelmente as chances de êxito dele.

Durante minhas discussões acerca do tema, muitas vezes com pequenos e médios empresários e outras com executivos de grandes empresas, recebo diversos questionamentos e um relativo grau de ceticismo quanto à importância dos esforços para as análises de ambiente que sustentem os projetos nas suas diversas fases. Geralmente, as frases mais proferidas têm conotações do tipo "para que analisar o ambiente em um país em que as regras são constantemente alteradas?" ou "cenários constituem um conjunto de informações que utilizamos com a esperança de sermos bem-sucedidos e que logo ali na frente nos mostram que a realidade não cabe em gráficos ou em planilhas...".

Embora compreenda que muitos dos interlocutores tenham suas razões para questionar a eficácia da análise de ambientes e cenários, uma vez que muitas vezes eles já estão "calejados" pelos planos econômicos pirotécnicos, pelas maxi-desvalorizações de moeda, pelas intempéries não previstas nas lavouras etc., costumo, depois de ouvir com atenção e receptividade todas as ponderações (e desabafos...), colocar alguns pontos para reflexão, particularmente os seguintes:

- Você atravessaria uma avenida bastante movimentada sem olhar para os lados?
- Você desprezaria a busca de maiores informações sobre um cirurgião, se tivesse de se submeter a uma cirurgia conduzida por ele?
- Quando você conheceu sua "futura esposa", casou-se com ela na mesma noite ou procurou conhecê-la um pouco melhor, inclusive buscando informações com outras pessoas?
- Quando é que você se interessa mais em buscar informações sobre o trânsito nas estradas: nos períodos normais, quando, apesar de intenso, o tráfego de veículos segue um ritmo regular ou nos períodos de feriado, quando o tráfego se torna menos previsível e o impacto de uma saída para viagem no pior momento pode ser maior?

Em todas essas hipóteses, ainda que de maneira simplificada, estamos falando de analisar ambiente e tratar de cenários. Geralmente, a maior parte dos céticos compreende a analogia e demonstra honestamente reduzir a resistência quanto à importância de avaliarmos adequadamente o ambiente antes de propor ações. Infelizmente, alguns ainda resistem, garantindo que atravessam as ruas de olhos e ouvidos tapados, submetem-se a cirurgias por causa da simpatia pelo nome do cirurgião, casam-se logo após o primeiro olhar e quase nem dão o primeiro beijo ainda solteiros e, nos feriados, vão para a estrada depois de uma decisão meramente intuitiva. Isso é que é gostar de emoção...

Importante ressaltar que a análise de ambiente que proponho como fase de preparação do diagnóstico não representa a mesma análise do conjunto de cenários que se desenvolve a partir das visões pessimista, básica e otimista (atualmente os profissionais preferem os termos "cenário otimista", "cenário base" e "cenário alternativo"). Observem que até os profissionais de cenário estão abandonando o termo "pessimista". Acho que estamos "fazendo escola"... Embora essas duas análises estejam relacionadas, são bastante diferentes. Estamos tratando, neste momento, da reunião de informações, dados e conhecimento que nos permitam uma adequada contextualização do ambiente interno presente no projeto, assim como do ambiente externo e suas conseqüências sobre possíveis ocorrências futuras, cujas variáveis interferirão no curso do projeto.

Essa é uma fase que definitivamente antecede o diagnóstico. Muitos estudiosos incluem-na no diagnóstico. Eu prefiro separá-la, no intuito de discuti-la de maneira mais profunda, já que, quando abordamos a elaboração do cenário no contexto do diagnóstico – e tendo em vista a importância daquela etapa –, corremos o risco de dispersar o foco, deixando de discutir aspectos importantes no levantamento de dados que comporão o contexto ou o ambiente do projeto. Por outro lado, a abordagem envolvendo os cenários-base, alternativo e otimista costuma ser utilizada na fase que sucede o diagnóstico e visa a mensurar a intensidade das ações a serem desenvolvidas e os resultados esperados, ou seja, visa a "calibrar" a ênfase que será dada em cada uma das ações propostas, assim como preparar o orçamento que as sustentará.

Discutida a importância da análise adequada do ambiente para um bom planejamento, agora podemos colocar uma outra questão: como saber qual a amplitude adequada de pesquisa? Freqüentemente ouço a seguinte pergunta em sala de aula: Quantas folhas devem compor a pesquisa do ambiente? Em geral respondo com outros questionamentos: Com que tamanho de fonte? Com ou sem gráficos? Utilizando qual aplicativo? É claro que minhas questões visam a fazer meus queridos alunos perceberem que a quantidade de folhas, parâmetro utilizado na questão formulada, não representa um padrão de medida muito adequado para essa avaliação.

Na verdade, a amplitude da pesquisa sobre o ambiente é uma conseqüência e não uma causa em sua elaboração. Em vez de iniciarmos o projeto perguntando "qual o tamanho ideal para a pesquisa?", deveríamos responder à pergunta "quais as informações, os dados e os conhecimentos que deverão compor nosso ambiente?". Com esse questionamento, entendo que estaremos num caminho mais produtivo. E a resposta à essa segunda pergunta dependeria certamente de diversos fatores, dentre os quais podemos destacar:

- **A própria amplitude do projeto**: não dá para imaginarmos a equipe buscando informações sobre a tendência do câmbio nos próximos doze meses quando o foco de análise de um projeto é trocar uma bancada de lugar na área de produção, não é mesmo?
- **A relação das informações com o projeto**: no exemplo anterior, poderíamos, no entanto, entender como bastante pertinente a busca de informações técnicas e legais sobre ergonomia, particularmente em relação a posicionamento e distanciamento ideais de móveis em uma linha de produção, você não acha?
- **Os recursos disponíveis para o projeto**: projetos de grande amplitude e que envolvem grandes investimentos permitem – e muitas vezes

exigem – desenvolvimento de pesquisas mais amplas, enquanto projetos que dispõem de verbas bastante restritas recomendam pesquisas com diversidade compatível, mas com profundidade mais comedida.

- **O tempo de maturação do projeto**: muitas vezes um projeto prevê prazo curto entre as fases de elaboração, implementação e desativação, por diversos motivos, que incluem ciclo de vida dos produtos, fases de atuação do projeto em relação a outro mais amplo etc. A análise de ambiente também deve levar em consideração essa particularidade. Imagine que a diretoria da empresa está reunida à noite com a área de Marketing, solicitando-lhe uma proposta emergencial para a revitalização de uma linha de produtos, que deverá ser apresentada para o Conselho de Administração na manhã seguinte, e um dos integrantes da equipe insiste no desenvolvimento de uma pesquisa de mercado, por entender que a tabulação das respostas trará *insights* interessantes para o diagnóstico e, conseqüentemente, para a discussão de propostas de ações estratégicas. Talvez essa pesquisa deva ser feita com os consumidores japoneses ou australianos, não é mesmo? Assim, pode-se utilizar a madrugada aqui no Brasil para realizar algumas sondagens no outro lado do mundo e, quem sabe, utilizar as respostas no projeto a ser apresentado na manhã seguinte.

- **Do grau de criticidade do projeto**: embora esse item contenha um pouco de cada um dos itens anteriores, estamos falando, especificamente, das conseqüências previstas no caso de o projeto falhar, ou seja, aqui estamos tratando do grau de eficácia exigido no projeto. Podemos afirmar, por exemplo, que o grau de criticidade de um projeto que visa a colocar quatro astronautas em uma nave e mandá-los para Marte não é o mesmo de um projeto que pretende colocar os mesmos quatro astronautas em um automóvel e mandá-los para um treinamento nutricional. Na segunda hipótese, se der alguma coisa errada, poderemos conviver com os erros no trajeto que não viabilizem a chegada dos astronautas na escola de nutrição dentro do horário programado, com a falta de alguns alimentos que não permitam o treinamento com a qualidade sugerida ou com a ausência da professora de nutrição, acamada por uma forte gripe. Na primeira hipótese, caso ocorra algum imprevisto, provavelmente tenhamos de iniciar um novo projeto cujo foco de análise poderia ser "como explicar ao mundo os motivos que fizeram com que uma nave com quatro astronautas em seu interior se desintegrasse no ar...".

De qualquer forma, o ambiente deverá ser analisado a partir de um conjunto relativamente estável de variáveis a serem pesquisadas, e o que alterará, dependendo de uma análise quanto aos fatores mencionados, é o grau de profundidade sugerido, o horizonte temporal estabelecido e as fontes pesquisadas. Tudo isso deve ser discutido pela equipe responsável pela elaboração do projeto, em conjunto com seus idealizadores e coordenadores. Na tentativa de ser um pouco mais prático e partindo novamente para um exemplo, poderíamos dizer que, em um projeto para o desenvolvimento e o lançamento de um novo produto, é muito comum investirmos em pesquisas de mercado, buscando sensoriar o grau de receptividade que ele teria perante o público-alvo escolhido. Tal medida exigiria investimentos adicionais na análise de ambiente, mas sua relevância certamente os tornaria justificáveis. No entanto, não se imagina o desenvolvimento de uma pesquisa de mercado com os consumidores quando esse mesmo projeto se desdobrasse em um outro, destinado a viabilizar a operação de logística interna e produção, que, nesse caso, recomendaria, por exemplo, ações de *benchmarking* como insumo relevante para o diagnóstico.

Embora não exista um grupo de variáveis completo para o desenvolvimento da pesquisa, as obras direcionadas a planejamento estratégico e planejamento de *marketing* costumam apresentar excelentes sugestões para a pesquisa e análises de ambiente presentes em projetos. Sem pretender esgotar o tema, gostaria de sugerir dois livros para consulta sobre o tópico: *Administração de marketing*, de Philip Kotler (Prentice Hall), e *Planejamento estratégico* – conceitos, metodologia e práticas, de Djalma de Pinho Rebouças de Oliveira (Editora Atlas).

O livro *Administração de marketing*, em seus Capítulos 5 a 8, traz uma ótima abordagem sobre ambiente mercadológico, tendo como princípios fundamentais os a seguir indicados:

Capítulo 5 – Análise do ambiente de Marketing – nele o autor discute as principais forças do macroambiente – incluindo as dezesseis macrotendências de Faith Popcorn – e indica diversos caminhos para buscar variáveis importantes como subsídios a projetos.

Capítulo 6 – Análise dos mercados consumidores e do comportamento de compra – nesse capítulo o autor direciona sua discussão para as principais variáveis de indução à compra, suprindo, em muitos casos, a necessidade de pesquisas dispendiosas, cujas conclusões, dependendo do projeto, se aproximarão sobremaneira das apresentadas no livro.

Capítulo 7 – Análise dos mercados empresariais e do comportamento de compra organizacional – esse capítulo apresenta a mesma abordagem que o Capítulo 6, mas neste o foco é o B2B, ou seja, o público-alvo é formado por empresas, com todas as suas diferenças e especificidades em relação ao B2C, em que a principal delas, segundo o que se pode concluir a partir da leitura, é a maior predominância da razão em detrimento da emoção presente nas compras realizadas pelos consumidores finais.

Capítulo 8 – Como lidar com a concorrência – nesse capítulo Kotler propõe um estudo do perfil dos concorrentes presentes no mercado, aborda o conceito de inteligência competitiva e alinhava abordagens sobre estratégias de ataque e defesa. Não podemos deixar, no entanto, de salientar que a discussão de ações estratégicas, em nosso caso, deve ser deixada para um momento seguinte, no intuito de preservarmos nossa coerência, na medida em que defendemos veementemente que não devemos antecipar fases do projeto, ou seja, não devemos discutir estratégias em um momento em que ainda estamos desenvolvendo o levantamento de dados, sem que o diagnóstico sequer tenha sido desenvolvido.

Em relação ao livro *Planejamento estratégico* de Djalma de Pinho, sugiro, para apoio ao desenvolvimento da pesquisa de ambiente, estudo do Capítulo 3, que o autor chama de **Diagnóstico Estratégico**. Nele, o autor aborda um conjunto bastante rico de variáveis que freqüentemente influenciam os projetos, dependendo de sua amplitude e de sua natureza.

De qualquer forma, seja qual for a obra consultada, a elaboração de um cenário exigirá o estudo e a pesquisa dos principais fatores internos e externos presentes em um projeto, tais como:

Fatores internos: reputação da empresa, marca, participação de mercado, produto, serviços agregados, preço, logística e distribuição, capacidade financeira, capacidade produtiva, economias de escala, capital intelectual, estilos de liderança, competências em P&D, competências em Marketing, sinergias possíveis, estrutura organizacional, presença global, regional e local, capacidade competitiva em custos, competências nas compras, tecnologia disponível, flexibilidade etc.

Fatores externos: tendências de consumo, ambiente concorrencial, produtos substitutos, tecnologias inovadoras e não absorvidas, características do público-alvo, demanda potencial, demografia, tendências dos fatores macroeconômicos (como renda, câmbio, PIB, PPP), infra-estrutura, ambiente político, ambiente legal, influências ambientais, demandas sociais etc.

Observação: embora não seja nossa intenção estabelecer um roteiro para a análise de ambiente, não poderíamos deixar de sugerir, principalmente para os projetos de maior amplitude, o aprofundamento dos estudos da análise das indústrias e da concorrência, eficientemente desenvolvidos pelo prof. Michael E. Porter em suas obras e, em particular, no livro *Estraté-*

gia competitiva – técnicas para análise de indústrias e concorrência (Editora Campus), no qual o estudioso aborda, entre outros importantes temas, as cinco forças competitivas, que constituem seguramente os principais fatores geradores de ameaças ou oportunidades em um ambiente concorrencial.

Estou convicto de que, quando nos deparamos com tantas frentes de pesquisa e com tamanha complexidade na elaboração de um cenário que dê sustentação ao diagnóstico, dentro de um projeto, temos a nítida sensação de que ficaremos loucos ao tentar fazer um bom trabalho a respeito. Estou certo de que muitos de nós tenderemos a concordar com os céticos sobre os quais falamos no início da abordagem do tópico e tentaremos nos convencer de que esse negócio de análise de ambiente "não está realmente com nada". E muitos de nós concluiremos que talvez o melhor caminho seja não perder tempo com isso; talvez devamos decidir instintivamente quanto às melhores estratégias, colocá-las em prática e ir ajustando aquilo que for conveniente, certo? Errado. A partir dessa minha convicção, resta-me implorar a você, caro leitor, que não desista do livro, ainda. Permita-me desenvolver mais alguns comentários que certamente reduzirão suas angústias e mostrarão que, afinal, elaborar uma pesquisa adequada, para amparar de maneira competente e adequada um projeto, não é algo tão assustador assim...

Os conteúdos literários que sugerimos anteriormente, assim como os exemplos de frentes de pesquisa que exemplificamos, formam um conjunto bastante amplo de variáveis, que nem sempre estarão presentes, concomitantemente, na pesquisa que subsidiará a análise de ambiente em um projeto. Isso dependerá, como já defendemos, de uma série de fatores que deverão ser discutidos antes de iniciar a pesquisa. Além disso, é muito importante que destaquemos outras premissas, que devem nortear a discussão, a definição de escopo e as ações na elaboração do conjunto de informações para a análise do ambiente:

- Ter uma única informação já é melhor do que não ter nenhuma. Ou seja, uma informação solitária, quando obtida e tratada de maneira adequada, já adiciona valor a um projeto.
- Assim como defendemos que uma única informação já é melhor do que nenhuma, afirmamos que uma única informação, obtida adequadamente, é melhor do que dezenas de informações obtidas de maneira inadequada.
- Em relação à qualidade da informação, esta precisa passar por alguns "testes", para que seja assegurado que acrescentará valor a um diagnóstico. Dentre as diversas "peneiras" pelas quais uma informação deve passar, antes de ser utilizada em uma análise de ambiente, podemos destacar:
    - ✓ **A fonte é fidedigna**? Para compor uma pesquisa, uma informação precisa ser obtida de fontes confiáveis; caso contrário, poderá provocar

conclusões extremamente nocivas para a avaliação, a elaboração e a implementação do projeto. Como fontes confiáveis, entendemos as pesquisas sérias, desenvolvidas por empresas reconhecidamente confiáveis, instituições sólidas e tecnicamente competentes, entidades de classe de reconhecido prestígio no segmento que representa e na sociedade como um todo, órgãos de imprensa que tratam dados e informações com seriedade, entrevistas com executivos respeitados no meio em que atuam, de ética comprovada e de reconhecida capacidade técnica, órgãos governamentais resistentes às máculas por má gestão ou incompetência etc.

✓ **A informação é resultado de avaliação técnica e estatisticamente aceita?** Durante a reunião para discutir as informações obtidas da pesquisa, é possível que muitas das apresentadas tenham sido oriundas de "achismos" ou sejam resultantes de um único evento, o que pode comprometer sua confiabilidade, independentemente do esforço desenvolvido ou da intenção com que foram obtidas. É muito comum ocorrer, em sala de aula, por exemplo, situações em que um aluno, após tomar contato com algum conceito proposto, refute-o com base em argumentações do tipo "não concordo, porque conheço uma empresa em que isso não aconteceu...". Apesar de aceitar a argumentação com muita humildade, já que uma sala de aula é um espaço para a discussão de pontos de vista diferentes e, muitas vezes, contrários, não posso deixar de alertar o aluno para o risco de refutar um conceito ou discordar de uma regra apenas porque se conhece uma exceção. Costumo citar o exemplo dos proclamados males que o tabaco faz à saúde. Quando esse tipo de conversa ocorre em uma mesa de bar, há sempre um cético (invariavelmente fumante) que discorda veementemente da tese, alegando que teve um tio que fumava dois maços de cigarro por dia desde os vinte anos e que morreu aos cento e cinco anos, esbanjando saúde... Dá para aceitar uma argumentação dessa como justificativa para a rejeição de uma tese? Pode até ser aceitável em uma mesa de bar, mas, na elaboração de um projeto, em que recursos financeiros, tempo, sonhos e pessoas estão sendo investidos, essa postura, decididamente, beira à irresponsabilidade.

✓ **A informação é atual?** Essa também tem de ser uma preocupação no momento de arregimentar as informações para subsidiar um projeto. No mundo contemporâneo, em que os minutos, muitas vezes, são decisivos, muitas informações já nascem "vencidas". Se o caro leitor é um usuário cibernético deve perceber que um dos maiores desafios na manutenção de um *site* é a sua atualização. Estruturar um *site*, atualmente, é tarefa que uma criança de sete anos desenvolve, com absoluta competência. Mas mantê-lo atualizado, diante da voracidade dos acontecimentos, é uma tarefa para "gigantes". Há algum tempo, estava lendo um artigo sobre a "febre dos *blogs*" na Internet em que uma garota dizia que deixava de acessar um *blog* sempre que percebia que sua autora não o havia atualizado há mais de uma semana. Olhem só: nem diário de adolescente pode ficar mais do que sete dias sem atualização... Portanto, aqui também defendemos que é melhor não levar uma informação à análise de ambiente do que levar uma informação com "prazo de validade vencido". O que não quer dizer que "informação antiga" significa "informação vencida". Isso depende muito do tipo de informação. Ao que me consta, a "Lei da Gravidade" é relativamente antiga e não tenho ouvido falar de que a andem questionando. Já no caso das projeções econômicas, utilize uma informação de um mês atrás e correrá o risco de ser internado à força, com indicativo diagnóstico de "alienação sistêmica"...

- Em relação aos caminhos para a obtenção das informações (e acredito que essa seja uma das grandes angústias de quem pretende desenvolver uma análise de ambiente, incluindo o prezado leitor...), embora não existam regras restritas para tal, enumerarei algumas sugestões que, acredito, facilitarão as ações de pesquisa:
  ✓ Procure trabalhar sempre em equipe, para "multiplicar os resultados dos esforços". Quando seis pessoas estão desenvolvendo uma pesquisa, o resultado final é maior do que o sêxtuplo da produção realizada por uma única pessoa. Isso porque contamos com os efeitos da sinergia e porque podemos distribuir os tópicos a partir de aptidões e familiaridade entre estes e os pesquisadores. Certamente, se contarmos com um gerente financeiro para nos ajudar na pesquisa de dados macroeconômicos, os resultados tenderão a ser mais profícuos do que se tais ações estivessem a cargo de um gerente de Recursos Humanos.
  ✓ Não saia desesperadamente comprando cenários. Existem muitas pesquisas gratuitas cujas informações franqueadas são bastante consistentes e confiáveis para a condução de um projeto. E, uma vez que haja a cultura de desenvolver projetos, a facilidade nas ações de pesquisa vai se intensificando, dada a maior familiaridade com as ferramentas de busca e com as fontes de apoio. De maneira geral, as pesquisas encomendadas ou compradas são aquelas que estão intrinsecamente vinculadas ao *core-business* do projeto. Por exemplo, no caso de uma

montadora de automóveis, é aceitável que ela encomende pesquisa (não raramente de caráter confidencial) com os consumidores, para ouvi-los sobre expectativas de *design*, motor, conforto etc., e utilize "cenários comoditizados" no que se refere a demografia, renda etc.

✓ Muitas pesquisas de cenário podem ser compartilhadas com os próprios concorrentes. Não, não arrepie! Acredite, isso não só é possível, como, muitas vezes, é recomendável. Um claro exemplo sobre tal possibilidade é o FAS (Financial Analisys Sistem), uma pesquisa desenvolvida no País, pela Consultoria Fractal, com as médias e grandes empresas, que serve como subsídio para diversos bancos, que priorizam, em suas operações, esse público-alvo. Como, nesse caso, o público-alvo é bastante restrito, o que em alguns casos leva a pesquisa ao limite de se aproximar de um "censo", não haveria sentido em que cada instituição financeira encomendasse a sua pesquisa, individualmente. Além da magnitude dos investimentos envolvidos, imagine um diretor de uma grande empresa recebendo doze, quinze visitas de pesquisadores por ano, para responder uma quantidade imensa de perguntas exatamente iguais, envolvendo praticamente os mesmos fornecedores de serviços financeiros. Isso não seria uma pesquisa de mercado; seria um teste de memória e de paciência para os diretores corporativos das médias e grandes empresas. Não faz sentido.

✓ Inicie a pesquisa dentro da própria empresa. Atualmente muitas empresas já possuem áreas ou, ao menos, mecanismos de desenvolvimento de Inteligência Competitiva. Mesmo nas que não dispõem de ações afins, não é difícil localizarmos informações valiosas que já estão internalizadas por terem, não raramente, sido utilizadas como subsídios em outros projetos. Até pelo *status* que gera, toda empresa, por menor que seja, costuma ter uma área que denomina "estratégica". Aquela sala costuma ser uma ótima fonte de informações. A ressalva mais importante que faço, nesse caso, é em relação aos "testes de confiabilidade e de validade", que devem ser realizados, com muito cuidado, antes das informações serem adotadas.

✓ Como última sugestão (e provocação...), deixo aqui o convite: desenvolva análise de ambiente freqüentemente em seus projetos. Como ocorre com o uso de qualquer ferramenta, os resultados iniciais podem não ser os desejáveis. Mas, à medida que se utiliza a ferramenta e se aperfeiçoa o uso, acura-se a capacidade em manuseá-la e os resultados costumam melhorar bastante. Assim também ocorrerá com o desenvolvimento da análise do ambiente e chegará o momento em que você e sua equipe não acreditarão que sejam capazes de elaborar análises de ambientes tão fantasticamente ricas e compatíveis com seus projetos. A partir daí, os seus projetos serão diferentes da maioria dos demais, porque crescerão tal qual árvores com raízes consistentes, abrangentes e confiáveis.

Capítulo 7

A Análise SWOT

> *Nada é mais inútil do que fazer com grande eficiência algo que nunca precisaria ser feito [...]*
> Peter Drucker

Como já venho defendendo durante o desenvolvimento deste conteúdo, a fase diagnóstica de um planejamento é, para mim, o momento mais rico em possibilidades de acréscimo de vantagem competitiva dentro de um processo de planejamento estratégico ou na elaboração do planejamento de qualquer projeto. Tal percepção não se deve apenas a "achismos", mas à observação dos principais conceitos com que tenho me deparado nos estudos realizados sobre estratégia empresarial, além da observação dos casos de sucesso e insucesso corporativos, ocorridos de acordo com o aprofundamento dado por seus elaboradores e condutores no tratamento do ambiente em que os projetos estavam inseridos.

Em uma analogia simplista, poderíamos comparar o planejamento a uma árvore, em que as informações do ambiente, devidamente pesquisadas e tratadas, compõem os nutrientes a serem absorvidos por suas raízes. O diagnóstico poderia ser representado, nesse caso, pelo tronco da árvore, de cujo direcionamento e consistência dependeriam as ações estratégias propostas, que, em nossa analogia, poderiam ser representadas pelos galhos (de diferentes espessuras e importâncias para a estratégia global, essa representando a árvore como um todo).

Aproveitando o exemplo, poderíamos ainda definir que do escopo estratégico escolhido pela empresa dependeria a amplitude da copa: um perfil mais robusto – com diversos projetos seqüenciais e concomitantes – ou um perfil mais longilíneo – com maior concentração em uma única direção para permitir um crescimento mais rápido e focado. E, mais, a mesma árvore poderia entrelaçar-se com outras árvores ou até mesmo dar origem a outras delas, criando um "sistema" em que, ainda que preservada a mesma origem e, quiçá, os mesmos nutrientes, fossem mantidas a prerrogativa e a capacidade de buscar novas e distintas configurações de projetos.

Deixando a continuidade de nosso "momento ecológico" para outra ocasião, o fato é que a maioria das empresas, em suas fases de planejamento, decide não realizar investimentos muito onerosos na pesquisa e na organização das informações que permitam uma análise adequada do ambiente, preferindo contar com informações disponibilizadas em ambientes livres de pesquisa e com informações de caráter público compradas de consultorias especializadas, restringindo as pesquisas próprias ou de caráter confidencial àquelas de importância estratégica para o projeto e quando este justificar tais investimentos.

Tal postura, bastante compreensível do ponto de vista de investimento e retorno, faz com que as informações que compõem a análise de ambiente e os cenários estejam predominantemente disponíveis a outros interessados (incluindo os concorrentes), o que as leva a um nível de "comoditização", tornando-as amplamente conhecidas e reduzindo, conseqüentemente, sua relevância como fonte de vantagem competitiva, por si só.

Assim, o tratamento dessas informações, a partir das particularidades da própria empresa e do próprio projeto (que, espera-se, somente a empresa conheça tão bem), aliado ao seu desenvolvimento participativo, em que as premissas de gestão discutidas até o presente momento (humildade, flexibilidade, simplicidade, premissas da qualidade, foco nas oportunidades ocultas, criatividade, foco na rentabilidade etc.) possam aflorar de todos os participantes, resguardadas a diversidade e a riqueza de conhecimento requeridas, constitui-se em oportunidade ímpar para a aglutinação de um número condizente e criativo de variáveis que, a partir de filtros bem desenvolvidos, permitam estabelecer a base das ações estratégicas a serem propostas.

O que se pretende defender com essas afirmações é que:
a) as informações que compõem as análises de ambiente tendem a ser adquiridas das empresas de consultoria especializadas no tema, como forma de desonerar as áreas estratégicas das empresas compradoras, cujo *core business* não seja "construir cenários". Tais estudos, se demandados com "cláusula de exclusividade/confidencialidade", mostram-se extremamente caros, uma vez que toda a estrutura utilizada pela empresa ce-

narista será destinada à entrega de um único resultado. Dessa forma, a alternativa mais usual é comprar cenários sem essa cláusula, o que acaba por permitir que as mesmas informações transitem por diversas empresas a fim de embasar vários projetos e decisões estratégicas ou sejam obtidas através de fontes confiáveis e gratuitas;

b) se nem todas as informações que compõem o ambiente pesquisado apresentam características de confidencialidade ou de exclusividade – e, portanto, tendem a se disseminar entre os diversos concorrentes e, às vezes, se "comoditizam" – então, é a fase diagnóstica que se constitui em momento ímpar, em que a capacidade de tratar tais informações, utilizando o "conhecimento tácito" que somente a empresa detém com tanta profundidade (DNA Corporativo), proporcionará oportunidade única de obter um diagnóstico exclusivo, permitindo a avaliação e a visualização de alternativas estratégicas próprias, que fujam da "mesmice" representada pela utilização indiscriminada de *benchmarking* como estratégia, e não como ferramenta ou insumo, que é o que tal processo deveria, efetivamente, representar. Ou seja, a fase diagnóstica constitui-se no momento em que a organização pode transformar *commodities* em "produto diferenciado".

Insistindo, ainda, na importância do diagnóstico e no intuito de reduzir algumas "resistências comportamentais" com as quais me deparo eventualmente quando trabalho o tema em cursos, planejamentos, treinamentos ou palestras, relaciono a seguir algumas argumentações apresentadas por aqueles que desprezam o planejamento – e principalmente a análise de ambiente – como ferramenta para auxiliar a busca dos caminhos estratégicos a serem seguidos pela empresa ou pelo projeto em questão, assim como contra-argumentos, a partir da simples lógica que os próprios fatos impõem:

- **Os diagnósticos sistematizados são dispensáveis, tendo em vista que a prática demonstra que nunca se confirmam.** Esse comentário é comum entre os diversos profissionais que tomam contato eventualmente com o tema. Não deixa de ser um argumento interessante para quem quer fugir ao exercício do planejamento. Mas não se sustenta. Em primeiro lugar, é preciso que distingamos o exercício de avaliar e tratar variáveis ambientais, para, a partir desse tratamento, extrair conclusões acerca do ambiente presente e futuro dos projetos, do exercício de "adivinhar" ou de prever o futuro. Para desenvolvermos diagnósticos não utilizamos "bola de cristal", mas, sim, informações passadas e presentes que permitam inferir tendências futuras.

Caso conseguíssemos "acertar na mosca" certamente não trabalharíamos com planejamento, mas estaríamos em alguma agradável praia do Havaí, recebendo ricos empresários e magnatas apenas uma vez por semana e cobrando milhões de dólares por cada informação "profetizada". E, antes que se acredite nesse argumento, vale ressaltar que os estudos estatísticos não confirmam a tese de que a maior parte dos cenários desenvolvidos por empresas conceituadas não se confirma. Pelo menos no que diz respeito às tendências a médio prazo, os cenários vêm sendo, ao longo do tempo, predominantemente vitoriosos.

A questão é que, na maioria das vezes, o ser humano é traído pela "síndrome do fotógrafo" (só enxerga o negativo...). Eis uma pergunta que pode confirmar essa afirmação: quando você está no metrô (se o utiliza cotidianamente), não passa por sua cabeça a idéia de que é sempre o seu trem que pára para o outro trem passar em alta velocidade e só então segue viagem? E quando está em uma fila, você não tem a nítida impressão de que as demais filas se reduzem mais rapidamente? Pois é, mas, estatisticamente, o movimento de parar para esperar o outro trem passar é distribuído de maneira uniforme entre os trens que se movimentam pelo sistema, só que você tem a tendência – compreensível para todo o ser que se diz humano – de achar que apenas o "seu trem" fica parado. E assim é com filas, congestionamento e outros tantos eventos: você só costuma percebê-los com maior intensidade quando você é o prejudicado. Mas esteja certo de que essas percepções se devem mais à nossa maneira humanamente "enviesada" de ver as coisas do que a uma realidade inconteste dos fatos.

- **Para que desenvolvermos análises de ambiente e diagnósticos em um país como o Brasil, onde as turbulências são constantes e as incertezas fazem parte de nosso cotidiano?** Eis outro argumento bastante interessante. Mas, para avaliá-lo adequadamente, nada melhor do que começar por uma pergunta: você acha que estar de posse de uma carta marítima é mais importante em um mar de pura calmaria ou em um mar bravio? E para quem você acha mais importante ter um mapa: para aquele motorista que conhece o caminho ou para aquele que não conhece o destino? Ora, essas duas perguntas já nos levam a uma conclusão bem diferente daquela formulada no argumento inicial. O fato de o comandante do navio ter uma carta marítima ou o motorista possuir um mapa não garante que eles desenvolverão o trajeto da melhor maneira possível, nem que chegarão ao destino (até porque variáveis não previstas na carta marítima ou no mapa podem se fazer presentes no percurso), mas certamente conferem um apoio na jornada. E é isso que um diagnóstico deve ser: um suporte para a escolha dos caminhos e para a jornada estratégica. Não parece lógico?

- **Os acontecimentos são tão complexos e dispersos que se pode dizer que, no limite, beiram ao acaso.** A maioria das filosofias orientais nem consideraria tal argumento, uma vez que nelas se acredita de maneira veemente na lei de causa e efeito. Mas, como estamos no Ocidente, vale a pena explorarmos o argumento com um simples exemplo. Considere a seguinte hipótese: estamos disputando uma partida de "dados". Eu e você jogaremos um "dado" por diversas vezes e quem acertar mais vezes o número resultante da jogada ganha o jogo. O exemplo está tratando, pois, de jogo de "dados", e nada melhor para exemplificar um "acaso", desde que esse dado não esteja "viciado". E vamos supor que não esteja. No entanto, esse "dado" só possui faces com um, dois ou três pontos. Ou seja, apresenta duas faces com um ponto, duas faces com dois pontos e duas faces com três pontos, sem conter faces com quatro, cinco ou seis pontos. Você não sabe disso. Mas eu sei. Nesse caso, eu conto com uma "informação privilegiada".
  - ✓ A pergunta previsível: quem terá mais chances de ganhar o jogo: você ou eu? Em tese, acredito que você tenha respondido que eu tenha mais chances, não é mesmo? Afinal, só eu sei que os dados apresentam três duplas com iguais números de pontos. É uma resposta coerente. Por outro lado, dá para garantir que eu "vou ganhar" o jogo? A resposta é não! Eu posso restringir meus palpites entre um e três pontos e errar todas as jogadas. E você, por uma questão de sorte, pode se concentrar nos números inferiores do dado e, mais do que isso, acertar!!! E, apesar de conhecer um número maior de variáveis do jogo, eu posso perder... É exatamente disso que estamos falando: a análise do ambiente e a composição de um diagnóstico não garantem que seu idealizador acerte ou ganhe o jogo. Isso é fato. Mas também é fato inquestionável que, ao deter e tratar dados que o outro não tratou, as suas perspectivas de sucesso são maiores. Ou não?

Se, depois de todo o meu esforço para persuadi-lo de que o diagnóstico vale a pena, você ainda não tiver se convencido, só me resta fazer-lhe um convite, tal qual propaganda de cerveja: "Experimenta"!!! Faça alguns testes. Permita-se eventos similares, em que você desenvolva, em alguns, um diagnóstico prévio e em outros, não. Pode ser em uma paquera, em uma negociação, na compra de um produto, ou em qualquer situação, desde que guarde similaridade com outras situações passíveis de comparação. E, ao final de alguns eventos, chegue você próprio às suas conclusões, quanto à eficácia de desenvolver ou não diagnóstico.

Como último argumento, vale comentar com o prezado leitor que, depois de realizadas ações de *benchmarking* com hospitais de excelência em atividade no País, outros hospitais passaram a reforçar os investimentos na área de diagnóstico, por terem percebido que, ao fazerem diagnósticos mais eficazes, os custos de tratamento reduzem e os resultados apresentam maior êxito.

Uma vez "vendido o peixe" (e eu espero que bem...), vamos apresentar-lhe a Análise SWOT. Mas, diferentemente do conteúdo com que nos deparamos em muitos livros de Planejamento Estratégico, faremos uma abordagem voltada, além dos aspectos técnicos, para os comportamentos presentes em uma Análise SWOT, buscando identificar fatores que possam contribuir ou criar obstáculos no desenvolvimento de um diagnóstico utilizando essa ferramenta.

A Análise SWOT foi desenvolvida por pesquisadores de Harvard na década de 1950 (ou seja, já é uma ferramenta cinqüentenária), que buscavam sistematizar, de maneira simples e prática, a análise dos fatores endógenos e exógenos presentes em um projeto. A denominação SWOT deriva da primeira letra desses fatores:

STRENGTHS - FORÇAS

WEAKNESSES - FRAQUEZAS

OPPORTUNITIES - OPORTUNIDADES

THREATS - AMEAÇAS

Apesar das décadas que já se passaram desde sua idealização e de todos os esforços desenvolvidos pelos estudiosos na busca de ferramentas mais modernas para a elaboração de diagnósticos não financeiros, confesso que até hoje não me deparei com uma ferramenta tão simples e tão eficaz quanto a Análise SWOT. E é por isso que decidi compartilhá-la com você. Porque, entre outras coisas, acredito que a Análise SWOT:

- Sistematiza, de maneira eficaz, o *brainstorming*.
- É de fácil desenvolvimento.
- Permite e estimula o desenvolvimento participativo.
- É de fácil visualização.
- Viabiliza a priorização, ou seja, a identificação dos fatores críticos do projeto.

Os passos da Análise SWOT

No intuito de sistematizar o desenvolvimento do diagnóstico não financeiro, utilizando-se a Análise SWOT, podemos dividi-la nos seguintes passos:

1 – Equalização do ambiente.
2 – *Brainstorming*.
3 – Tratamento das variáveis.
4 – Classificação das variáveis.
5 – Priorização das variáveis (identificação dos fatores críticos).
6 – Cruzamento das variáveis endógenas e exógenas.

Parece complicado? Mas não é. Vamos abordar cada passo e no final estou certo de que você se sentirá à vontade para desenvolver uma Análise SWOT como nunca o fez... Mas, antes de detalhar cada um dos passos, vamos definir e reforçar três conceitos citados nos passos da Análise SWOT, cuja caracterização prévia certamente facilitará o entendimento da ferramenta:

- **Variáveis**: pode-se definir "variáveis" como atributos ou características levantadas em um projeto, decorrentes ou não de uma análise de ambiente estabelecida (isso porque, nas discussões realizadas, muitos atributos e características presentes na avaliação de um projeto serão levantados com base nas informações disseminadas e muitos outros serão explicitados a partir de experiências e percepções dos participantes, sem que haja, necessariamente, vínculos com a análise de ambiente divulgada). Obviamente, quanto maior for a compatibilidade entre a análise do ambiente e o projeto em estudo, menor será a quantidade de "variáveis desgarradas", ou seja, variáveis muitas vezes resultantes de "achismos" ou de percepções individuais não fundamentadas. De qualquer forma, a análise e a equalização do ambiente buscam viabilizar uma "trilha" – e não um "trilho" – para a condução e o desenvolvimento das etapas do planejamento.

    Dependendo do grau de controle que o projeto apresenta em relação às variáveis presentes, essas podem ser consideradas endógenas ou exógenas.

    ✓ **Variáveis endógenas**: são aquelas sobre as quais o projeto apresenta total domínio, ou seja, aquelas que – caso exista capacidade e recursos disponíveis – seus implementadores podem manipular ou transformar, sem esperar ou depender de fatores externos. Não dependem de "probabilidade", ou seja, estão presentes e representam uma realidade percebida (por ex.: caixa disponível, capacidade instalada de logística e distribuição, marca, política de financiamento, qualificação dos funcionários etc.).

    ✓ **Variáveis exógenas**: são aquelas sobre as quais o projeto não apresenta domínio total, dependem, no todo ou em parte, da influência de fatores externos para sua realização e de probabilidades (menores ou maiores) para sua ocorrência (por ex.: políticas macroeconômicas, variação cambial, tendências de consumo, nível de acesso de novos concorrentes no mercado etc.).

Uma vez definidos os conceitos de "variáveis", podemos avançar na abordagem de cada um dos passos da Análise SWOT. Gostaria que você não se ativesse, exclusivamente, na abordagem técnica de cada um dos passos – também muito importante –, mas avaliasse a abordagem comportamental em cada um deles, assim como refletisse sobre ela. Minha preocupação com essas premissas na leitura do conteúdo fundamenta-se, sempre, na percepção de que as ferramentas de gestão – e, no caso, de planejamento – carecem mais da postura com que as desenvolvemos do que do conhecimento técnico presente.

1. Equalização da análise do ambiente

Nesta fase, busca-se disseminar todas as informações levantadas na análise do ambiente, especificando as fontes utilizadas, como forma de dar a oportunidade a todos os participantes de conhecer os eventos que o grupo coordenador do planejamento julga relevante para "guiar" o processo de *brainstorming*. É uma fase importante também para tentar minimizar eventuais divergências de pensamento, embora não se recomende, em nenhuma hipótese, ações de "coação" ou "persuasão hostil" em relação às eventuais discordâncias remanescentes. Assim, o principal objetivo da fase de equalização do cenário é permitir que todos tenham acesso às informações levantadas e tidas pelos coordenadores do projeto como as mais próximas da realidade (variáveis endógenas) e de maior probabilidade de ocorrência (variáveis exógenas) e não o de que todos concordem, obrigatoriamente, com elas.

Também é comum observar que, quando se alcança um grau adequado de confiabilidade e lógica das informações levantadas e quando a prática do planejamento passa a ser uma experiência mais freqüente, desenvolvida em um ambiente mais seguro, as discordâncias acabam minimizadas, atingindo-se um certo consenso em relação às informações divulgadas. A qualidade das informações levantadas, a eficácia em sua disseminação e o "clima" em que essa etapa foi desenvolvida ditarão os resultados das fases seguintes do planejamento.

É recomendável que, após a disseminação e discussão das informações resultantes da análise de ambiente, os participantes sejam levados a participar de uma atividade motivacional (uma palestra ou um vídeo, por exemplo) e, em seguida, liberados para descanso. Não apenas porque a fase de equalização do ambiente costume exigir muita atenção dos participantes, mas também pela importância de estabelecer um tempo para que tais informações sejam tratadas e sedimentadas na mente de cada um dos colaboradores.

2. O *brainstorming*

A tradução do termo, por si só, define a idéia que permeia esta fase do diagnóstico: "tempestade cerebral". É o que, no interior, chamamos de "toró de palpites"... Aqui, com base em informações captadas na análise do ambiente e/ou estritamente pessoais, os participantes devem ser estimulados a levantar todas as idéias, variáveis, percepções, preocupações, atitudes, enfim, tudo aquilo que surgir em suas mentes, a partir do ambiente presente e do "foco de análise" inicialmente especificado. É importante ressaltar que, durante a fase do *brainstorming*, não se deve estabelecer nenhum tipo de questionamento, correção ou avaliação dos pontos levantados, pois se sabe que tal procedimento pode gerar inibição e redução do grau de participação dos envolvidos. Portanto, faz parte das premissas do *brainstorming*:

- *Ausência* total de censura, de discordância ou de questionamento.
- *Estímulo* à criatividade, independentemente do estilo, da pertinência ou da relevância dos pontos levantados (para isso, o planejamento contará com outras fases).
- *Valorização* da participação de todos os envolvidos, evitando-se a concentração da participação, principalmente quando se verifica diferentes níveis de *status* ou de "hierarquia" entre os participantes.
- *Direcionamento* do *brainstorming*, no intuito de abordar, ao máximo, os aspectos que fizeram parte do cenário, ou seja, esgotar a discussão em relação às informações que fizeram parte da base do planejamento. Os condutores do planejamento deverão primar pela liberdade de expressão, manifestando-se apenas quando perceberem que as intervenções começam a escassear e, nesse caso, deverão realimentar o tópico em discussão ou direcionar esta para outros tópicos do ambiente, julgados relevantes para o desenvolvimento do projeto.

Se estabelecermos uma analogia entre um planejamento e um jardim, podemos dizer que a liberdade de expressão e o estímulo à criatividade representam a água e o sol e as boas idéias, as flores. Ou seja, se não permitirmos uma livre participação de todos, podemos deixar de ver lindas flores por absoluta falta de água que as irrigue e sol que facilite o seu processo de afloramento.

Na prática, os pontos levantados deverão ser anotados em folhas ou, como é comum atualmente, com o auxílio valioso da tecnologia, inseridos em arquivos apropriados (computador), preferentemente com o apoio visual do "data-show". As interrupções só deverão ser realizadas para esclarecer eventuais citações levantadas e não entendidas pelos coordenadores, de tal forma que permita um registro mais claro e confiável das variáveis levantadas, sem interromper de maneira comprometedora o fluxo emergente de idéias.

3. Tratamento das variáveis

Nesta fase, a idéia central é extrair dos pontos levantados um conjunto de variáveis para a fase seguinte, que prevê a classificação delas. Utilizando mais uma analogia, poderíamos dizer que a fase do *brainstorming* é similar a uma pescaria com redes, em que conseguimos trazer inúmeros tipos de pescados (que pode ser um belo espécime de peixe ou um pedaço de pneu jogado anteriormente no rio). O tratamento das variáveis visa elucidar eventuais dúvidas remanescentes, unificar variáveis idênticas e segregar os pontos levantados que não correspondam a variáveis.

É muito comum que, durante a fase de *brainstorming*, já sejam levantadas propostas de ações estratégicas (por exemplo: criar equipe de vendas para atuar na Região Centro-Oeste). Nesse caso, durante a fase de "tratamento das variáveis" (e nunca durante o *brainstorming*) tais citações deverão ser realocadas, uma vez que o planejamento não se encontra, nesse momento, na fase de discussão de estratégia, mas de desenvolvimento do diagnóstico. Recomendo, ainda, que os coordenadores do planejamento tentem transformar as "não variáveis", predominantemente representadas por ações/verbos, em "variáveis", já que as sugestões antecipadas de ações invariavelmente resultam de variáveis primárias, como forma de não desperdiçar as idéias que lhes deram origem.

Por exemplo, se a sugestão era "criar equipe de vendas para atuar na Região Centro-Oeste", uma variável primária identificada poderia ser "tendência de crescimento de consumo na Região Centro-Oeste" (Oportunidade) ou "ausência de força de vendas na Região Centro-Oeste" (Fraqueza). A importância desse processo é preservar a causa primária e ampliar o espectro de ações possíveis. No caso exemplificado, a ação poderia ser "ampliar a equipe de vendas", mas também poderia ser "contratar representantes" ou "identificar canais alternativos de comercialização". Ou seja, ao mantermos a variável primária e segregarmos a ação, ampliamos as possibilidades de estratégias alternativas vinculadas a uma única variável. Nesse caso, explica-se aos participantes que as ações propostas, tal como formuladas inicialmente, serão preservadas para reavaliação nas etapas futuras. E, em seu lugar, serão mantidas as causas primárias ou variáveis primárias que provocaram a sugestão.

Há que se ter sempre muita habilidade na condução desse processo, no intuito de evitar constrangimentos ou inibição dos participantes, situação que poderia prejudicar a qualidade na seqüência do processo. Assim, no final do tratamento das variáveis, teremos um grupo de atributos e características que podem ser classificadas como variáveis endógenas ou exógenas ao projeto. Buscando conter, novamente, a ansiedade, elencamos a seguir alguns exemplos de variáveis:

- Caixa robusto com elevada quantia de lucros acumulados.
- Tendência provável de expansão de novos entrantes no mercado.
- Logística bem estruturada, apoiada pela distribuição de bebidas não alcoólicas, mantida pela unidade de água, sucos e refrigerantes.
- Legislação restritiva a propagandas, em larga escala, de bebidas alcoólicas.

Alguns exemplos de não variáveis:

- Negociação de convênios com danceterias noturnas (uma variável primária possível seria "existência de grande quantidade de danceterias noturnas que não comercializam nosso produto").
- Realização de pesquisa para testar a receptividade ao produto (talvez a variável primária fosse "ausência de pesquisas com público-alvo").
- Ampliação do *share* na Região Centro-Oeste (aqui, caso as informações do ambiente levassem a tal percepção, a variável poderia ser descrita como "importante receptividade ao produto na Região Centro-Oeste").

4. Classificação das variáveis

Nesta fase, o grupo de trabalho deve classificar as variáveis, identificando-as como "forças", "fraquezas", "oportunidades" ou "ameaças", e sistematizar os ambientes endógeno e exógeno a partir de seus respectivos fatores positivos e negativos. Assim, com o *brainstorming* já depurado, os integrantes desenvolverão sua classificação, para o que sugerimos observar as particularidades a seguir:

- Não é recomendável separar num primeiro momento as variáveis nas suas quatro possíveis naturezas. O ideal é separar apenas as endógenas das exógenas, ou seja, aquelas sobre as quais o projeto tem pleno domínio ficam no grupo das endógenas e aquelas sobre as quais o projeto não detém domínio total são agrupadas entre as exógenas. Isso certamente reduz o risco de nos envolvermos em "armadilhas mentais", que tendem a prejudicar os resultados.

- Na fase seguinte, parte-se do grupo das variáveis endógenas, classificando-as em "forças" ou "fraquezas", e das variáveis exógenas obtêm-se as "ameaças" e as "oportunidades".
- Uma questão importante é saber qual referência devo utilizar para classificar as endógenas como forças ou fraquezas. A classificação das exógenas (ameaças ou oportunidades) tende a se mostrar mais fácil, pois a sensibilidade quanto aos impactos negativos ou positivos das exógenas se mostra mais consensual. No caso das forças e fraquezas, sugiro que os participantes definam a variável seguindo dois parâmetros:
  ✓ O foco de análise: qual a principal razão do projeto?
  ✓ O *benchmark*: qual a referência de comparação?

  Você quer um exemplo, não é? Vamos lá. Imagine que eu tenha 1,70 m (na verdade tenho 1,69 m...) e isso seja uma variável endógena de meu projeto. Então, a pergunta inicial seria: a minha estatura é uma força ou uma fraqueza? E uma resposta bastante plausível e lógica seria: Depende!!! Depende do quê? Primordialmente de qual é o "foco de análise" de meu projeto e de qual é o *benchmark* sugerido para essa variável. Então, recorrendo aos parâmetros sugeridos, eu realizaria as seguintes avaliações:
  ✓ Foco de análise: digamos que o projeto fosse iniciar uma carreira como jogador de "basquete". Isso me indicaria que quanto mais alto melhor, não é? Perceba que, se o foco de análise fosse "iniciar uma carreira como jóquei", a mesma premissa não prevaleceria, ou seja, quanto menor melhor, não é mesmo? Ainda assim não garantiria que minha altura representasse uma fraqueza, pois eu ainda não teria a comparação com o *benchmark*.
  ✓ Suponhamos que o *benchmark*, ou seja, meus concorrentes em potencial fossem, por exemplo, adversários que apresentassem estatura entre 1,50 m e 1,60 m. Nesse caso, apesar de aparentemente minha altura não ser das mais indicadas, o ambiente indicaria que ainda assim ela representaria uma força. Entendeu?

Isso parece relativamente simples, mas, ao mesmo tempo, é relativamente complexo. Por quê? Ora, não é raro avaliarmos projetos em que o foco de análise é elevar em alguns pontos a participação de mercado de produto. E ainda que esses pontos possam ser buscados em um grupo variado de concorrentes no mercado ou até mesmo a partir do aproveitamento de uma demanda reprimida, a Análise SWOT considera o líder como *benchmark*. Isso não parece ser muito apropriado, pois ninguém disse que eu teria de tirar esses pontos de *Market-Share* do líder. Mas, mantendo essa premissa de comparação/*benchmark* (o que não é raro), muitas variáveis tenderiam a ser consideradas "fraquezas", porque o *benchmark* estaria superavaliado. Nesse caso, o projeto poderia até mesmo ser abortado, por se julgar que a concentração de "fraquezas" não recomendaria sua implantação. Mas, caso o *benchmark* fosse ajustado, por exemplo, para um grupo maior de empresas no mercado ou pelas medianas setoriais, muitas "supostas" fraquezas passariam a ser consideradas neutras ou forças. Reforço a importância dessa reflexão, pois esse comportamento compromete, freqüentemente, as conclusões resultantes de uma Análise SWOT.

Assim, com uma avaliação criteriosa, que utilize um foco de análise e um *benchmark* adequado, podemos classificar as endógenas em:

- **Forças**: características que superam o *benchmark* fixado.
- **Neutras**: características que se equiparam ao *benchmark* fixado.
- **Fraquezas**: características que se mostram aquém do *benchmark* fixado.

Observação importante: Na literatura disponível, alguns autores indicam que a posição "neutra" seja utilizada para classificar aquelas variáveis que não se sabe exatamente se representam uma força ou uma fraqueza. Discordo totalmente. A posição "neutra" deve caracterizar os atributos que se equiparam à *performance* do *benchmark*. Variáveis das quais não se tem certeza quanto à classificação devem ser mais bem analisadas, pesquisadas, discutidas e definidas, e não classificadas como "neutras", como se tal posição representasse um "depósito para variáveis não classificadas"... Em meu entendimento, tal postura contrariaria o conceito da neutralidade, além de desestimular a definição da variável quanto à sua contribuição para o projeto.

No caso das variáveis exógenas, a análise visa classificá-las, de acordo com o impacto positivo ou negativo que elas tendem a trazer para o projeto (caso ocorram), em:

- **Ameaças**: tendência de impacto negativo ao projeto.
- **Oportunidades**: tendência de impacto positivo ao projeto.

Finalmente, sobre a fase de classificação das variáveis, vale ainda destacar algumas particularidades que podem ser vivenciadas durante o seu desenvolvimento:

- Durante as discussões, poderão surgir conflitos quanto à classificação, principalmente se o grupo de trabalho for composto por participantes de diversas áreas e funções (área comercial e financeira, por exemplo). Nesse caso, pode-se estabelecer um critério de "moderação" para a superação do impasse e a seqüência do processo. Essa moderação pode ser desenvolvida por um grupo formado por "líderes" dos diversos grupos envolvidos (que se reuniriam episodicamente para analisar os impasses, se necessá-

rio), ou pode ser realizada pelo principal articulador do planejamento – o principal executivo, por exemplo. Isso depende muito do estilo de gestão adotado pela empresa. Não posso deixar de registrar que sou muito mais simpático à idéia de um grupo moderador, mantendo a aura de um evento participativo, como deve ser, em minha opinião, um planejamento.
- Uma mesma variável endógena não deve constar em mais de uma natureza de classificação. Ou seja, uma variável endógena é uma força OU é neutra OU é uma fraqueza. No caso das variáveis exógenas é possível se deparar com variáveis que representam ameaças e oportunidades, concomitantemente. A variação de câmbio para uma empresa que compra insumos importados e exporta produtos acabados, por exemplo, pode representar ameaça e oportunidade, ao mesmo tempo.

5. Priorização das variáveis (identificação dos fatores críticos)

Sem medo de errar, afirmaria que a maioria das análises SWOT presentes nos projetos atualmente desenvolvidos se dá por encerrada no passo anterior, quando já se consegue viabilizar os atributos e os eventos classificados em "forças", "fraquezas", "oportunidades" e "ameaças". Eu diria que isso já representa um avanço em relação às decisões tomadas sem nenhuma análise. Mas ainda não é suficiente. Gostaria de ilustrar essa afirmação com dois exemplos:
- Uma empresa de "contact-center", que realiza exclusivamente ações de venda e atendimento por telefone pagava R$ 80 mil de aluguel mensal em um imóvel na Avenida Paulista, área nobre de São Paulo. Perguntado por que a empresa despendia tamanha quantia como aluguel para estar em local tão nobre se só realizava atendimentos e vendas por telefone, seu principal dirigente pensou intensamente, mas não conseguiu uma resposta consistente. E, detalhe adicional, a operação da empresa vinha sofrendo prejuízos pelas interferências sonoras de estações de rádio instaladas na avenida. Aí começava o processo de reestruturação operacional e financeira da empresa.
- Um restaurante que serve refeições por quilo a preços populares no Centro de São Paulo aproveitou uma sobra de recursos disponíveis para investimentos e decidiu instalar aparelhos de ar condicionado em suas instalações. A princípio, parecia a agregação de uma força adicional, por climatizar o ambiente e melhorar a qualidade de atendimento a seus fregueses. Esses fregueses que, anteriormente, faziam suas refeições rapidamente e deixavam o restaurante, viabilizando a rotatividade necessária para quem troca "margem" por "escala", passaram a ficar mais tempo nas

mesas e a provocar filas de fregueses insatisfeitos na porta. Resultado: redução das receitas e ampliação de clientes muito insatisfeitos por não conseguirem almoçar. Um belo tiro no pé!!!

Esses fatos demonstram que, sem uma avaliação sistematizada do projeto, quanto à prioridade das ações, os planejadores podem ser levados à adoção de medidas que não passariam por testes mais aprofundados a respeito de seu real impacto na estratégia.

Por isso, além de classificar as variáveis, é muito importante avaliá-las sob o aspecto de prioridade. Assim, o projeto contará com mais um passo para filtrar as variáveis, de modo que permita a otimização de seus recursos, que poderão ser investidos de maneira muito mais focada, a partir dos elementos mais importantes diagnosticados.

Quando se fala em priorizar, intuitivamente se espera estabelecer parâmetros em relação aos quais as variáveis avaliadas possam representar maior ou menor importância no projeto. Tudo dentro daquela ótica de priorização que procura segregar as coisas em "essenciais", "importantes", "postergáveis" e "dispensáveis".

No caso da Análise SWOT, a regra é mantida e os pesquisadores vêm, ao longo do tempo, sugerindo diversos caminhos para se chegar à classificação de prioridades.

Particularmente, gosto muito do caminho sugerido por Kotler. Além de ser um modelo bastante simples, utilizando parâmetros e metodologia de fácil compreensão e utilização, a ferramenta sugerida não arrisca "acertar na mosca" em relação às conclusões extraídas, o que por si só torna a seqüência do processo mais simplificada e reduz as frustrações, que se mostram mais freqüentes em ferramentas que ousam refinar demasiadamente a análise, mensurando as variáveis em diferentes graduações de prioridades (pesos, notas, pontos etc.), resultados que não raramente passam longe da realidade, quando esta se torna identificável, ao longo da implementação do projeto. Assim, escolhi disseminar as sugestões de Kotler para a fase de priorização das variáveis.

5.1 Priorização das variáveis exógenas

Escolhemos dois parâmetros para que nosso processo de priorização seja conduzido: a probabilidade de que a variável exógena (ameaça ou oportunidade) ocorra, ou seja, a chance da ocorrência do evento, e o impacto que essa variável venha a trazer na estratégia ou no projeto, uma vez presente. Além de avaliar a real probabilidade da ocorrência do evento, o que permite aos participantes do projeto focar o planejamento naquelas ameaças ou oportunidades que apresentam maior chance de ocorrerem, os participantes podem, ainda, avaliá-las sob o foco do impacto no projeto, o que viabiliza a concentração da ênfase do planejamento naquelas ameaças ou oportunidades que, ocorrendo, trarão conseqüências importantes para o projeto em si. Para tanto, sugiro a utilização do modelo de quadrante a seguir, para discussão, definição e distribuição das variáveis exógenas, conforme a prioridade que representam:

PROBABILIDADE DE OCORRÊNCIA

	ALTA	BAIXO
IMPACTO ALTO	1	2
IMPACTO BAIXO	3	4

Desenvolvendo análises separadas para as "ameaças" e as "oportunidades", você terá ao seu final dois quadrantes similares ao indicado anteriormente, em que estarão presentes as variáveis exógenas a partir de um grau de prioridade definido por dois parâmetros: "probabilidade de ocorrência" e "impacto no projeto".

Assim, os participantes do planejamento poderão visualizar, separadamente e de maneira simples e eficaz, as ameaças e as oportunidades, de acordo com a seguinte classificação:

Quadrante 1: Alta Ênfase, por representar as variáveis com alta probabilidade de ocorrência e com alto impacto no projeto.

Quadrante 2: Média Ênfase, com baixa probabilidade de ocorrência e alto impacto no projeto.

Quadrante 3: Média Ênfase, com alta probabilidade de ocorrência e baixo impacto no projeto.

Quadrante 4: Baixa Ênfase, por representar baixa probabilidade de ocorrência e baixo impacto no projeto.

Não é difícil perceber que esse passo permite que o planejamento tenha maior foco nas variáveis que realmente interessam. Sem muito esforço, conseguimos visualizar que o quadrante 1 é o que deve receber o maior foco na seqüência do projeto, pois reúne as variáveis com elevada chance de ocorrência e com elevado impacto no projeto. É o que chamamos de **fatores críticos entre as variáveis exógenas**.

Da mesma forma, o quadrante 4 representa as variáveis que, a princípio, não merecem uma avaliação mais profunda na seqüência do planejamento, uma vez que reúne variáveis com baixa chance de acontecerem e, se acontecerem, devem trazer baixo impacto no projeto. Então, para que investir tempo, criatividade e dinheiro nelas?

No caso dos quadrantes 2 e 3, faz-se necessário uma observação. Como ambos apresentam variáveis que representam altos e baixos, dependendo dos parâmetros analisados, opta-se em priorizar o impacto, em detrimento da probabilidade.

Ou seja, as variáveis com menor probabilidade de ocorrência, que representem maior impacto, caso ocorram, são consideradas mais prioritárias do que aquelas que apresentam maior probabilidade de ocorrerem, mas, caso isso aconteça, não trarão grande impacto no projeto. Dessa forma, sugere-se maior preocupação com aquelas variáveis que, independentemente da probabilidade de ocorrerem, possam trazer maiores conseqüências ao projeto.

De qualquer maneira, os quadrantes 2 e 3 representariam, igualmente, uma ênfase média, ou seja, os participantes do planejamento avaliariam a necessidade ou o interesse em utilizá-las na seqüência do planejamento, dependendo do tempo de implementação e *payback* do projeto, dos recursos a serem investidos, do *timing* para a elaboração e implementação do projeto etc.

Assim, em um projeto de curta duração, em que poucos recursos serão investidos, a avaliação poderia seguir adiante a partir, exclusivamente, dos Fatores Críticos representados pelo Quadrante 1. Agora, se o projeto tratasse da construção de uma usina hidrelétrica, com previsão de grandes quantias a serem investidas e retorno do investimento a longo prazo, valeria a pena avaliar também os demais quadrantes, dentro da seqüência sugerida, a fim de identificar eventuais Fatores Críticos que merecessem permanecer na continuidade do planejamento.

5.2 Priorização das variáveis endógenas

Nesse caso, sugere-se que a avaliação seja realizada utilizando-se os seguintes parâmetros: Intensidade ou Desempenho e Impacto ou Importância na estratégia/projeto. Isso porque, no caso das variáveis endógenas, a probabilidade é um parâmetro desnecessário na análise, já que os atributos classificados como "forças" ou "fraquezas" já se fazem presentes e não dependem de chance de ocorrência. Assim, podemos utilizar a seguinte ferramenta, que Kotler denomina "Lista de Verificação":

	DESEMPENHO					IMPACTO		
VARIÁVEL	G. FORÇA	FORÇA	NEUTRA	FRAQUEZA	G. FRAQ.	BAIXO	MÉDIO	ALTO

Dessa forma, todas as variáveis levantadas, tratadas e posteriormente identificadas como "endógenas" devem ser relacionadas na Lista de Verificação, na coluna "Variáveis". Desse ponto em diante, os participantes voltam a discutir a partir do foco de análise, do ambiente presente e dos *benchmarks* estabelecidos, a fim de definir em que coluna cada uma das variáveis será "marcada":

- Grande Força
- Força
- Neutra
- Fraqueza
- Grande Fraqueza

Posteriormente, cada variável voltará a ser avaliada segundo a visão de importância ou impacto no projeto e de acordo com as informações disponíveis. Os participantes indicarão onde será "marcada" cada variável, observando as seguintes opções:

- Grande importância ou impacto
- Média importância ou impacto
- Baixa importância ou impacto

Observação: Voltamos a sugerir que, tanto no caso das variáveis endógenas como no caso das variáveis exógenas, as análises em relação a cada um dos parâmetros sejam realizadas separadamente. Por exemplo: primeiro o grupo avalia a probabilidade de ocorrência das ameaças e, após um *coffee break*, volta ao trabalho e avalia o impacto das variáveis. Da mesma forma, primeiramente o grupo avalia o desempenho da variável endógena (grande força, por exemplo). Depois de classificadas todas as variáveis pelo parâmetro "desempenho", o grupo "respira" e volta ao trabalho, a fim de avaliar as mesmas variáveis sob o aspecto de impacto na estratégia. Tal postura minimiza os efeitos das "armadilhas mentais" que geralmente nos levam a imaginar que as "grandes forças" têm sempre "grande impacto" nas estratégias e as variáveis "neutras" têm "baixo impacto". Como se trata de parâmetros independentes, a classificação da variável em um parâmetro não deve influenciar a classificação da mesma variável em relação ao outro parâmetro.

A recomendação dessa observação parece estranha, mas tem uma explicação científica. Nossos cérebros tendem a cair em armadilhas quando avaliamos cada variável de acordo com ambos os parâmetros. Assim, se agirmos dessa forma, tenderemos a defender que tudo o que é provável é impactante e que todas as grandes forças ou grandes fraquezas levantadas são muito importantes para o projeto. E nem sempre é assim, pois os parâmetros são independentes. Já tive a oportunidade de orientar participantes, distribuídos em grupos diferentes, utilizando métodos distintos: um deles realizou as análises separadamente (primeiro avaliou as probabilidades ou os desempenhos e somente depois de um intervalo analisou o impacto ou a importância); enquanto o outro realizou a análise seqüencialmente, ou seja, cada variável foi avaliada de acordo com ambos os parâmetros, concomitantemente. Os resultados não surpreenderam: no caso das exógenas, por exemplo, o grupo que avaliou conjuntamente os dois parâmetros concentrou as variáveis nos quadrantes 1 e 4, isto é, o que era provável foi entendido como altamente impactante e o que era pouco provável foi definido, analogamente, como pouco impactante. No caso do grupo que realizou as duas análises separadas por um intervalo, a "nuvem de variáveis" se mostrou mais dispersa nos quatro quadrantes. São as armadilhas que nossa mente apresenta e que podem influenciar significativamente os resultados do projeto se não tomarmos alguns cuidados para minimizá-las.

Assim como já abordamos as variáveis exógenas, no final da análise teremos as variáveis distribuídas de acordo com seu desempenho e com seu impacto ou importância para a estratégia. E, tal qual em relação às exógenas, poderemos determinar os Fatores Críticos das endógenas, que seriam:

- Grandes Forças com Elevado Impacto
- Grandes Fraquezas com Elevado Impacto

Os Fatores Críticos indicados passam a ser o principal foco de nossa avaliação em relação às variáveis endógenas, na seqüência do projeto. Poderemos, ainda, estabelecer a escala de prioridade complementar, mantendo a lógica de valorizarmos o impacto no projeto, da seguinte forma (variáveis que surgirem antes são consideradas mais prioritárias):

- Forças com Elevado Impacto
- Fraquezas com Elevado Impacto

- Grandes Forças com Médio Impacto
- Grandes Fraquezas com Médio Impacto
- Grandes Forças com Baixo Impacto
- Grandes Fraquezas com Baixo Impacto
- Forças com Baixo Impacto
- Fraquezas com Baixo Impacto

Pronto. Agora temos variáveis que foram tratadas e "filtradas" diversas vezes, seja em função de sua natureza, seja em função de sua classificação quanto ao domínio e poder de manobra, seja em função de seu grau de prioridade. Não dá para negar que, ao final desse exercício, podemos afirmar que nosso diagnóstico já apresenta uma qualidade bastante aceitável. Recomendo, ainda, que os participantes viabilizem um quadro onde indiquem exclusivamente os Fatores Críticos, resultantes do processo de priorização, pois essas variáveis representam verdadeiros "diamantes" para a proposta de ações a serem implementadas. Esse quadro, então, conteria:

Quadro de fatores críticos do diagnóstico

- Grandes Forças com grande impacto.
- Grandes Fraquezas com grande impacto.
- Oportunidades do quadrante 1.
- Ameaças do quadrante 1.
- Outras variáveis que resultaram em menor prioridade nas avaliações realizadas, as quais os participantes entendam que mereçam constar do quadro de fatores críticos.

6. Cruzamento das variáveis endógenas e exógenas

Por fim, a Análise SWOT permite ainda uma avaliação quanto à estratégia mais adequada para o projeto, a partir do cruzamento realizado entre as variáveis endógenas e exógenas. Aqui, cabe ressaltar a relevância de uma classificação adequada das variáveis, pois, como o cruzamento propõe uma análise comparativa da predominância de variáveis na Análise SWOT, se os participantes classificarem erroneamente Forças como Oportunidades, Fraquezas como Ameaças etc., a fotografia analisada no cruzamento estará totalmente distorcida, provocando uma avaliação inadequada da estratégia a ser seguida.

Mais uma vez fica patente que o planejamento é um ciclo totalmente interdependente, em que o cuidado, a profundidade e a qualidade com que se desenvolve cada fase determinarão o resultado da fase seguinte, num autêntico ciclo de *inputs* e *outputs*.

Assim, de acordo com a predominância das variáveis, sugere-se a adoção das seguintes estratégias na condução do projeto:

- **Predominância de Fraquezas e Ameaças** => **Estratégia de Sobrevivência**: a lógica, nesse caso, é que o projeto apresenta deficiências críticas em um ambiente hostil. Ou seja, é como estar com pneumonia dentro de um *freezer*. Nesse momento, não adiante querer "ganhar músculos". O importante é sobreviver. As estratégias devem estar voltadas para a máxima otimização do caixa, alienação de ativos desnecessários, redução de custos etc.
- **Predominância de Fraquezas e Oportunidades** => **Estratégia de Crescimento**: aqui, pode-se dizer que se está diante de muitas oportunidades e, caso invistamos na minimização das fraquezas do projeto, podemos crescer fortemente. Ou seja, deparamo-nos com um ambiente que possibilita forte crescimento do negócio, dependendo de nossa capacidade de compatibilizar as ações que minimizem as fraquezas compatíveis com as muitas oportunidades presentes.
- **Predominância de Forças e Ameaças** => **Estratégia de Manutenção**: com a presença de muitas ameaças, vale avaliar a pertinência de manter a posição, sem ousadia, aproveitando-se das forças existentes para tal. Num ambiente em que as ameaças são predominantes, mesmo que haja maior concentração de forças, o diagnóstico aconselha avaliar a pertinência ou não de desenvolver ações muito contundentes, que poderiam estar comprometidas caso as ameaças viessem a se tornar uma realidade.
- **Predominância de Forças e Oportunidades** => **Estratégia de Desenvolvimento**: entende-se, nesse caso, que há ambiente favorável para um crescimento, mas menos intenso do que na estratégia de crescimento, tendo em vista que já existem muitas forças presentes e poucas fraquezas para se reverter. Ou seja, a empresa já vem utilizando sua predominância de forças nesse ambiente que apresenta boas oportunidades. Assim, o crescimento é algo bastante plausível, mas a exigência de um crescimento de maneira muito intensa pode fazer com que o projeto abdique de posições já conquistadas (queima desnecessária de margens, por exemplo).

No final de toda a análise anteriormente delineada, estaremos aptos a dar continuidade ao Planejamento, especificamente em relação às percepções, quanto à sua viabilidade (não financeira), e à discussão das alternativas estratégicas mais adequadas, como forma de:

- Potencializar as oportunidades e estar apto a aproveitá-las.
- Minimizar as ameaças e estar pronto para enfrentá-las.
- Aproveitar as forças presentes e transformá-las em vantagem competitiva, com base no valor agregado e em sua sinalização adequada.
- Reduzir as fraquezas ou ao menos contorná-las, no intuito de fazer com que elas não comprometam o projeto.

Embora, ao final do processo até aqui proposto, tenhamos todo o direito de afirmar que realizamos um bom trabalho, não podemos nos esquecer de que o que obtivemos foi apenas um diagnóstico amplo, abrangente, criativo e participativo. Mas apenas um diagnóstico. Se fizéssemos uma comparação com um tratamento médico, estaríamos naquele momento em que o especialista solicitou uma série de exames ao paciente, levantou seu histórico a partir de uma anamnese profunda e cuidadosa, ouviu outros médicos, tratou todas as informações e obteve um diagnóstico consolidado, em que os fatores críticos estão identificados e organizados, promovendo subsídios importantes para as ações que serão propostas a partir de então.

Assim, o especialista já sabe se o estado orgânico do paciente permite uma intervenção cirúrgica, conhece eventuais efeitos colaterais que possam ocorrer a partir do uso de alguns medicamentos, assim como o estágio da doença e seu grau de comprometimento, e já conta com informações acerca dos recursos disponíveis para dar continuidade ao projeto, que nesse caso seria "restabelecer um estado de saúde desejável ao paciente". No entanto, o sucesso do projeto ainda dependeria da capacidade de extrair, a partir do diagnóstico delineado, as ações mais eficazes para a sua seqüência. Para tanto, a regra é desenvolver novas reflexões, começando pelos fatores críticos levantados, e utilizar o conhecimento coletivo dos participantes para viabilizar as melhores propostas para implementação. No próximo capítulo, abordarei os aspectos que julgo mais relevantes para nos conduzir, de maneira produtiva, nessa próxima etapa do processo.

Ganhos incrementais

Como ocorre em todo processo, ao seu final, temos um produto e alguns subprodutos. Independentemente da relevância dos fatores críticos como elementos indutores da discussão na fase da proposta de ações para o projeto, gostaria também de comentar alguns subprodutos que um processo de planejamento colaborativo, participativo e abrangente pode trazer para a organização, acrescentando posturas e valores que beneficiam não apenas o projeto em si, mas a empresa como um todo:

- **Interação entre áreas**: quando diversas áreas estão envolvidas em um processo de pesquisa, análise de ambiente e diagnóstico dentro de um projeto, acompanhamos um processo natural de aproximação entre elas, uma vez que o objetivo primordial deixa de ser o êxito particular de cada área e passa a ser o êxito do projeto, como um todo. A conseqüência de um processo como esse é ter profissionais de diversas áreas falando mais entre si, mesmo após o término das ações de elaboração do planejamento, especificamente.
- **Empatia entre áreas**: é muito comum, ao final de um processo de planejamento participativo, ouvirmos manifestações de diversas áreas quanto à complexidade e ao grau de desafios enfrentados por outras áreas da empresa. Ao encarar um objetivo coletivo, os profissionais abrem-se mais para a percepção de que lidar com escassez, com obstáculos e com desafios não é privilégio exclusivo de suas áreas, mas de toda a organização. Dessa forma, o processo de planejamento participativo entrega, como subproduto, uma maior solidariedade corporativa, que não é conseqüência de palestras motivacionais ou campanhas momentâneas, mas de uma conscientização fundamentada de que o empenho e os obstáculos são comuns a todos os setores envolvidos em uma organização.

Em sala de aula, uma aluna relatou-nos que sua empresa fabricava componentes para uma outra empresa, atuante no mercado de acessórios para veículos. As áreas de negócios da empresa em que ela trabalhava e de compras da empresa compradora estavam, há meses, "digladiando-se" em virtude de exigências de alterações no produto, nos preços e na logística. A situação estava atingindo um nível de impasse que tenderia a comprometer o relacionamento e, por sua vez, a operação da empresa, tendo em vista a concentração de compras representada pelo cliente. Convidados a participar de uma reunião de planejamento, em que a empresa fornecedora buscaria caminhos que pudessem viabilizar a demanda, a empresa compradora encaminhou dois representantes, sendo um da área de compras e outro da área de produtos. Após dois dias de discussões, envolvendo também um diagnóstico utilizando a Análise SWOT, as propostas aproximaram-se sobremaneira e, depois de concluída a avaliação de ambiente e o diagnóstico, as duas empresas haviam atingido um ponto de convergência e a solução foi construída a partir da cessão de espaços de ambas as partes. Segundo a aluna que relatou o caso, a situação só atingiu um consenso porque tanto a empresa fornecedora como a compradora tiveram a oportunidade de conhecer melhor as particularidades de cada uma, o que contribuiu para a ampliação da empatia entre as partes e para a viabilização de caminhos alternativos para a solução do impasse.

- **Endomarketing Natural**: quando diversas áreas participam de um projeto, a "venda interna" deste se torna algo muito menos trabalhoso e muito mais eficaz, tendo em vista que os representantes das diversas áreas que estiveram presentes na fase de elaboração do planejamento se tornam verdadeiros "embaixadores" do projeto, defendendo-o perante as suas áreas e reduzindo eventuais resistências quanto à sua implementação.
- **Responsabilidade compartilhada**: aquela frase sublime que já citamos neste conteúdo, "Tu te tornas eternamente responsável por aquilo que cativas", também cabe muito bem aqui. Quando diversas áreas constroem um projeto, passam naturalmente a se sentir responsáveis por seu êxito. E esse, o caro leitor há de convir, é um fator fundamental na fase de implementação, uma vez que tirar um projeto do papel e colocá-lo no campo é uma das atribuições mais desafiadoras na gestão organizacional.

Por fim, como última argumentação, neste capítulo, quanto à importância de que o planejamento seja realizado de maneira participativa, gostaria de propor a seguinte reflexão:

- Já definimos que variáveis endógenas são aquelas sobre quais o projeto mantém total domínio, enquanto as variáveis exógenas são aquelas sobre as quais o projeto não mantém o domínio total, não é mesmo?
- Ao mesmo tempo, se uma única área estivesse desenvolvendo um projeto, poderíamos, a partir da afirmação anterior, defender que qualquer variável que dependesse de outra área deveria ser considerada exógena, já que a área que estivesse desenvolvendo o projeto não teria total domínio sobre aquelas variáveis. O prezado leitor concorda?
- No entanto, se as diversas outras áreas envolvidas estivessem presentes na elaboração do planejamento, poderíamos dizer que tal projeto, contando com a participação dessas diversas áreas, deteria total domínio sobre as variáveis endógenas relacionadas a essas áreas, na medida em que suas análises, conclusões e deliberações contariam com o respaldo das áreas responsáveis, que estariam, então, participando da elaboração do projeto, não é isso?
- Com base nessas hipóteses formuladas, sinto-me à vontade para afirmar que uma das grandes vantagens em desenvolver um planejamento participativo é **a sua capacidade natural de transformar variáveis exógenas em endógenas**, ou seja, em ampliar o número de variáveis sobre as quais o projeto passa a ter total domínio. E isso, para um projeto, não é nada desprezível.

Capítulo 8

Definição das Ações e *Tradeoffs*

Ao decidir, pense nos resultados, não nas dificuldades.
São João Crisóstomo

Conforme já antecipamos nos capítulos anteriores, o resultado de uma análise de ambiente e de seu tratamento (diagnóstico) representa insumos para que seus condutores possam definir as ações que ampliem a capacidade de superação dos objetivos definidos. Portanto, embora eu volte e repetir que a fase diagnóstica representa um momento particularmente especial dentro do processo de planejamento – uma vez que é nessa fase que se identificam os *insights* mais importantes em um projeto –, o diagnóstico não tangibiliza, por si só, as ações práticas propostas para ele, representando, como já frisamos, importantes insumos para a sua definição.

Algo que precisa estar muito claro no início de um planejamento é que nem sempre as ações a serem implementadas a partir de sua elaboração serão deliberadas ao seu final e com a presença de todos os seus participantes. Embora faça parte do processo de planejamento a sugestão de ações estratégicas para sua seqüência, é muito importante que haja conhecimento (e aceitação) de que as sugestões resultantes desse processo deverão passar, ainda, por testes como os de sinergia, valores, viabilidade financeira, *tradeoffs* mais amplos, valor para os compradores etc., e que, somente depois dessas avaliações, as propostas serão consolidadas e passarão a constituir os elementos mais práticos do projeto.

Imagine, caro leitor, que você tenha um projeto que envolva a compra de um automóvel. Suponha também que você seja uma pessoa receptiva a sugestões, que defenda que um projeto que busque uma avaliação adequada do ambiente e que realize um diagnóstico, a partir de um processo participativo, apresente ter mais chance de identificar os prós e os contras presentes. Nesse caso, você certamente realizará uma pesquisa de mercado, avaliando os modelos disponíveis, a autonomia, os preços, os custos de manutenção, a rede de assistência técnica, os custos de seguro etc. Ao mesmo tempo, consultará diversas pessoas, tais como mecânicos, amigos, revendedores, entre outras, como forma de obter um diagnóstico mais adequado e algumas sugestões envolvendo sua decisão. No entanto, imagino que você não transferirá a nenhuma dessas pessoas a decisão, preferindo, com todos os insumos reunidos, avaliar as ações sugeridas e tomar, você mesmo, as decisões a respeito. Não é assim? E por que não deveria ser assim nas empresas?

A humildade, defendida por nós como um dos pilares da gestão, deve estar presente também em um processo de planejamento: da parte dos responsáveis pelas decisões, ao abrirem espaço para a participação e contribuição coletiva, e, da parte dos participantes, em aceitar que nem todas as propostas resultantes do planejamento serão implementadas.

De qualquer forma, a experiência demonstra que a maior parte das ações aceitas para a implementação de um projeto é resultante das sugestões apresentadas pelo grupo elaborador do planejamento, ocorrendo, eventualmente, alguns ajustes e supressão daquelas sugestões que possam colidir, de maneira contundente, com ações desenvolvidas por outros projetos ou que não apresentem viabilidade do ponto de vista investimento *versus* retorno.

Portanto, a fase de proposta de ações, a ser desenvolvida pelos participantes na etapa final de um processo de elaboração de planejamento, deverá obedecer ao mesmo grau de interesse e de participação (independentemente de garantias quanto ao seu aproveitamento futuro), no intuito de não permitir que esse processo venha a se assemelhar àquelas jogadas maravilhosas do futebol que, em vez de terminarem nas redes do time adversário, terminam na trave ou próximas da bandeirinha de escanteio...

Das diversas metodologias para desenvolver a discussão sobre as ações a serem propostas, duas são mais usuais, as quais apresentarei, a seguir, ao prezado leitor.

Definição a partir da segmentação dos fatores críticos

A metodologia envolve, resumidamente, os seguintes passos:

a) discute-se cada um dos fatores críticos resultantes do diagnóstico, para identificar quais áreas da empresa seriam primordialmente impactadas por eles. Por exemplo, um fator crítico como "falta de recursos financeiros para financiamento dos clientes" poderia representar uma fraqueza crítica vinculada à área financeira da empresa e à sua área de mercado de capitais. Já uma oportunidade como "tendência de elevação do consumo na Região Centro-Oeste" seria um fator crítico mais relacionado com as áreas comercial e de recursos humanos;

b) concluída a discussão, segmenta-se as áreas e os fatores críticos que a elas ficaram vinculados, reforçando que o mesmo fator crítico poderá estar localizado, como já demonstramos no exemplo anterior, em diversas áreas de impacto;

c) os diferentes conjuntos de fatores críticos, relacionados às diferentes áreas de atuação no projeto, são avaliados por grupos de trabalho distintos, que, a partir de nova avaliação, *brainstorming* e discussão, estabelecerão o conjunto de propostas para a implementação no projeto. Recomenda-se a participação de integrantes das diversas áreas da empresa em cada grupo, independentemente de qual seja a área sob análise, devendo cada grupo, no entanto, contar com representante da área em estudo, preferentemente funcionário que detenha elevado conhecimento e considerável poder de decisão;

d) no final dessa etapa de definição de ações, cada grupo, representando cada uma das áreas intervenientes no projeto, deve fazer uma apresentação aos demais participantes, ouvir as críticas e sugestões e desenvolver, em seguida, a última etapa de avaliação, considerando os eventuais ajustes para a consolidação das propostas, que passarão, então, a compor o conjunto de ações sugeridas para o projeto.

Definição *one-to-one*

Essa metodologia apresenta, sumariamente, os seguintes passos:

a) os grupos são, geralmente, definidos com base na segmentação das variáveis, como, por exemplo, "grupo das ameaças", "grupo das oportunidades", "grupo das fraquezas" e "grupo das forças";

b) a partir dos fatores críticos identificados, os grupos estabelecem ações para cada um desses fatores, ou seja, para cada fator crítico uma ou mais ações, fazendo com que, no final do processo, todos os fatores críticos contem com, pelo menos, uma ação proposta para sua otimização;

c) os grupos apresentam as sugestões ao grupo maior, submetendo-se às críticas, desenvolvendo os eventuais ajustes e consolidando as propostas, que passarão a compor o conjunto de ações propostas para o projeto.

Particularmente, simpatizo-me mais com a primeira metodologia sugerida. Embora a segunda metodologia (*one-to-one*) apresente a possibilidade de maior "tempero", no desenvolvimento das discussões, quando o grupo coordenador do planejamento pode alocar algumas pessoas céticas para avaliar as oportunidades e algumas pessoas altamente otimistas para avaliar as ameaças (o que confere maior ponderação nas discussões), as sugestões tendem a não levar em consideração as particularidades de cada área que será envolvida em sua implementação (o que costuma intensificar o volume de críticas na fase de apresentação das propostas e discussão pelo grupo integral), além de levar a uma discussão muito direcionada, já que, a partir de uma discussão mais madura, poderíamos identificar várias ações para a otimização de um único fator crítico e, em alguns casos, uma única ação para otimizar diversos fatores críticos.

A segunda metodologia, no entanto, costuma ser mais facilmente absorvida por grupos que se encontram ainda em estágio imaturo no processo de desenvolvimento "participativo" de planejamentos, o que indicaria a pertinência de iniciar esse processo a partir dessa metodologia e migrar para a primeira metodologia sugerida quando o grupo estivesse mais maduro.

Como já reforçamos anteriormente, as ações propostas devem representar um conjunto de sugestões para a otimização dos fatores críticos levantados, que será apresentado e defendido por representantes do grupo elaborador do planejamento e, antes de aceito e implementado, deverá ser avaliado sob diversos aspectos, entre os quais:

- **Sinergia**: as ações propostas podem apresentar sinergias com outras ações sugeridas ou já implementadas em outros projetos, levando os responsáveis pela decisão a preferirem ajustar as ações sinérgicas, em vez de implementar mais uma ação, o que exigiria a dispersão do foco e investimentos adicionais. Como exemplo, podemos citar que, entre as sugestões levadas, encontra-se uma que recomende a viabilização de treinamento sobre formação de preços para os Gerentes de Vendas. No entanto, já se encontra em desenvolvimento um curso de negociação para o treinamento dos funcionários da área comercial, ação proposta a partir do diagnóstico desenvolvido em outro projeto. Nesse caso, a ação poderia ser alterada para que fosse incluído um módulo de formação de preços no curso de negociação. Assim, os resultados seriam alcançados, com a redução de cursos no treinamento e sem a necessidade de elaboração de um novo curso.

- **Valores**: caso as ações propostas colidam com os Valores ou as Políticas e Diretrizes mantidas pela empresa, a tendência é que a ação seja descartada como forma de preservar as premissas mais relevantes para a organização. Como exemplo, se uma empresa que apresenta, em seus Valores, a premissa de não utilização de mão-de-obra infantil e recebe uma proposta que recomende a contratação de adolescentes como forma de reduzir os custos de produção, certamente preferirá abster-se de implementar tal ação, no intuito de preservar seus Valores.
- ***Tradeoffs* existentes**: muitas vezes, nem mesmo os participantes conhecem importantes *tradeoffs* definidos pela organização, tanto no que diz respeito a outros projetos em desenvolvimento, quanto à estratégia como um todo. Assim, as ações propostas deverão ser avaliadas desse ponto de vista e aquelas que, de alguma forma, contrariarem os *tradeoffs* existentes deverão provocar uma nova avaliação: ou descarta-se a ação proposta ou altera-se o *tradeoff* conflitante. Por exemplo, se uma das ações propostas for a de ampliar os prazos de pagamentos dos compradores, visando ao aproveitamento de oportunidades percebidas para o crescimento de vendas, mas existir um *tradeoff* definido pela empresa que estabelece que a empresa não venderá a prazo e, portanto, não correrá riscos de crédito, os responsáveis pela decisão deverão avaliar se descartam a oportunidade ou se alteram o *tradeoff* existente.
- **Valor para os agentes indutores da ação**: é preciso desenvolver uma avaliação ainda mais profunda de maneira que as ações sugeridas venham a ser, efetivamente, valorizadas por aqueles para os quais a ação foi proposta. Se, por exemplo, a ação propuser o acréscimo de treinamento gratuito aos usuários de um certo tipo de produto comercializado, será preciso avaliar, de maneira mais intensa, se os compradores do produto e seus usuários realmente valorizarão o atributo, de tal forma a pagar mais por ele, comprar mais ou manter-se fidelizado. Não é pequeno o número de ações agregadas aos projetos que, em sua implementação, mostram claramente que o valor que o grupo elaborador do planejamento lhes direcionou não é o mesmo valor que os principais impactados pelas mesmas ações demonstram estabelecer. Quando polêmica, as ações deverão ser testadas em grupos de discussão ou até mesmo em pesquisas de opinião, caso os investimentos envolvidos assim recomendem.
- **Viabilidade financeira**: caso a ação proposta passe por todos os testes anteriores, deverá, ainda, ser avaliada sob o aspecto investimento *versus* retorno. Cabe ressaltar, no entanto, que os responsáveis pelas análises financeiras das empresas devem abandonar aquela visão simplista de que

avaliar o valor presente dos fluxos de caixa incrementais previstos em um projeto ou em uma ação estratégica é suficiente para dizer se ela é viável ou não. É claro que as ferramentas financeiras ortodoxas não devem ser desprezadas, com risco de embarcarmos naquelas idéias fantásticas que, no momento seguinte, se mostram extremamente voláteis. O que quero dizer é que, assim como os compradores devem abandonar aquela tática simplista de reclamar por descontos e aderir a métodos mais elaborados de negociação, os financistas devem agregar às suas fórmulas e planilhas uma visão mais enriquecida de "mundo", aderindo a conceitos mais amplos e avaliando melhor ações que, do ponto de vista individual, não indicam viabilidade técnica, mas, do ponto de vista integrado, mostram-se extremamente interessantes. Se não quiserem registrar isso em sua análise, por julgar que não lhes compete ir além dos cálculos financeiros (posição que, em minha opinião, reduz a capacidade de os profissionais em finanças demonstrarem uma visão mais holística do universo em que desenvolvem suas atividades), que ao menos recomendem a avaliação da proposta sob aspectos mais amplos, deixando a análise e a decisão para aqueles que possuam alçada e predisposição para assumi-las.

Concluído o processo de avaliação das propostas resultantes do planejamento, recomendamos que as ações aprovadas e outras que, eventualmente, tenham sido agregadas ao conjunto original sejam levadas ao grupo elaborador do plano. Esse é um momento fundamental para que todos aqueles que participaram do planejamento tenham a oportunidade de conhecer o produto final do processo e recebam as informações e esclarecimentos quanto a eventuais exclusões, inclusões ou adaptações a que as propostas tenham se submetido, incluindo as razões que levaram os responsáveis pelas decisões a tais encaminhamentos. A experiência também demonstra que, quando a empresa mantém essa prática, os participantes do planejamento se sentem valorizados, compreendem eventuais supressões ou alterações e continuam defendendo o projeto em sua seqüência.

Os executivos corporativos precisam compreender que o ato de convencimento exige autoridade, negociação, elevado conhecimento sobre o que se está discutindo e muita humildade para compartilhar as decisões tomadas. Por outro lado, a postura autoritária exige apenas o uso do poder. As decisões *top-down* (de cima para baixo) não exigem grandes esforços por parte da alta administração, apenas uma rede adequada de comunicação, para que as decisões cheguem de modo eficaz a todos os que serão responsáveis por sua implementação. No entanto, os executivos devem ficar atentos e tomar conhecimento dos diferentes resultados que essas duas práticas distintas costumam trazer. Quando muito bem-sucedida, a decisão *top-down* tende a trazer obediência e relativo envolvimento com as ações por parte de funcionários disciplinados e cumpridores do dever. Mas posso assegurar que isso é muito pouco para que um projeto atinja ou supere seus objetivos.

Por outro lado, a decisão participativa e compartilhada costuma trazer, em sua implementação, comprometimento e entusiasmo por parte dos responsáveis por sua condução. Tais ingredientes têm se mostrado fundamentais para que o projeto faça efetivamente a diferença. Eu usaria, como exemplo, a criação dos filhos. Aqueles pais que investem tempo e dedicação em diálogos francos, mostrando aos seus filhos as razões por quê o fazem, eventualmente, dizer "não" e tomar algumas decisões nem sempre simpáticas, geralmente investem menos tempo em tentar contornar conseqüências de atos rebeldes praticados por garotos que preferem agir por conta própria, uma vez que não foram convencidos de que o caminho contrário representaria a melhor alternativa para todas as partes envolvidas.

O *tradeoff*

Fico sempre muito preocupado quando utilizamos termos "sofisticados" para descrever coisas simples. Embora concorde que eles sejam bem-vindos e devam fazer parte de nosso cotidiano, já que o mundo é descrito por símbolos, insisto sempre que posso que tais denominações não devem nos afastar das práticas que elas descrevem nem de seu real significado.

Como já descrevemos anteriormente, o *tradeoff* representa nada mais, nada menos, do que a avaliação entre opções excludentes, ou seja, a avaliação entre caminhos que, em tese, não possam ser seguidos concomitantemente. Assim, podemos em nossa vida pessoal conviver com *tradeoffs* das mais diferentes naturezas. Imagine que você agendou viagem para a praia no fim de semana e, em seu planejamento, definiu que sairia de madrugada para aproveitar a oportunidade de trafegar em rodovias menos sobrecarregadas. Para tanto, você avaliou o *tradeoff* constituído entre "sair à noite, na véspera" ou "estar mais bem preparado para dirigir durante a madrugada". E digamos que você tenha optado em não sair à noite, para preservar sua capacidade de dirigir bem algumas horas depois. Observe que você optou em **não fazer alguma coisa**, no intuito de preservar um fator crítico de seu projeto. Agora, imagine que, ao sair do trabalho, os amigos insistam tanto que o convençam a ir ao barzinho da frente e tomar apenas um chopinho. E que, como sabemos, vocês não tenham se limitado a um único chope, mas tenham passado algumas horas agradáveis e ingerido várias tulipas de chope. Pronto, nesse momento você "rompeu um *tradeoff*...". E há grande chance de que tenha comprometido parte de seu projeto: ou o horário de saída para a praia ou a qualidade com que conduzirá o veículo até o destino.

Portanto, julgo importante insistir em três pontos:

- *Tradeoffs* não se constituem em decisões sofisticadas, que devem fazer parte exclusivamente de grandes projetos. Esse tipo de raciocínio deriva, particularmente, de duas causas básicas: ou os planejadores não conhecem de maneira razoável o conceito de *tradeoff* ou utilizam-se dessa desculpa para não pensar a respeito.
- A avaliação de possíveis *tradeoffs* constitui-se em etapa muito relevante do projeto, uma vez que procura identificar aquilo que não deve ser feito, como forma de preservar as principais premissas e ações estabelecidas para a implementação do planejamento.
- A ruptura de *tradeoffs*, ou seja, o desprezo àquilo que se definiu como algo a não fazer, durante o planejamento, como forma de preservar o projeto, sem uma avaliação adequada de suas conseqüências, pode trazer sérios prejuízos ao projeto como um todo, uma vez que, não raramente, troca ações que objetivam resultados a médio e longo prazo por oportunidades a curto prazo, muitas vezes desconectadas do projeto. Quando, na verdade, para que um projeto tenha o êxito esperado, as ações a curto, médio e longo prazo devem ser integradas e não conflitantes.

A avaliação de *tradeoffs* deve ser realizada na seqüência da definição das ações que serão efetivamente implementadas. Uma das preocupações presentes é de que existe um *tradeoff* bastante claro entre "definição de *tradeoffs*" e "flexibilidade do projeto". Ou seja, na medida em que estabelecemos "tradeoffs", estamos comprometendo a flexibilidade do projeto. Assim, deve ser realizada uma avaliação bastante criteriosa e estabelecidos *tradeoffs* que se mostrem realmente necessários para a preservação das principais premissas do projeto. Caso as conseqüências da implementação de ações conflitantes a outras estabelecidas não se mostrem altamente comprometedoras, o melhor caminho é avaliar as situações durante a fase de implementação e ajustar o projeto de acordo com um maior grau de flexibilidade.

Para discussão e definição dos *tradeoffs*, sugiro os seguintes pontos de reflexão:

- Quais as premissas essenciais do projeto que precisam ser mantidas, já que, se alteradas, podem comprometê-lo de maneira inaceitável?
- Quais ações foram descartadas na fase de planejamento, tendo em vista a ausência de estrutura para sua sustentação?

- Quais os atributos do projeto de extremo valor para seus agentes de influência (consumidores, por exemplo) que não podem ser comprometidos, com o perigo de colocar em risco o êxito do projeto?
- Que outras particularidades presentes no projeto sugerem discussão acerca de possíveis *tradeoffs*, tendo em vista o seu grau de criticidade para o projeto?

Acredito que, se responderem honesta, objetiva e claramente as perguntas anteriores, os condutores do projeto reunirão subsídios para avaliar a pertinência do estabelecimento de *tradeoffs* que preservem o "foco estratégico", sem comprometer de maneira inapropriada a flexibilidade na implementação das ações e nos ajustes necessários, a partir de acompanhamento e controle adequado, etapas que discutiremos no próximo capítulo. E, uma vez definidos, caberá aos condutores do projeto, particularmente aos responsáveis pelas decisões acerca do ciclo PDCA envolvido, a incumbência de preservar os *tradeoffs* e as ações às quais estão relacionados, revisitando o planejamento sempre que sua ruptura for demandada ou proposta.

Capítulo 9

Aspectos da Implementação e Controle

Visão sem ação é devaneio; ação sem visão é pesadelo [...]
Provérbio chinês citado por Philip Kotler

Como se diz no mundo de consultoria empresarial, **se livro de capa dura levasse uma empresa ao sucesso os restaurantes dominariam o mundo [...]**. Não há a menor dúvida de que um bom planejamento representa um passo muito importante para o êxito de um projeto. Afinal, como já defendemos anteriormente, o processo de planejamento constitui um momento extremamente rico, em que as variáveis ambientais são pesquisadas, organizadas e tratadas e, a partir de um diagnóstico participativo e aberto, os fatores críticos externalizam os aspectos prioritários presentes e inferidos, quando então as ações são definidas.

O fato é que até o momento da definição das ações que conduzirão um projeto estivemos concentrados, predominantemente, no campo da inspiração, ao passo que já não é nenhuma novidade que um projeto envolve, em igual importância, inspiração e transpiração. Portanto, a fase de implementação representa o momento de jogar, fazer, colocar em prática tudo aquilo que se planejou. Se, durante o planejamento, estabelecemos nosso destino e, a partir dele, buscamos as melhores rotas e mapeamos nossa viagem, é durante a fase de implementação que estaremos viajando efetivamente e, da qualidade dessa "viagem", dependerá o atingimento de nosso destino com a otimização dos recursos despendidos durante o trajeto.

Não pretendo, neste capítulo, abordar o passo a passo do processo de execução de um projeto, sugerindo ao caro leitor, caso deseje se aprofundar a respeito, que busque algum dos livros sobre Planejamento Estratégico citados na bibliografia, que, certamente, representarão ferramentas de grande auxílio no aprofundamento das metodologias para a implementação e controle de projetos.

Prefiro, no desenvolvimento deste conteúdo, ater-me nos aspectos comportamentais que envolvem a implementação e o controle dos projetos, justamente por entender que a bibliografia disponível não os aborda com a devida profundidade.

Retornando ao Ciclo PDCA (Plan-Do-Check-Action), sobre o qual já discorremos neste livro, vale reforçar que, enquanto o planejamento corresponde à fase "Plan", a implementação representa a fase "Do" e o controle reserva-se à fase "Check" (avaliação do projeto em desenvolvimento e comparação entre os resultados atingidos e os esperados), a fase "Action" visa a ajustar as ações planejadas, para aperfeiçoar o projeto. E o caro leitor já deve ter percebido que a fase "Action" praticamente coincide com a fase "Plan" em sua revisitação, ou seja, o ciclo PDCA representa um processo retroalimentável e contínuo dentro de um projeto em desenvolvimento.

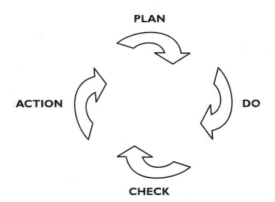

Aspectos da implementação

Quem é responsável pela implementação do projeto?

Um primeiro aspecto sobre o qual gostaria de discorrer diz respeito às responsabilidades durante a fase de implementação. Não é raro encontrar empresas em que o projeto é praticamente transformado em um "bastão", daqueles que se usa em corridas de revezamento e, assim que se conclui a fase de planejamento, o tal "livro preto de capa dura" é entregue às áreas táticas e operacionais, para que essas conduzam sua implementação. Essa postura tem um significado "emblemático" de dizer: "Tome, que o filho é seu...". Ou ainda: "Concebemos, gestamos e parimos; agora, cuide!".

Voltamos ao comentário de Ram Charan e Larry Bossidy, no livro *Execução – A disciplina para atingir resultados*, em que os autores afirmam que "para ser eficaz uma estratégia tem de ser elaborada e pertencer àqueles que vão executá-la, quer dizer, ao pessoal de linha". Com esse texto, os estudiosos alertam para a necessidade de que todas as áreas intervenientes no projeto participem de seu planejamento.

Gostaria de reproduzir, a seguir, outros trechos presentes na mesma obra, acerca da fase de execução dos projetos:

> Muitas pessoas consideram a tarefa executiva um detalhe que está abaixo de sua dignidade como líder de uma empresa ou negócio. Isso está errado. É justamente o oposto: é a atividade mais importante de um líder;
>
> [...]
>
> Atualmente a diferença entre uma empresa e sua concorrente é, cada vez mais, a habilidade de executar. Se seus concorrentes estão executando os planos melhor do que você, estão derrotando você aqui e agora.
>
> [...]
>
> Eis o problema principal: as pessoas pensam na execução como o lado tático do negócio, alguma coisa que os líderes delegam enquanto se concentram em questões percebidas como "mais importantes". Essa idéia está completamente errada. Executar não é simplesmente uma tática: é uma disciplina e um sistema.

Poderíamos continuar enumerando outras citações, mas o certo é que cada vez mais as empresas percebem que o projeto é um "organismo" integrado, em que elaboração e implementação constituem etapas umbilicais, interdependentes e retroalimentáveis.

Portanto, é essencial que todos os responsáveis pela condução de um projeto, seja em sua fase de elaboração, seja em sua fase de implementação, sintam-se igualmente responsáveis por seus resultados durante todo o seu ciclo, e não de maneira segmentada. A postura de integração de responsabilidades, além de facilitar as ações de avaliação, controle e ajustes, reduz significativamente os comportamentos antiquados de autodefesa: a área estratégica dizendo que o fracasso deveu-se à ineficiência durante a fase de implementação e as áreas tática e operacional afirmando que a concepção do projeto foi falha. Logo, quando todos são responsáveis pelo projeto, sucessos e fracassos são compartilhados.

É óbvio que estamos tratando, aqui, de responsabilidades, não de ações específicas. Já ouvi de muitos vendedores de empresas comentários do tipo: "Por que a alta gestão da empresa não manda aqueles 'engomadinhos' virem aqui vender o produto que elaboraram?". Nesse caso, costumo responder: "Simplesmente porque não é a função deles vendê-lo!!!".

Uma das principais medidas adotadas pelo executivo Carlos Ghosn, durante todo o processo de recuperação da Nissan, foi a de trabalhar obsessivamente pela integração entre os elaboradores e os executores da estratégia, demonstrando de maneira convincente que todos seriam igualmente valorizados e exigidos no processo.

Quando avaliamos as organizações – não suas políticas declaradas, mas suas práticas –, percebemos que é muito comum se conceber um *status* diferenciado à área estratégica, em detrimento das áreas tática e operacional. É como se, à medida que as áreas se afastassem da alta gestão, no organograma da empresa, se tornassem menos relevantes para o projeto. Eis um erro de gestão imperdoável!!!

Na verdade, as empresas que vêm liderando seus respectivos mercados a médio e longo prazo já demonstram uma mudança radical de paradigmas, promovendo o que chamo de "inversão de fluxo de *stress*", ou seja, agindo para que as áreas responsáveis pela estratégia e pela "pesquisa e desenvolvimento" (P&D) sejam fortemente impactadas pelas demandas provenientes das pontas. Assim, o *stress* vem se invertendo, conforme demonstramos a seguir:

Procuro demonstrar, com o diagrama apresentado, que, nas organizações com gestão tradicionalista, a alta-gestão aceita (e até estimula) um fluxo de *stress* em que as áreas envolvidas com a estratégia e com a formulação de produtos desenvolvem seus projetos sem uma sensibilidade adequada em relação aos mercados e ao público-alvo e, a partir de sua formatação, iniciam um processo de pressão para que as áreas seqüenciais do projeto cumpram determinados orçamentos previamente definidos (considerados os investimentos realizados e os retornos esperados), de tal forma que viabilizem os objetivos traçados no planejamento. Caro leitor, você já viu esse filme alguma vez? A notícia boa é que esse filme está deixando de ser exibido nos "melhores cinemas"...

Já nas organizações renováveis, ou seja, naquelas em que, independentemente da data de fundação, se busca a incessante quebra de paradigmas e a contínua destruição criativa, o *stress* já permeia o caminho inverso, nascendo nas áreas operacionais, que atuam como verdadeiras "antenas de mercado", e rumando em direção às áreas estratégica e de P&D. Essas áreas, por sua vez, não concentram apenas a responsabilidade de sensoriar adequadamente as demandas provenientes das áreas operacionais, tratá-las e entregar produtos e serviços condizentes com as expectativas dos clientes. As áreas de estratégia e de P&D reúnem, ainda, a responsabilidade de inovar, de surpreender clientes e não clientes com novas soluções que não foram sequer detectadas nas pontas operacionais.

Portanto, se estou assumindo desde o início deste conteúdo que a vida não está fácil para as empresas e para seus *stakeholders*, defendo veementemente que os desafios sejam criteriosa e justamente distribuídos por toda a organização. A vida de "vendedor" não é fácil. Já não é mais suficiente "matar um leão por dia". Atualmente, os vendedores são obrigados a "atordoar" meia dúzia de leões e levá-los para dentro da empresa, esperando que alguém se disponha a ajudar a matá-los antes que eles acordem de vez.

Por uma questão de justiça e de cosmovisão, por que a vida deveria ser tão mais fácil para as demais áreas das organizações? Pois, invariavelmente, é isso o que acontece. Dessa forma, presenciamos muito mais dispensas nas áreas-fim do que nas áreas-meio. Acompanhamos muito mais cobrança de quem não vendeu do que de quem não concebeu adequadamente. Com essa postura, perdem-se algumas cabeças, mas perdem muito mais as organizações, que ficam, muitas vezes, querendo "vencer o jogo mexendo no placar".

Que fique patente minha crítica ao estado atual de coisas. E que fique aqui um alerta e uma sugestão para todos os gestores corporativos: enquanto os projetos não representarem instrumentos integrados, participativos e compartilhados, os resultados tendem a não ser os desejados. E, talvez por isso, os mesmos gestores prefiram refutar a propagada relevância do planejamento, defendendo que sua eficácia não é comprovada na prática. Nesse caso, tais gestores se assemelham muito a algumas pessoas que, após se dedicarem de maneira indisciplinada à aprendizagem de um determinado idioma, desistem, não sem antes criticar veementemente os ancestrais que o idealizaram.

Finalmente, quanto ao relacionamento "área operacional-cliente", demonstrado no diagrama, a seta indica um fluxo duplo de *stress* porque é assim que a relação funciona. A despeito de todos os conceitos que enaltecem o relacionamento "ganha-ganha" e as práticas negociais mais louváveis (conceitos que compartilho, defendo e nos quais acredito), o fato é que a relação fornecedor-cliente sempre representará uma estrada de mão-dupla no que diz respeito ao *stress* envolvido. Ora o cliente pressionará o fornecedor, buscando preços menores, prazos maiores, soluções mais adequadas e utilizando argumentos que invariavelmente envolvem as ofertas da concorrência; ora os vendedores pressionarão os clientes, usando argumentos sentimentais e todos os argumentos técnicos possíveis para "desovar" os produtos que se encontram em seu quadro de metas. Como essa seta apresenta duas direções, a intensidade e a direção do fluxo da tensão negocial variarão, freqüentemente, dependendo do poder de barganha dos agentes envolvidos e da capacidade de se aumentar o valor do projeto.

Quem implementará o projeto?

Na obra já citada neste capítulo, Bossidy e Charan colocam a seguinte questão: "Para ter realismo em sua estratégia, você deve ligá-la ao processo de pessoal: você tem as pessoas certas para executar a estratégia?".

Já Michael Porter, em seu livro *Estratégia Competitiva – Técnicas para análise de indústrias e da concorrência,* descreve uma Análise SWOT ampliada, destacando entre as variáveis endógenas os "valores pessoais dos implementadores". A partir desse pressuposto, Porter sugere a necessidade de uma avaliação criteriosa quanto ao perfil dos executivos, funcionários e *stakeholders* em geral, que estarão implementando o projeto.

Imagine, caro leitor, a seguinte situação: uma empresa pré-falimentar passou alguns anos mantendo uma estratégia crítica de sobrevivência, "buscando ar" a todo instante para manter-se viva, evitando qualquer investimento desnecessário e preservando uma postura obsessiva pelas ações de redução e controle de custos, muitas vezes comprometendo até mesmo as oportunidades presentes. E, num certo momento, a empresa é capitalizada por um novo sócio, que traz, a tiracolo, recursos financeiros, *know-how*, posicionamento de marca e outras forças até então inexistentes na empresa. A partir daí, os investidores iniciam um novo projeto, com destinos e caminhos completamente distintos daqueles até então seguidos pela empresa. Com toda a honestidade, prezado leitor, responda à seguinte questão: Você acha que todos os funcionários da empresa estarão preparados para o novo momento que ela vivenciará?

Estou certo de que tal questão chega a parecer desumana. Afinal, tantos funcionários sofrendo durante tanto tempo e, quando as coisas começam a melhorar, vem alguém questionar a capacidade de eles conseguirem "deixar o inferno" e "adaptar-se no paraíso"? Cuidado, prezado leitor. Ainda que eu esteja utilizando, de propósito, um exemplo extremamente polêmico, uma avaliação mais imparcial e baseada nas inúmeras experiências similares presentes no mercado demonstrará que teremos, nesse momento, três grupos de funcionários:

- Os aptos para o novo projeto
- Os adaptáveis ao novo projeto
- Os inaptos para o novo projeto

Um gerente financeiro que passou anos retendo cada centavo poderá apresentar sérias dificuldades em viabilizar recursos necessários aos novos investimentos. Pode ser que ele esteja pronto para isso ou que uma contenção atávica possa tê-lo contaminado ou, até mesmo, que ele tenha sido contratado justamente por apresentar um perfil altamente conservador. Descobrir até onde tal situação é ajustável ou qual o impacto que as características apresentadas podem trazer ao projeto será uma tarefa para os condutores do novo projeto.

Portanto, caberá aos responsáveis pelos novos projetos ter a capacidade de identificar e classificar os possíveis implementadores nos três grupos apresentados, com todo o profissionalismo e a ética que uma análise como essa requer. E, ao final, encaminhar as medidas pertinentes, quais sejam: alocar os funcionários aptos, desenvolver a reciclagem necessária aos adaptáveis e realocar os inaptos em projetos que recomendem seus respectivos perfis ou, em último caso, dispensá-los, dedicando-lhes todas as atenções que hoje as empresas entendem como condizentes com seus colaboradores, tais como acompanhamento para recolocação, bonificações, preservação temporária de benefícios como seguro-saúde etc.

O fato é que, em muitos casos, as empresas preferem não realizar essa avaliação, ou por manifestarem uma compaixão excessiva e incompatível com as práticas gerenciais, ou por entenderem que os custos de reciclagem, realocação ou dispensa contra-recomendam tais ações. Nesse caso, preferem implementar o novo projeto com as mesmas pessoas. Desculpe-me a franqueza, caro leitor, mas, nesse caso, a atitude dos gestores se assemelha àquele técnico de equipe que disputava campeonatos de futebol e que, levado a transferir sua participação para os campeonatos de basquete, preferiu manter os mesmos jogadores, ou por apreço pessoal, ou por comodidade, ou por entender que eventuais substituições seriam dispendiosas. Com honestidade, dá pra acreditar que essa equipe venha a brilhar na nova modalidade?

Assim, os comentários anteriores devem ser considerados nas mais diversas situações de planejamento, nos mais diferentes projetos, sejam eles relativos às estratégias globais, sejam vinculados a ajustes em produtos, em serviços, em segmentação de mercado, em áreas de atuação, em estratégias genéricas (enfoque, diferenciação ou custos) etc.

A implementação deve, ainda, ser precedida por um competente programa de comunicação e de *endomarketing*, em que o projeto será apresentado e compartilhado com todos os *stakeholders*, preservando-se, obviamente, as particularidades de cada agente envolvido. Assim, a comunicação com os investidores será distinta da comunicação para funcionários e para fornecedores, entre outros. Não estamos defendendo aqui que as informações acerca do projeto sejam conflitantes ou omissas, mas resguardem a compatibilidade com os diferentes ângulos de visão, representados por cada um dos grupos de *stakeholders* envolvidos. Conforme já reforçamos nesta obra, ainda que mostremos a "tromba" para alguns, as "patas" para outros e "o tronco" para outros, o importante é que mostremos o mesmo "elefante" para todos, respeitadas as especificidades de cada participante do projeto.

Não nos iludamos, no entanto, caro leitor, esperando que, após um trabalho intenso, bem-intencionado e eficaz de comunicação e de "venda interna" do projeto, todos estejam igualmente convencidos e motivados para sua implementação. Em qualquer organização será possível identificar, de maneira mais específica, três grupos de possíveis implementadores:

- **Os compradores imediatos**: grupo formado pelos funcionários que, a despeito dos desafios previstos, aceitam o projeto de modo natural, direcionando todo o seu estoque motivacional para seu desenvolvimento.
- **Os céticos**: grupo formado por funcionários que iniciam o processo desconfiando das intenções e duvidando da capacidade de superação dos objetivos traçados.
- **Os questionadores profissionais**: grupo composto por aqueles que concentram todas as energias em buscar as mais criativas razões para não aderir ao projeto.

Gosto muito da abordagem que os professores W. Chan Kim e Renée Mauborgne desenvolvem no livro *A estratégia do Oceano Azul – Como criar novos mercados e tornar a concorrência irrelevante*. Nele os autores abordam a importância de que os condutores de projetos identifiquem os "pinos mestres", colaboradores que, tal qual no jogo de boliche, atuam como líderes naturais e, uma vez convencidos, provocam um verdadeiro *strike*, carregando junto todos os demais "pinos" envolvidos no projeto. Os condutores de projetos devem avaliar e identificar os "pinos mestres", dedicando a eles todo o empenho necessário para elucidar suas dúvidas, reduzir suas inseguranças e demonstrar que o projeto é efetivamente vantajoso para a empresa e para seus *stakeholders*. Se bem-sucedidos, os condutores conquistarão importantes aliados na difícil tarefa de venda interna do projeto.

Os autores citados tratam, ainda, dos "anjos" e dos "demônios" presentes nos projetos. Definem, de maneira aproximada, os "anjos" como os colaboradores presentes no primeiro grupo anteriormente especificado (aqueles que "compram" o projeto com motivação e entusiasmo) e os "demônios" como aqueles que se contrapõem de modo contundente e nem sempre justificável. Sugerem que os condutores dos projetos "alavanquem" os "anjos" e "silenciem" os "demônios".

Em relação aos três grupos delineados, sugerimos atitudes bastante semelhantes, após uma avaliação responsável dos possíveis implementadores:
- Alavanque os "anjos", valorizando sua presença no projeto.
- Desenvolva esforços adicionais no caso dos céticos, como forma de tentar classificá-los em um dos dois grupos "extremos".
- Silencie os demônios, pois eles costumam ser irrecuperáveis e poderão trazer sérios problemas para a seqüência adequada do projeto. Afinal, como dizia Benjamin Franklin, "quem é bom em arranjar desculpas raramente é bom em outras coisas [...]".

E, como ferramentas de apoio à implementação, os planos complementares e orçamentos devem ser amplamente difundidos e debatidos, como forma de reforçar a visão de responsabilidade compartilhada. O visionário Peter Drucker nos brindou com conceitos anunciados nos anos 50 (Management by Objectives ou Gestão por Objetivos), a partir dos quais já sugeria processos em que se discutissem os objetivos a serem alcançados e os recursos que deveriam ser disponibilizados para tal. Infelizmente, muitas empresas só captaram a metade do recado e utilizam o método tão-somente para fixar e atomizar os objetivos entre os participantes, sem, contudo, discutir de maneira madura a alocação dos recursos necessários para sua superação.

Aspectos do controle

Como todas as demais etapas de um projeto, o controle representa etapa fundamental para seu êxito. Essa fase representa algo como aquela frase de caminhão que diz: "Como estou dirigindo?". Infelizmente, nas vezes em que liguei para indicar alguma "barbeiragem" do "mastodonte mecânico", que colocava em risco a vida alheia, constatei que o telefone indicado não atendia... Ou seja, possivelmente a empresa não quisesse tanto assim acompanhar a qualidade de sua logística.

O fato é que, sem a existência de "boletim", os adolescentes se esforçariam ainda menos nas provas. A natureza humana requer "desafios, mensuração e recompensas". É assim que nos mantemos motivados. Portanto, se um projeto não possui um sistema eficaz de acompanhamento e controle, que consiga identificar de maneira clara e objetiva o que está além e aquém do planejado, preferentemente por área interveniente e até por *stakeholder* participante, a tendência do projeto é que:

- Não consiga identificar os pontos de ajuste e realizar uma análise de ambiente como forma de "calibrar" o planejamento original.
- Pasteurize o nível motivacional, uma vez que não se consegue aferir, com eficiência, quem está superando e quem está abaixo dos objetivos estabelecidos.

Portanto, se existe um processo que eu sugiro para que as empresas realizem os investimentos necessários é o processo de acompanhamento e controle de projetos. E, ao contrário daquela frase já citada neste livro de que "o olho do dono é que engorda o gado", a tecnologia atual é a maior parceira do processo de acompanhamento e controle de estratégias e projetos.

Caso tais investimentos não sejam realizados e caso os condutores do projeto realmente acreditem que sistemas e tecnologias não são, assim, tão importantes no acompanhamento de seus projetos, certamente teremos pelo menos uma das seguintes situações:

a) os projetos não serão controlados e avaliados de maneira eficaz; e/ou

b) haverá uma concentração de energia para dentro, ou seja, a mão-de-obra estará indevidamente concentrada nos processos e não nas operações previstas no projeto, a partir de suas principais premissas e ações propostas.

É praticamente consenso entre os estrategistas que as fases "check" e "action", que no passado representavam momentos estanques e periódicos no desenvolvimento de projetos (algumas vezes semestrais, outras vezes anuais), atualmente devam estruturar-se em processos contínuos e ininterruptos, com momentos para a definição de ajustes mais contundentes e que exijam, por exemplo, a revisitação do plano original e de seus *tradeoffs*. Dessa forma, para que o acompanhamento e o controle dos projetos sejam desenvolvidos de maneira eficiente, torna-se fundamental a viabilização de ferramentas eletrônicas com captura automática de informações, gerando relatórios, gráficos e apontamentos críticos, como forma de subsidiar as decisões com a dinâmica que os projetos contemporâneos requerem.

E, a partir das informações levantadas, faz-se necessário resgatar os pilares da humildade e da flexibilidade, visando a permitir uma discussão madura quanto à *performance* alcançada pelo projeto, em seus diferentes níveis de responsabilidade e de função, promover seu aperfeiçoamento, quando necessário e, no limite, optar pelo desinvestimento, se tal medida se mostrar indiscutivelmente a mais recomendável.

Durante a etapa de acompanhamento e controle, sugiro, ainda, a adoção de alguns comportamentos não tão comuns nos ambientes de projeto, que tendem a tornar seus resultados mais transparentes e legitimados:

- **Auditorias nos destaques e nas carências**: as empresas precisam desenvolver práticas que busquem auditar destaques e carências importantes na fase de implementação dos projetos. Embora seja muito mais comum a presença de auditores apenas para desenvolver ações de *compliance*, visando à mitigação de riscos envolvidos em projetos, faz-se igualmente importante desenvolver ações de auditoria a partir das *performances* comparativas apresentadas (metas *versus* resultados), para:
  - ✓ avaliar se as metas estabelecidas não estão sub ou superdimensionadas, a partir de inferências irreais na fase de planejamento;
  - ✓ verificar se os destaques estão sendo produzidos por práticas que preservam os valores corporativos e as políticas organizacionais, tais como a ética na relação com clientes e fornecedores, aspectos fiscais, gestão de recursos humanos etc.;
  - ✓ analisar se os recursos estão sendo alocados de acordo com as premissas do projeto, viabilizando igualdade de condições para o alcance e a superação das metas estabelecidas.
- **Blindagem do *budget***: exceto quando razões claras e conjunturais justifiquem (grandes mudanças mercadológicas ou macroeconômicas, por exemplo), os orçamentos devem ser preservados durante a implementação do projeto. Investimentos previstos e metas estabelecidas devem ser mantidos, mesmo quando as áreas envolvidas antecipem seu cumprimento. Alterações unilaterais de orçamento tendem a provocar ceticismo e descrença no projeto, uma vez que rompem o compartilhamento de responsabilidades em relação ao que foi negociado. Caso se perceba oportunidades a serem exploradas, além das identificadas originalmente, a empresa pode estimular seu alcance a partir de campanhas paralelas, com

premiações e bonificações complementares, preservando, no entanto, as premissas previstas no orçamento originalmente estabelecido. Tal postura preserva a capacidade de avançar além dos limites inicialmente vislumbrados, sem provocar uma ruptura nas relações com os condutores. Da mesma forma, não se deve reduzir unilateralmente os recursos e investimentos originalmente orçados (alegando contingências ou outras prioridades) e manter as expectativas de retorno projetadas. O prezado leitor já viu esse filme? Pois, se viu, sabe que o final não costuma ser dos mais felizes...

- **Flexibilidade do *budget***: da mesma forma que alerto para a importância de manter o orçamento planejado na ausência de fatos contundentes que justifiquem alterações, defendo a revisão imediata dos orçamentos (principalmente os relativos a negócios) quando na presença de fatores que possam ameaçar os resultados do projeto. Que os gestores não se iludam: os vendedores não pisarão no freio se as metas continuarem desafiadoras. Portanto, em situações que exijam uma redução momentânea de ritmo das operações, para resguardar o projeto de "nuvens negras" que possam estar rondando, o melhor caminho é discutir a pertinência e, se confirmada, rever provisoriamente o orçamento. Caso contrário, os números continuarão impregnados nas mentes dos implementadores e tendem a ser superados. Se tais superações serão motivos para comemoração ou lamento, somente a intensidade da tempestade que se anunciava dirá... Portanto, caro leitor e gestores corporativos, é exatamente o que vocês estão pensando: não joguem pra cima, de maneira unilateral e injustificável, os números que foram previamente combinados. Prefiram outros caminhos para preservar a motivação e para o aproveitamento de oportunidades não percebidas. E joguem para baixo as metas quando nuvens negras se aproximarem. O custo dos estragos que a tempestade pode trazer tende a ser bem superior à perda momentânea de oportunidades inicialmente mapeadas.

PARTE III

A GESTÃO
E O
SER HUMANO

Capítulo 10

Gestão e o Capital Intelectual

Se nossa empresa 'soubesse o que sabe' dobraríamos o lucro [...]
Ex-CEO da Unilever, citado por Kotler

Tem aquela historinha dos dois "caipiras" pescando e enaltecendo os atributos do computador, em rasgados elogios:

— Mas esse negócio de computador é "bão", hein compadre...
— Mas si é, compadre... É muito "bão"...
— Mas esse negócio é "fenomenar", compadre...
— Mas é mesmo, compadre...

E, num lance de humildade, um dos dois pergunta:

— Mas o compadre sabe pra que serve esse "tar computador"?

E o outro:

— Não sei não, compadre, mas que é "bão", é...

Com toda a humildade, diria que ainda estamos nessa fase, quando tratamos de Capital Intelectual. Embora já contemos com uma boa quantidade de obras, ensaios e estudos acerca do tema, não conseguimos, ainda, transformar todas as boas idéias em conceitos consistentes e, mais, estamos longe de sistematizar práticas compreensíveis e eficazes para aplicação em nossos projetos.

No entanto, desde que comecei a ler a respeito do assunto, julgo ter conseguido reunir alguns aspectos correlacionados que, independentemente do autor, da obra ou da linha de pensamento, se mostram presentes. Entre eles temos:

- O Capital Intelectual seria composto pelas habilidades e pelos conhecimentos das pessoas, pela tecnologia de produtos e processos e pelas especificidades de uma organização.
- O Capital Intelectual englobaria tanto o conhecimento explícito (aquele que pode ser transmitido sem perda de integridade) como o conhecimento tácito (aquele que não está totalmente revelado pelos processos da organização e que só pode ser efetivamente explorado a partir de posturas organizacionais que estimulem sua explicitação).
- O ser humano representaria o agente fundamental na qualidade do Capital Intelectual das empresas.
- A capacidade de identificar e explorar o Capital Intelectual presente em uma organização constituir-se-ia em fator fundamental para a sua posição competitiva, representando o principal aspecto de diferenciação entre as *performances* de empresas concorrentes.

Sem pretender abordar os aspectos conceituais do tema, gostaria de provocar, neste conteúdo, uma reflexão sobre o que se pode extrair, nesse momento, de vantagens a partir do Capital Intelectual presente nos projetos, seja no que diz respeito à explicitação de "valores tácitos", seja no que diz respeito à sua utilização adequada.

Acredito que, mesmo não detendo uma base conceitual amadurecida ou não conhecendo profundamente a base conceitual existente, é possível concordarmos que, no que diz respeito ao Capital Intelectual proveniente do Capital Humano, o caminho para seu crescimento passa pela capacidade que as empresas e os responsáveis por seus projetos apresentam em cooptar o melhor que cada *stakeholder* (incluindo, obviamente, os funcionários) pode "entregar" para a empresa em nível intelectual.

Pode parecer irônico o que vou destacar, mas um dos primeiros passos necessários é que a alta gestão das empresas e seus principais líderes acreditem, realmente, que seus colaboradores detêm conhecimento valioso para explicitar. Embora, na teoria, as empresas ressaltem os valores representados por seus principais colaboradores, na prática seus principais gestores continuam céticos quanto a essa possibilidade. Em muitos casos, até abrem canais de comunicação com seus funcionários, por exemplo, permitindo o encaminhamento de críticas e sugestões que visem à melhoria de processos e à ampliação da criatividade corporativa, mas, invariavelmente, elas acabam em uma gaveta ou, quando trafegando por canais virtuais, abarrotam algum servidor até que alguém decida reformatá-lo.

Não estou tratando aqui de ações simpáticas, destinadas a gerar uma percepção de que as muitas vozes da organização são ouvidas. Estou tratando de algo honesto, real, prático e transparente, em que o "pilar" da humildade efetivamente provoque uma mudança de postura na elaboração e condução de projetos.

Voltando a falar do conteúdo desenvolvido por Kim & Mauborgne, o livro *A Estratégia do Oceano Azul* trata, em seu Capítulo 8, do que os seus autores chamam de "processo justo", como caminho para "embutir a execução na estratégia". E destacam o que chamam de "Os três 'Es' do processo justo": Envolvimento, Explicação e clareza de Expectativas.

O Envolvimento representaria a capacidade de as empresas engajarem os indivíduos nas decisões estratégicas que os afetam, pedindo sua contribuição e permitindo seu questionamento. Explicação envolveria o processo de permitir a todos os intervenientes em uma estratégia (ou projetos) conhecer suficientemente as razões e os critérios que permeiam os projetos. Obviamente, se parte dos *stakeholders* já se fez presente no processo de elaboração do planejamento, essa etapa se torna significativamente mais fácil. E a clareza das Expectativas visaria a definir, de maneira clara, transparente e objetiva, o que os condutores esperam de cada um dos envolvidos na execução da estratégia ou do projeto, as novas metas, os novos objetivos, o "outro lado da margem", as conseqüências de se obter o êxito ou de se sucumbir ao fracasso.

Na verdade, estamos tratando, nessas últimas linhas, de compartilhar as estratégias, buscar definir os destinos de maneira participativa, contar com cada um para delinear as rotas, não ter receio de clarificar para os "viajantes" o que se espera encontrar ao chegar ao destino e avaliar com todos o que pode acontecer, se não chegarem.

Vivemos um momento em que os seres humanos, independentemente do nível educacional ou da posição hierárquica, têm a plena consciência de que ocupam um espaço determinado nesse Universo. E, queiramos ou não, gostemos ou não, todas as pessoas aprenderam a pensar, a desenvolver seus próprios conceitos, a ter sua própria visão de mundo. E a gestão contemporânea tem dois caminhos: ou aprende a ouvir todas as vozes que "carregam" os projetos e, com isso, amplia a "diversidade genética" do ambiente de decisões e gera um forte processo motivacional, ou mantém-se fechada em sua redoma e despreza a riqueza intelectual existente, provocando a frustração daqueles que não são ouvidos e, não raramente, a rebeldia dos que constroem seus próprios "castelos" dentro das empresas, desenvolvendo seus projetos individuais em detrimento dos projetos mais amplos, como "filhos rebeldes sem causa" das organizações.

Basta refletirmos um pouco sobre sucessos incontestáveis como o do técnico "Felipão", no comando da seleção brasileira, pentacampeã mundial de futebol, ou do técnico Bernardinho, laureado com inúmeros títulos com as seleções masculina e feminina de vôlei. Se avaliarmos com um pouco mais de cuidado o estilo de liderança de cada um, veremos que eles não estão lá especificamente para estabelecer estratégias *top-down* e exigir que todos cumpram estritamente as orientações que transmitem. Estão lá para extrair o que cada jogador tem de melhor. Conseguem manter um elevadíssimo grau de rigor e disciplina, sem, no entanto, evitar um clima amigável e afetuoso com seus liderados. Sabem ouvir e valorizar o que cada um tem a dizer, embora sejam transparentes quanto à necessidade de que, ponderadas as posições e opiniões, o líder deve deliberar. Só não jogam juntos porque as regras proíbem (o Bernardinho até tenta, de vez em quando...), mas acompanham a "execução" com alma e coração. E, quando vencem, não recebem troféus ou medalhas, mas comemoram com seus liderados como se fosse o maior êxito de suas vidas. É simplesmente disso que estamos falando...

É claro que não estamos defendendo aqui que as empresas aluguem semanalmente o estádio do Maracanã ou do Morumbi para realizar sessões de planejamento estratégico e *brainstorming* que durariam semanas para se exaurir. Adotar um processo colaborativo na estratégia depende primeiramente da humildade, da flexibilidade e da vontade. Para desenvolvê-lo, não é necessário realizar uma mobilização massificada em um único movimento. Basta iniciar o movimento de valorização a partir dos maiores projetos, trazendo uma "população amostral" para participar ativamente (e não para assistir), e estimular que essa postura se replique a projetos complementares, que, de maneira geral, seguem o curso "estratégia–tática–operações". E não desistir nas primeiras experiências, uma vez que se trata de um processo progressivo, que depende de conforto, segurança, confiança e liberdade por parte de todos os que dele participam, aspectos que nem sempre estão presentes nos primeiros momentos, mas fortalecem-se ao longo das repetições.

A tecnologia aliada à inteligência competitiva

Tal qual defendemos quando discorremos sobre a etapa de acompanhamento e controle no desenvolvimento de projetos, a Tecnologia da Informação (TI) pode representar, se bem aproveitada, um aliado importante na valorização do capital intelectual das empresas.

Além de, por si só, representar ativos intelectuais importantes, a partir de *softwares* e "automação de processos", a TI pode ainda contribuir para a recepção e o tratamento do "conhecimento massificado". Se fizermos uma analogia com as técnicas de pesquisa, seria como desenvolver uma pesquisa quantitativa e não qualitativa. Embora tenhamos discorrido, no curso deste livro, sobre técnicas e práticas para o desenvolvimento de processos qualitativos de pesquisa e tratamento de ambiente, diagnóstico e definição de ações, a tecnologia da informação pode facilitar a manutenção de um sistema dinâmico e contínuo para a recepção, o tratamento e a utilização de conhecimento proveniente de **todos** os condutores da estratégia corporativa. Dessa forma, a empresa amplia sua capacidade de sensoriamento, transformando-se em uma usina permanente de conhecimento, em que dados e informações se transformam em conhecimento e este, em insumo para alimentação dos projetos corporativos.

Diversas ferramentas podem ser utilizadas com o auxílio da TI, mas a abertura de canais eficazes para recebimento de informações, críticas e sugestões é, sem dúvida, a mais simples, de maior facilidade de implementação e uma das mais eficazes para a construção massificada de conhecimento.

Os fatores fundamentais que fazem com que essa ferramenta produza efetivamente os efeitos desejados, tanto no que diz respeito ao bom aproveitamento por parte das organizações como no que se refere à motivação dos colaboradores, são a **sistematização**, o *feedback* e, se for o caso, o **reconhecimento**. Procurarei explicar brevemente o que quero dizer com isso:

- **Sistematização**: Não dá para acreditar que uma ferramenta descritiva, em formato texto, para o envio e recepção de informações, proveniente de centena ou milhares de colaboradores venha a ser uma ferramenta eficaz. A tecnologia já nos permite "indexar" informações. Portanto, é inaceitável que a área de Inteligência Competitiva tenha de tratar todas as informações recebidas a partir de arquivos-texto, desordenados, sem qualquer padrão, para organizá-los adequadamente. Portanto, essas ferramentas devem prever indexação nos *inputs* e nos *outputs*, como, por exemplo:
    ✓ as informações podem ser sempre incluídas a partir de um grupo específico de tópicos, tais como negócios, logística, pessoas, finanças, *marketing* etc., deixando-se um único campo em "padrão-texto" para inserção de "outros assuntos". Caberá à área de tratamento das informações observar sistematicamente as informações incluídas em "outros assuntos" para que, de acordo com a constância e o volume de aparição, crie novos tópicos em índice;

✓ uma vez incluídas, a área de tratamento das informações poderá, a partir dos tópicos, realizar novas subdivisões, em "matrizes de informações", de maneira que gere um eficiente modelo de segmentação, que pode incluir, por exemplo:

- **aspecto temporal:** alta, média e baixa obsolescência;
- **importância para a organização:** alta, média e baixa importância;
- **penetrabilidade na organização:** alta, média e baixa penetrabilidade.

O prezado leitor pode, com toda a razão, argumentar que mesmo as "matrizes de informações" conteriam razoável grau de subjetividade e poderiam, algumas vezes, produzir erros na classificação, mantendo, por exemplo, uma informação de alta importância como se fosse de baixa importância. Concordo plenamente. Isso realmente pode ocorrer. Mas quem disse que o índice de acerto teria de ser de 100% para termos um estoque razoável de informações a serem tratadas nos projetos?

O que se espera obter como "produto" nesse processo é um banco de dados de fácil acesso. Se, por exemplo, a empresa está desenvolvendo um projeto que enfatiza a área de negócios, ela poderia simplesmente resgatar todas as informações que estão indexadas em "Negócios/Baixa Obsolescência/Alta Importância/Alta Penetrabilidade", incluindo essas informações na pesquisa inicial de ambiente para o projeto. Em um processo estimulado e eventualmente recompensado, posso garantir que a quantidade de informações, mesmo com todos esses "filtros", não seriam poucas.

■ *Feedback*: Quem encaminha qualquer tipo de informação para dentro da empresa têm de receber uma resposta, ainda que, inicialmente, automática. E sabemos que, com o auxílio da tecnologia da informação, mesmo as respostas automáticas podem conter algo de humano e de inteligente. Quem já encaminhou uma mensagem por *e-mail* e recebeu uma resposta com algum texto como "Recebemos sua mensagem. Responderemos brevemente", já sabe como não cadastrar uma resposta automática. Da mesma forma, quem já fez compras em algumas lojas virtuais deve ter percebido que, com um pouco de criatividade e de dedicação, pode-se realizar um bom trabalho de interação por meio virtual. A nota fiscal é emitida e você recebe uma mensagem "Prezado cliente, temos a satisfação de informar que já faturamos seu pedido e que ele seguirá, de imediato, para seu endereço". No dia seguinte você abre seus *e-mails* e recebe outra mensagem dizendo: "Caro cliente, informamos que seu produto já se encontra em poder da transportadora". Por alguns momentos, parece que existe alguém efetivamente de olho em seu produto, avisando-o sobre tudo o que se passa com ele.

Pois bem, a tecnologia, quando bem aplicada, pode gerar mensagens aos colaboradores, com dizeres como "Caro funcionário, agradecemos imensamente sua contribuição. Cadastraremos sua sugestão e avaliaremos em que ela poderá nos ajudar para fazer de nossa organização uma empresa cada vez melhor. Muito obrigado". E imagine que, alguns dias depois, o mesmo funcionário receba uma outra mensagem: "Caro funcionário, parabéns. Sua sugestão foi cadastrada no *status* de grande importância para a organização, passando a compor, no futuro, o grupo de informações que subsidiarão importantes projetos organizacionais". E que, mais adiante ainda, ao abrir sua caixa postal, leia: "Caro funcionário, sua sugestão encaminhada em tal data foi aproveitada pela organização. É com contribuições como a sua que certamente faremos de nossa empresa uma organização cada vez melhor. Queremos demonstrar nossa gratidão. Aguarde novas informações a respeito". Você não precisaria escrever essas frases novamente. Depois disso, bastaria acionar o *click* da indexação e a TI faria o resto por você.

- **Reconhecimento:** Estamos tratando aqui de um dos maiores elementos propulsores da motivação humana. O sorriso de uma mãe é um elemento motivacional para um bebê e ele espera isso fervorosamente. O ser humano passa a vida esperando o reconhecimento. Mesmo naqueles que dizem que "não foi nada, que era sua obrigação, que não fez nada demais...", basta raspar um pouquinho e você encontrará uma clara expectativa de que você repita aquelas palavras calorosas de reconhecimento. Portanto, contribuições valiosas precisam ser efetivamente reconhecidas. Se o reconhecimento será tangibilizado com um automóvel zero km, um livro, um cartão manuscrito pelo presidente da empresa ou algumas palavras de agradecimento, não faz tanta diferença, dependerá da condição de cada empresa. Agora, o essencial: O reconhecimento tem de acontecer! Ele representa o *feedback* das contribuições que efetivamente acrescentaram valor aos projetos corporativos da organização.

Kotler relata, em seu livro *Os dez pecados mortais do Marketing*, que a Kodak premia com US$ 10 mil anuais os funcionários que contribuíram com idéias mais eficazes para sua estratégia, ampliando a lucratividade ou reduzindo os custos. Conta-se que uma empresa multinacional de laticínios, operando no Brasil, premiou certa vez um funcionário que recebia salário mensal de R$ 800,00 com a importância de R$ 50 mil, o correspondente a 5% da economia obtida em logística a partir de uma idéia do funcionário, que atuava no "chão de fábrica"... Portanto, o reconhecimento representa o fim de um ciclo e o início de outro, uma vez que, bem comunicado, fortalece, em todos os colaboradores, a certeza de que as contribuições encaminhadas serão lidas, tratadas e, se condizentes com a estratégia corporativa e com seus projetos, utilizadas e reconhecidas.

Enquanto não atingimos uma melhor compreensão de caminhos para a ampliação do Capital Intelectual em nossas organizações, ficam algumas dicas, fáceis na teoria, que dependem da iniciativa de cada um de nós para a boa prática: respeito à diversidade, receptividade ao novo, visão participativa, estímulo à destruição criativa, liderança servidora, humildade e flexibilidade.

Se o prezado leitor ainda não se aprofundou no assunto, utilize essas humildes dicas. Já seria um ótimo começo...

Capítulo 11

Ética na Gestão

> *Moral é aquilo que sempre estamos exigindo dos outros, mesmo quando não a temos.*
> Júlio Camargo

É bem provável que no mesmo instante em que o ser humano vivenciava a euforia com a constatação de que possuía uma faculdade que o diferenciava de todos os outros seres vivos do planeta, tenha ocorrido a gênese do que se tornaria uma de suas maiores fontes de angústia: o embate ético que o acompanha durante toda a existência; até que ponto é certo ou errado fazer algo a si próprio ou a alguém.

Não gostaria de discorrer, neste capítulo, as linhas filosóficas de pensamento sobre a ética ou conceitos mais profundos sobre o tema. Para isso, a literatura disponível é extremamente abundante, incluindo a obra que cito na bibliografia de apoio deste trabalho. Minha intenção, ao incluir o assunto neste livro, é revisitar, juntamente com o prezado leitor, alguns aspectos presentes no ambiente corporativo e que merecem uma reflexão mais profunda, tendo em vista sua importância para a *performance* das organizações, particularmente quando tratamos de médio e longo prazo.

Não tenho a menor dúvida de que o mundo caminha para uma divisão cada vez mais nítida e transparente entre os homens éticos e os homens não éticos, e, por sua vez, entre as organizações éticas e as não éticas, ampliando a distância entre os extremos, reduzindo as "zonas nebulosas" e identificando, de maneira cada vez mais clara, quem optou em estar em cada um desses extremos.

Diversas razões me levariam a essa concepção de futuro, mas duas são, a meu ver, as mais perceptíveis e relevantes no processo.

Em um mundo cada vez mais globalizado, em que o acesso às informações se torna mais e mais democratizado, as diferenças conceituais sobre os comportamentos éticos tendem a diminuir, convergindo para padrões bastante homogêneos de consciência, o que tende a fazer com que as pessoas tenham uma visão muito mais ortodoxa sobre princípios éticos, particularmente no que diz respeito às ações e comportamentos massificados. Como conseqüência dessa hipótese, as sociedades tendem a reduzir a tolerância acerca dos padrões morais externalizados, recusando o conceito de "meio ético" ou "mais ou menos imoral". Ou seja, num horizonte futuro, ou os seres humanos serão considerados éticos ou não éticos, reduzindo-se substancialmente os "territórios híbridos".

Assim, entendo que aqueles que não estiverem preparados para viver hermeticamente dentro dos padrões éticos esperados, terão de rumar para o outro extremo, não por uma opção própria, mas por imposição do ambiente dual que se fará presente.

A referida provocação não visa a anunciar o "juízo final", mas alertar, a partir dessas premissas, que os seres humanos e as empresas já estão sendo levados (e talvez ainda não tenham percebido), por movimentos inevitáveis da civilização, a escolher qual caminho seguir e qual grupo integrar.

Considerando que a consolidação dos padrões morais é um dos processos que mais exige o apoio da prática e do aperfeiçoamento dos hábitos, não poderia permitir que este conteúdo fosse concluído sem tecer alguns comentários sobre posturas e comportamentos na gestão empresarial e na condução de projetos.

O ser humano em primeiro lugar

Os estudos atuais que abordam a Ética Empresarial são consensuais ao afirmarem que ela deve seguir uma orientação humanista, colocando a vida humana como o valor principal, partindo da premissa de que o ser humano deve ser o fim, e não o meio.

Quando lemos a sentença anterior (e talvez o prezado leitor também tenha experimentado o fato), tendemos a pensar no "ser humano funcionário", ou seja, nas pessoas que trabalham para a organização. Mas o recado é bem mais amplo do que uma reflexão dirigida à área de recursos humanos das empresas. Seres humanos estão em todos os lugares. Seres humanos são consumidores, investidores, credores, cidadãos, enfim, são todos aqueles "seres únicos" a quem a atitude ética exige respeito e honestidade.

Ações que representem conflitos entre os objetivos dos projetos e o respeito mais amplo ao ser humano já nascem contrariando os princípios básicos da Ética Empresarial. Decisões que optam pela manutenção de emissões prejudiciais à saúde humana, amparadas em leis confusas e obsoletas, embalagens que reduzem o peso do produto entregue (ainda que com a alteração da informação, de maneira legível), aproveitando-se de percepção consolidada pelo consumidor ao longo do tempo, práticas concorrenciais condenáveis, evasão fiscal, desrespeito a patentes e tantas outras ações presentes no cotidiano empresarial, embora aceitas, muitas vezes, sob argumentos que enchem de compaixão aqueles que os ouvem, não se sustentam sob a avaliação das correntes éticas em curso.

Quando gestores e empresários lêem que se encontra em movimento uma grande onda global pela ética na condução de projetos, muitos até pensam: "Sim, é verdade, assim que essa onda chegar eu vou 'pegá-la'". Sinto-me obrigado a alertá-los de que as coisas não são tão fáceis assim. Da mesma forma que um surfista não se faz em um dia, exigindo muito treinamento, muitos "caldos" e muitas quedas para que, finalmente, possa se equilibrar nas ondas, também as empresas precisam de muito tempo para absorver e aderir, de maneira ampla e conectada, as práticas éticas que o mercado e a sociedade começam a exigir e cuja intensificação se dará em um ritmo exponencial, ao longo do tempo.

Não estou sugerindo algo assim tão ilógico, apenas que o ser humano respeite o ser humano. Na teoria, algo muito simples. Na prática, nem tanto. Abdicar dos caminhos mais fáceis para resolver os problemas e manter-se competitivo não é tarefa das mais defensáveis nas organizações. Contudo, acontecimentos mais recentes vêm demonstrando que os tapetes estão cada vez mais expostos e, para que a sujeira jogada embaixo deles venha a público e transforme a empresa em "presa" fácil da sociedade, que a mastiga, engole e digere, abrindo espaços para outros concorrentes que queiram ocupar os espaços, é apenas uma questão de tempo.

Utilizando uma analogia com atletas de alta *performance*, podemos elucidar melhor a questão. Alcançar bons índices sem o uso de anabolizantes ou outros tipos de *dopping* pode exigir sacrifícios intensos, mas traz, como recompensa, a perenidade e o amplo respeito quanto aos resultados alcançados. Por outro lado, os resultados "turbinados" por práticas questionáveis costumam ser breves e fugazes, levando os atletas que os alcançam ao ocaso e ao desprezo. Acredito que essa será, daqui para frente, a escolha mais crítica a ser feita pelos gestores, não no discurso, mas na prática.

A pressão corporativa como apaziguadora de consciências

Esta frase já ouvi várias vezes: "Eu sou um cara ético, mas a empresa onde trabalho não é. Se não fizer o que eles mandam, estou na rua. Portanto, tenho de colaborar...".

Oh, coitado! É um cara do bem, mas está sendo pressionado pela empresa e não tem outra saída... Será que, se, num certo momento de "crise sem retorno", os executivos da empresa propuserem um suicídio coletivo, ele topa? Será que, no seu dia-a-dia, já não existem coisas a que ele não se submete e coisas a que ele se submete?

Minha resposta, caro leitor, é que na maioria das vezes posso garantir que sim. Grande parte da bibliografia existente sobre ética nas empresas a define como algo da empresa para seus *stakeholders*, particularmente seus funcionários, num movimento centrífugo, do centro do poder para toda a organização, afirmação com a qual não concordo. Assim como, na sociedade, cada cidadão é responsável por sua participação na elaboração e na prática da ética predominante, defendo que, nas empresas, a ética representa uma "composição" das posturas inerentes a todos os seres humanos que as orbitam.

Apesar de entender os argumentos de Karl Marx, que no século XIX defendia, com uma lógica bastante sustentável, que a moral era inerente aos interesses das classes dominantes (aí incluindo os meios de comunicação em massa, os detentores do capital e os legisladores, entre outros), e concordar que as elites continuam, nos dias de hoje, exercendo forte influência nos padrões éticos predominantes, entendo que a sociedade e, dentro dela, empregados, acionistas, fornecedores e consumidores, entre outros, já contam com relativa autonomia intelectual e moral para exercerem influência nos princípios éticos resultantes.

Portanto, aqueles que ainda hoje utilizam a justificativa de que são obrigados a ceder às correntes dominantes desistiram de assumir as prerrogativas que a contemporaneidade oferece ou, tal qual muitas empresas, optaram pelo caminho mais fácil para preservar a competitividade, sem muito esforço. Assim, insisto que ser ou não ser ético deva ser uma escolha e que, a partir dela, os seres humanos desenvolvam suas ações. Ou seja, nesse caso, a ética seria o destino escolhido e o modo de vida corresponderia à viagem. Estou consciente de que muitos cidadãos de nosso mundo ainda não estão dotados de capacidade intelectual e moral (até por enormes vícios culturais contemporâneos) para refletir com a profundidade requerida sobre um assunto como o que estamos abordando. Mas acredito que o prezado leitor, tendo desenvolvido a leitura deste conteúdo até este momento, é um dos que apresentam plena condição para uma discussão bastante produtiva acerca do tema.

Da "ética das regras" para a "ética dos valores"

Quando um ser humano é ético, ele o faz ou para seguir as regras e evitar as punições previstas ou por seguir valores consolidados em sua formação moral. Existe aquela história de que o motorista fez uma conversão ilegal em uma avenida e ao ouvir o apito do guarda parou. O guarda então se aproximou e perguntou:

— O senhor não viu a placa que proíbe essa conversão?

Ao que ele respondeu:

— A placa eu vi; eu não vi o senhor...

Embora essa pequena história trate de uma ação bastante inofensiva, serve para demonstrar que muito do que fazemos ou não fazemos depende, do ponto de vista ético, das regras estabelecidas e do temor em enfrentar eventuais penalidades. Mas essa ética, mesmo dentro destas condições, é válida? É claro que está valendo, ou seja, o fato de desenvolvermos, em nossa vida pessoal ou nas empresas, atitudes éticas baseadas em regras, não reduz o seu valor para a sociedade e para as organizações, uma vez que a ação sempre vale mais do que a intenção.

No entanto, o fato é que se percebe, tanto na sociedade quanto no ambiente organizacional, uma tendência, ainda que embrionária, de migração das práticas éticas baseadas em regras para as práticas éticas baseadas em valores. Uma demonstração dessa tendência é o fato de que muitas relações entre clientes e fornecedores, por exemplo, começam a dispensar contratos e instrumentos jurídicos sofisticados, baseando-se, muitas vezes, em bilhetes trocados entre as partes ou até mesmo em comunicação verbal, resgatando a presença do "velho fio de bigode". Tais posturas são justificadas não apenas por uma tendência à valorização da ética pela ética, mas também pelos ganhos competitivos que representam, na medida em que desoneram as relações, viabilizam grandes vantagens no aproveitamento do tempo e inibem conflitos judiciais onerosos e demorados. Portanto, a ética baseada em valores, além de elevar as empresas a ambientes saudáveis para o desenvolvimento dos projetos, projeta uma imagem de alto valor moral para os consumidores e a sociedade e traz ganhos financeiros consideráveis em suas operações. Eis algumas razões bastante pragmáticas para persuadi-lo a refletir com bastante carinho a respeito. O movimento de migração da ética a partir de regras para a ética advindas de valores pode ser visualizado no gráfico a seguir.

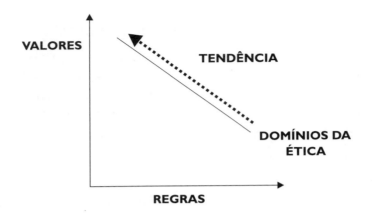

Os líderes como propagadores da conduta ética

Embora volte a reforçar que o padrão ético de uma organização é resultado e responsabilidade da postura de todos os seres humanos que nela se inter-relacionam, não posso deixar de destacar a importância que as lideranças exercem como agentes de disseminação e propagação de comportamentos.

Assim como ocorre com os pais em uma determinada família, as lideranças empresariais constituem elementos de difusão dos padrões comportamentais dentro de uma organização. Conscientes do poder de influência que exercem no ambiente corporativo, os líderes tendem a se render a vaidades fúteis e a crises de ego, utilizando seu poder de persuasão para estimular disputas veladas entre as diversas áreas envolvidas nos projetos e para disseminar um verdadeiro comportamento beligerante, em que os espaços tendem a ser ocupados pela posse de espaços alheios. Conseqüentemente, as organizações não crescem, uma vez que os movimentos se desenvolvem no sentido de apoderar-se dos espaços alheios e não de criar novos espaços, a partir da inteligência e da criatividade presentes.

Peço especial atenção a essas reflexões àqueles que ainda não estejam ocupando os cargos-chave das empresas. Pode parecer que as posturas das quais estamos tratando neste momento estejam preponderantemente relacionadas à alta gestão, mas isso não é verdade. Freqüentando há anos as mais diferentes empresas, pude perceber que esse tipo de comportamento está presente em todos os níveis, que, quase sempre, por influência de seus principais líderes, passam a formar verdadeiras "tribos corporativas", em que o passatempo favorito tende a ser as críticas cítricas aos outros departamentos da organização, como se a empresa não fosse um organismo, mas, sim, uma colônia formada por espécimes diferentes, em que um representasse predador do outro, dentro de uma perfeita cadeia alimentar. E, como uma empresa não é estática, a movimentação interna provocada pelo *job rotation* ou pelas políticas de encarreiramento tende a viabilizar uma complexa teia de ataques e vinganças, em que os grupos vão se digladiando e medindo forças, de acordo com os movimentos realizados, enquanto a empresa vai sendo corroída por dentro, transformando-se na grande perdedora desse *game* não autorizado, mas freqüentemente praticado nas mais diversas instâncias e áreas organizacionais.

Esse estado de coisas só mudará, efetivamente, se conseguirmos desenvolver uma profunda reflexão sobre a injustiça que cometemos ao submeter as empresas a esse tipo de jogo, esforçando-nos para interromper esse ciclo e carregando para o topo uma visão mais ética e mais colaborativa em nosso cotidiano corporativo, o que pode propiciar, sim, no futuro, a irradiação de atitudes mais louváveis e nem por isso menos produtivas do ponto de vista da *performance* de nossos projetos. E, tendo em vista esse objetivo, os projetos participativos se constituem em ferramentas extremamente úteis e eficazes no amadurecimento das relações e na aprendizagem organizacional.

Portanto, repetindo o que as mais diversas doutrinas e filosofias assumem, um bom começo para se buscar um comportamento mais ético dentro das organizações é procurar agir como você gostaria que agissem com você. Exatamente dentro daquela premissa de que "não faça para os outros o que você não gostaria que lhe fizessem". E, se você for um autêntico masoquista, só para sofrer mais um pouquinho, faça exatamente o oposto.

Capítulo 12

Recados aos *Stakeholders*

> *O que pedimos a Deus, geralmente, não é que seja feita a Sua vontade, mas, sim, que Ele aprove a nossa [...]*
>
> Helga B. Gross

Estamos caminhando, prezado leitor, para o final deste conteúdo. Conforme antecipamos em seu início, abordamos muitas particularidades presentes na condução de projetos e no ambiente organizacional, discorrendo sobre conceitos, posturas, dogmas, paradigmas, ferramentas e práticas, percepções e comportamentos, buscando não apenas identificar as que nos parecem importantes, com base em tudo o que vimos estudando e vivenciando no universo corporativo, mas também estimular uma reflexão que nos permita avaliar como nos comportamos e o que podemos fazer para tornar nossa vida e a vida daqueles que conduzem as empresas conosco um pouco mais produtiva, educativa e agradável. Basta vivenciarmos a triste experiência de passar algum tempo fora do mercado de trabalho para percebermos como o ambiente corporativo é importante para cada um de nós, não apenas como fonte de subsistência, mas, principalmente, como elemento viabilizador de contatos sociais enriquecedores, de aprendizagem eficaz, de estímulo à criatividade e de lapidação de nossa auto-estima.

Durante todo o livro, abordei os tópicos entendendo que o caro leitor pudesse estar posicionado sob qualquer um dos ângulos ocupados pelos diversos *stakeholders* participantes de um processo organizacional. Neste capítulo, direcionar-me-ei particularmente a cada um dos principais grupos de *stakeholders*, deixando a minha mensagem e destacando, desde já, a minha convicção quanto à importância que todos eles têm para o êxito da estratégia corporativa e para a busca da longevidade das organizações. Mais uma vez insisto que não tenho a pretensão de esgotar o assunto. Certamente uma discussão mais abrangente acerca da participação de cada grupo de *stakeholders* nos projetos organizacionais viabilizaria um novo livro, tal é a riqueza de especificidades passíveis de abordagem e dignas de reflexão. Buscarei aqui iniciar esse processo de reflexão.

Aos investidores

Vocês são verdadeiros heróis. Aceitam correr riscos a que muitos não se submetem e representam os principais "patrocinadores" do processo que vem permitindo à humanidade vivenciar uma evolução sem precedentes em nossa História.

Nem sempre a sociedade consegue entender e valorizar a relevância de sua participação em nosso contexto social e, não raras vezes, vocês são chamados de gananciosos e desumanos. Não desanimem. À medida que a sociedade do conhecimento for, efetivamente, se consolidando, os indivíduos, em geral, perceberão quão importantes são sua presença e sua obstinação empreendedora para nossas vidas.

E, quando vocês jurarem para si próprios que nunca mais iniciarão um novo empreendimento e, momentos depois, já estiverem envolvidos em outros desafios, saibam que tais atitudes são inerentes ao seu íntimo. Desbravar novos mercados, abrir novos caminhos e sonhar com aquilo que ainda não existe faz parte de sua natureza. Portanto, vocês não vão parar.

Talvez o que mude, com o tempo, seja a maneira de a sociedade enxergar vocês, não como anjos celestiais, perfeitos e imaculados; nem como demônios das trevas, que dormem e acordam pensando em novas maneiras de explorar e de extrair o máximo possível de cada ser humano. Certamente a sociedade perceberá que, apesar do instinto capitalista que rege suas contínuas e impetuosas ações, seu papel é fundamental na geração e distribuição de riquezas em nosso planeta.

A seguir, gostaria também de lhes lembrar algumas coisas sobre as quais vocês, investidores, têm lido bastante, mas ainda não vêm conseguindo transferir das páginas dos livros para seus gabinetes.

- **Deixem seus executivos trabalharem**. Dêem-lhes tempo. A pressão exercida sobre eles na busca de resultados rápidos e cada vez maiores não apenas transforma a vida dos condutores dos projetos em verdadeiros "infernos corporativos", como também reduz sua própria lucratividade a longo prazo. Gare Hamel & Prahalad alertam que "a intensa pressão para melhorar rapidamente o retorno sobre o investimento faz com que os executivos apelem para o que resultará na melhoria mais rápida e certa do ROI: o denominador. Para reduzir o denominador, a alta gerência não precisa muito mais do que um lápis vermelho. Daí a obsessão pelos denominadores [...]"[1]. Portanto, é isso o que vocês vêm conseguindo com essa pressão sanguinária por retornos cada vez maiores, em percentuais, sobre bases cada vez mais robustas. Assim, vocês elevam a exigência quanto ao retorno percentual esperado, os executivos atingem-no (sabe-se lá à custa de quais conseqüências futuras) e, como parte do retorno se acumula ao capital da empresa, no exercício seguinte vocês exigirão retornos percentuais maiores e sobre bases ainda maiores. Não é difícil entender que essa postura provocará estragos consideráveis na estratégia a longo prazo e nos valores da organização, como vimos presenciando nos últimos tempos.

- **Façam mais filantropia.** Se não conseguirem "ensinar a pescar", não se constranjam em "dar peixes": também é válido. Se vocês direcionarem parte de sua visão empreendedora – que não é privilégio de todos – no intuito de contribuir para uma postura mais altruísta em nosso planeta, estarão dando um passo decisivo para exterminar a fome no mundo e intensificar o processo de inclusão de todos os habitantes do planeta em seu dia-a-dia. Não é demais lembrar que bilhões de seres humanos ainda não foram integrados à vida no planeta, vivem em condições inferiores a grande parte dos animais irracionais existentes. Numa visão mais pragmática, pensem que com esse movimento teremos, no futuro, muitos outros consumidores ávidos por seus produtos e serviços.
- **Protejam a natureza.** Sabemos que as atividades empresariais não existiriam sem um mínimo de impacto sobre o meio ambiente. O próprio ser humano já o degrada, independentemente das empresas. Portanto, não estou empunhando uma bandeira de grupos ambientalistas radicais, para protestar em relação à sua existência. Estou apenas rogando que exijam de seus executivos que, em seus projetos, insiram o meio ambiente na análise ambiental. E avaliem, com honestidade e com imparcialidade, os fatores críticos em relação ao meio ambiente que seus projetos têm a obrigação de minimizar. A natureza é auto-renovável. Se conseguirmos viabilizar um ponto de equilíbrio em que os impactos de hoje venham a ser reconstituídos, ou a partir da renovação natural possibilitada por hiato temporal em sua exploração ou por ações renovadoras "penduradas" no mesmo projeto que impacta negativamente o meio ambiente, seremos capazes de ampliar significativamente a sustentabilidade de nosso planeta.

- **Acompanhem seus negócios.** No passado vocês eram mais atenciosos em relação aos seus investimentos. Conheciam o mercado em que atuavam, as oportunidades e as dificuldades presentes e a maneira com que suas empresas buscavam aproveitar as oportunidades e superar os obstáculos. Uma vez que vocês foram se afastando dos negócios, com a contratação de executivos para sua condução, vocês se tornaram, de certa forma, "preguiçosos". Deixaram de enxergar o mundo real para avaliar demonstrativos contábeis e gráficos de preços de suas ações listadas nas bolsas. Passaram a ser permissivos com seus executivos, desde que eles atinjam ou superem índices financeiros frios e simplistas.

  O mundo não é feito de índices. O mundo é feito de pessoas, de meio ambiente, de processos, de relacionamentos. Deixem seus escritórios e abandonem por alguns instantes a tela de seu computador. Acompanhem seus negócios mais de perto. Não creio que vocês devam assumir o "timão", vocês têm executivos para isso. Vocês só precisam escolher melhor seus conselheiros, conversar mais com eles e com seus executivos, questionar e ouvir de que maneira eles estão atingindo os resultados que vêm sendo apresentados. Nas reuniões estratégicas, não deixem a sala – para atender o celular – quando seus executivos estiverem explicando o que está acontecendo em suas empresas. São seus investimentos! E mais: visitem seus investimentos, conversem com os funcionários, os fornecedores, as comunidades e até mesmo com os clientes. Ouçam o que eles andam pensando a respeito de suas empresas. Se vocês são muitos, elejam um grupo que possa representá-los. Mas não deixem de perguntar ao garçom de seu restaurante preferido, ao seu mecânico, ao seu médico, ao seu cabeleireiro o que eles andam pensando e ouvindo a respeito de suas empresas e de seus produtos. Cuidado com as pesquisas de mercado e com tudo aquilo que vocês ouvem dentro de seu confortável escritório. Raramente essas informações se aproximam do mundo real. Vão a campo. Observem *in loco*. Vivenciem seus negócios. Vocês podem até não conseguir mais controlar cada passo, mas vocês têm a obrigação de acompanhar tudo o que for possível. E, com sua habilidade e sua visão, certamente conseguirão um panorama amostral que possibilite uma avaliação bastante adequada da imagem que vem se consolidando a respeito de seus investimentos. É, particularmente, essa imagem que assegurará seus dividendos a longo prazo.

- **Exijam a ética, acima de tudo.** Isso não é um conselho para que vocês assegurem um lugar no céu. É um alerta para que consigam dar continuidade aos seus negócios. Iniciativas como o "novo mercado" empreendido pela Bovespa, a criação de inúmeras ONGs voltadas para a avaliação do grau de responsabilidade social e de ética nas práticas organizacionais e a elaboração de pesquisas de avaliação de imagem das empresas não estão sendo implementadas simplesmente porque existem pessoas querendo incomodá-los e os seus negócios. Essas ações refletem de maneira pragmática as tendências presentes e futuras. Como já dissemos durante o desenvolvimento deste conteúdo, caminhamos para um ambiente tal qual o delineado naquele o filme *Blade Runner*, que mostrava, em sua visão de futuro, um planeta polarizado entre o moderno e o subterrâneo, o luxo e o lixo, o legal e o ilegal, o bem e o mal. Esse espaço intermediário que hoje permite uma acomodação nas escolhas das pessoas e das corporações tende a se reduzir, exigindo que cada um dos diferentes agentes sociais defina seu espaço de atuação. Se vocês quiserem ocupar o espaço "limpo", terão de fazer dessa escolha um processo, já que essa decisão não pode ser feita no *deadline*. E, se quiserem, efetivamente, investir nesse processo, sua atuação como grandes indutores das práticas corporativas será essencial para o êxito da jornada.

Aos executivos

Vocês vêm, ao longo do tempo, se transformando em elementos-chave da estratégia empresarial. Sua presença liberou os investidores para que pudessem direcionar seu capital para os mais diferentes negócios, uma vez que, a partir de sua atuação, poderiam diversificar o escopo de investimentos sem comprometer a especialização na gestão.

Além disso, vocês também são os grandes responsáveis pela redução do conteúdo emocional na gestão das empresas. Sem ter seus sobrenomes registrados no contrato social ou no próprio logotipo das empresas e nas embalagens dos produtos, vocês conseguem avaliar a situação de maneira mais racional, implementando as ações necessárias, sem as hesitações características dos que estão emocionalmente envolvidos com o negócio.

E vocês têm estudado muito. Conscientes de que não detêm o controle financeiro dos negócios que conduzem, vocês sabem que a capacidade de se manter e de crescer como profissionais dependerá, sempre, do nível intelectual que estiverem trazendo para dentro das organizações que gerenciam. Portanto, vocês têm se constituído em importantes atores no processo evolutivo das corporações. Gostaria, no entanto, de destacar alguns pontos que, estou certo, podem ser úteis para sua reflexão.

- **Vocês não são donos do negócio.** Desculpem-me por ser tão franco e tão direto. Mas é a mais pura realidade, e nem sempre vocês agem como se concordassem com isso. Se ajudar, quando vocês receberem bonificações das empresas em que trabalham em forma de ações, num mecanismo de *stock-options*, por exemplo, talvez seja o caso de as colocar no mercado rapidamente e se livrar delas, para que, definitivamente, não tenham a menor percepção de que são donos do negócio. Sua função é gerenciar ativos alheios. E devem fazê-lo como profissionais que são, não apenas buscando os melhores números a serem mostrados aos investidores, mas, principalmente, cuidando dos "ativos", a fim de otimizar sua capacidade de geração de resultados ao longo do tempo.
- **Vocês não são eternos.** Mais uma vez, peço desculpas pela franqueza. Mas é fundamental que vocês realizem uma reflexão honesta a esse respeito e, particularmente, sob dois ângulos. Boa parte dos executivos tem uma convicção bastante consolidada a esse respeito e corre o risco de, a partir desta clara percepção, focar exclusivamente as ações a curto prazo, ou seja, aquelas que trazem maior visibilidade momentânea, mas provocam sérios estragos à estratégia corporativa a médio e longo prazo. Esse tipo de executivo prefere "comer uma coxa de frango suculenta" a "garantir ovos" num prazo mais longo. Um outro grupo de executivos parece não perceber que sua atuação é temporal e provisória e, a partir dessa visão distorcida, age como se fosse eterno, estimulando a estruturação de grupos de poder e agindo como se estivesse em um "clube particular", sem grandes preocupações quanto à sua função de articulador de processos participativos, cujos resultados devem beneficiar os mais diversos grupos de interesse que interagem com as organizações. Portanto, quando relembro que vocês não são eternos, minha esperança é de que vocês se convençam de que o melhor caminho é lidar com suas funções como aqueles que cuidam com todo o carinho e com todo o cuidado de algo que não lhes pertence, e que têm como principal objetivo deixar um legado elogiável quando saírem, não só no que concerne aos resultados obtidos, como também à maneira como eles foram alcançados.
- **Vocês lidam com gente.** Não se esqueçam, em nenhum momento, de que tudo o que for decidido em volta daquelas fantásticas mesas de reunião atingirá, em cheio, todos aqueles pelos quais vocês são responsáveis. Tenho a mais absoluta certeza de que vocês precisam agir. De que as decisões fazem parte de seu trabalho e de que nem todas as decisões serão simpáticas a todos. Sei que não estão onde estão para agradar a todos. Com o conhecimento e a visão privilegiada que vocês têm, precisam ela-

borar e implementar as ações que possibilitem levar as organizações em que trabalham para os resultados e o posicionamento mercadológico que elas almejam.

Mas estou certo de que vocês podem fazer tudo isso preservando o respeito ao ser humano. Os incompetentes, os que erraram, os que não aderem nem se motivam diante dos desafios da organização, os preguiçosos, os dissimulados, todos eles merecem respeito e consideração. Se necessário, demitam-nos e busquem as punições merecidas, caso tenham agido de má-fé. Isso faz parte do processo de depuração, não apenas nas organizações, mas também na sociedade, como um tudo. No entanto, façam isso com todo o respeito e com a humildade que vimos defendendo durante todo o conteúdo. E, se estou defendendo que vocês precisam tratar esses tipos de profissionais com todo o respeito e a consideração, não preciso me estender muito sobre como acho que vocês devem tratar os funcionários dedicados, motivados, comprometidos e colaborativos com os projetos de suas organizações, não é mesmo? Eles são os principais responsáveis pelo êxito de suas organizações e de seu projeto pessoal. Ame-os. Não, conforme ressalta James Hunter em seu livro *O monge e o executivo*, com aquele amor novelístico ou tradicionalmente interpretado, mas com aquele amor que inclui gratidão, respeito, consideração, admiração, amizade. São essas pessoas que acreditam em seus sonhos e os tornam realidade. São elas que acordam todos os dias, pela manhã, e deixam seus lares para ajudá-los a transformar fluxogramas e informações contidas em um livro de capa dura em ações e resultados. Cuidem muito bem delas. Sejam-lhes gratos e respeitem-nas, acima de tudo.

- **Não se corrompam.** Nada vale mais que nossa consciência. Vocês já devem ter se deparado com homens de negócios aposentados, profissionais que foram verdadeiros "ícones" em seus momentos de glória e que hoje envergam pijamas e fazem da leitura diária dos jornais seus desafios mais emocionantes. Ouçam-nos. Já tivemos a oportunidade de ler os relatos de muitos, em artigos ou livros bibliográficos. E de maneira praticamente unânime, eles ressaltam que não fariam muitas das coisas que fizeram para se manterem no topo do poder. E o que os fazem se sentir mais confortáveis nesse momento em que não ocupam mais os principais espaços dos organogramas empresariais são as ações humanas que tiveram coragem de encampar, muitas das quais contrariando os interesses mais predominantes nas organizações. Não se iludam. Como já disse anteriormente, vocês não serão eternos. Não usem como justificativa o fato de que é assim que o "sistema" opera. Vocês só pertencerão ao "sistema" se quiserem. Temos inúmeros exemplos de profissionais que vêm atingindo e se mantendo no topo nas organizações, a partir de uma postura extremamente competente e ética. É claro que esse caminho é mais difícil, exige muita humildade, dedicação, estudo e trabalho. Mas você sabe para onde os caminhos mais fáceis nos levam.

Aos consumidores

Vocês constituem a principal fonte de inspiração e motivação das empresas. Com sua predisposição em consumir parte da renda que auferem, movimentam toda a cadeia produtiva mundial. E, com isso, viabilizam milhões de empregos, pesquisas, estudos, enfim, representam a "mola propulsora" do processo evolutivo nas organizações.

Com suas críticas e exigências, vocês vêm transformando a maneira de se fazer negócios e de se conceber produtos e serviços. A partir de sua postura, as empresas passaram a direcionar parte de suas atenções aos aspectos sociais e ambientais. No entanto, gostaria de destacar alguns pontos que merecem uma avaliação de sua parte.

- **Não queiram "comprar" o mundo.** Vocês estão perdendo o equilíbrio no interior desse "furacão" provocado pela enlouquecida onda de lançamentos de novos produtos, de oferta ativa, de propaganda e *marketing*, de *merchandising* e modismos passageiros, de cobiça e ganância. O consumo deve ser uma prática planejada e saudável, não uma obsessão. Muitos de vocês não percebem, mas estão "hipnotizados" em uma "onda magnética", em que "ter" passa a ser mais importante do que "ser". E esse comportamento leva a reações tão devastadoras quanto às vivenciadas por usuários de alucinógenos, pois, em vez de fazer-lhes felizes, essa postura passa a exigir doses cada vez maiores, nem sempre possíveis, o que desemboca em depressão e em frustrações avassaladoras.
- **Não comprem a qualquer preço.** Como uma das conseqüências da postura anterior, vocês passam a fazer qualquer coisa para ter aquilo de que todos estão falando e que muitos estão usando. E, sem uma reflexão mais adequada das conseqüências, vocês aceitam comprar produtos falsificados, contrabandeados, resultantes de sonegação fiscal, objetos de roubos de carga etc. Enfim, para ter o que querem, muitos de vocês passam a representar "elos" em cadeias de negócios questionáveis. Edificam argumentos como "se as gravadoras colocassem CDs no mercado a preços mais acessíveis, eu não compraria os CDs piratas"; e a partir de linhas de pensamento falhas como essas aliviam suas consciências ao fazerem parte de um universo que afugenta os investidores sérios, que reduz os recursos do Estado e aqueles que seriam destinados a novas pesquisas e que estimula

as ações ilegais, fontes originais dos produtos que vocês compram pelo simples prazer de tê-los e usá-los até que a próxima "febre" consumista os hipnotize, quando então vocês descartarão aqueles produtos que já se encontravam sob o seu domínio, para buscar os que estão na "crista da onda", a qualquer preço.

- **Existem dois lados do balcão.** Não se esqueçam de que sua postura determinará o grau de complexidade no ambiente concorrencial e, no momento seguinte, vocês estarão do lado de dentro do balcão, tendo de atender ao nível de exigência predominante. Estimulados por essa falsa idéia de que "o cliente tem sempre razão", vocês estão adotando uma postura implacável diante de seus fornecedores, realizando "leilões permanentes" com o intuito de baixar preços e ampliar os benefícios agregados; não pensam duas vezes em abandonar relacionamentos antigos diante da mais sublime falha no atendimento; sentindo-se "senhores da situação" mostram-se implacáveis com prazos, exigindo que lhes ofereçam o melhor, a preços cada vez menores e com entrega instantânea.

Tendo em vista que as empresas também não percebem que esse não é o caminho mais adequado, cedem a todas as exigências. Ingressam nesse "leilão insano" e prometem cada vez mais. Porém, vocês deveriam se lembrar de que não habitamos, ainda, dois planetas, sendo um de consumidores e outro de fornecedores. Ou seja, os mesmos consumidores que exigem o máximo ao preço mínimo estarão, no momento seguinte, ocupando a posição de fornecedores e "colhendo" tudo o que "plantaram" na posição de consumidores.

Reflitam sobre o quanto um dia a mais na entrega, um brinde a menos no pacote, alguns reais a mais no preço para se preservar uma longa amizade e uma resposta um pouco mais demorada a uma dúvida poderão, efetivamente, comprometer suas vidas. E, se vocês entenderem que podem ser um pouco mais tolerantes com as pequenas falhas, compreensivos com as pequenas imperfeições e um pouco mais fiéis às suas relações comerciais, talvez também sofram um pouco menos no momento em que tiverem de passar para o outro lado do balcão e entregar tudo aquilo que vêm exigindo.

Aos fornecedores

Vocês vêm fazendo um ótimo trabalho. Nunca, na história da humanidade, presenciamos uma capacidade tão grande de ofertas nem uma criatividade tão marcante na busca de levar ao mercado soluções cada vez mais engenhosas e acessíveis à população.

Apesar das mazelas que ainda vivenciamos em nosso dia-a-dia, o mundo está cada vez mais próximo daquele que os filmes de ficção científica delineavam, ganhando constantes ares de modernidade, disponibilizando soluções cada vez mais inteligentes e fazendo com que o tempo possa ser mais bem utilizado no lazer, na aprendizagem e no convívio social.

No último século, muitos dos que ainda vivem acompanharam a migração do "lampião a gás" aos feixes de laser, das carruagens puxadas a cavalos às naves espaciais, das sangrias para se tentar estancar uma dor de cabeça às cirurgias a distância e à clonagem genética. E, sem dúvida, todo esse movimento só foi possível por contar com uma gama de fornecedores dispostos a inovar e a criar novos mercados, novos produtos e serviços e novas formas de se fazer negócios. De qualquer forma, acho que vocês precisam pensar um pouco mais sobre alguns pontos.

- **Afastem-se do "oceano vermelho".** Utilizo o termo usado pela dupla de escritores Kim & Mauborgne para reforçar minha sugestão de que vocês procurem se afastar dessa guerra sangrenta que vêm travando com seus concorrentes, interpretando a estratégia de negócios como se fosse uma guerra em que apenas o vencedor sobreviverá. Sei que o ambiente concorrencial não é fácil, mas não será esse movimento beligerante incessante que fará com que ele seja mais aprazível. Vocês se encontram em uma situação semelhante àquele grupo de sobreviventes da queda de um avião na selva que, em vez de procurar saídas alternativas ou novos estoques de água e de alimento, restringe-se a brigar pelo pouco estoque de água e de comida, salvo no momento da queda da aeronave. Essa postura não evita a morte, apenas a retarda um pouco. Portanto, tentem enxergar o ambiente concorrencial de uma forma diferente. Procurem alternativas para criar singularidades que os façam nadar em águas mais claras e livres de tanto sangue. Busquem ambientes mais arejados, esforcem-se mais, coloquem mais criatividade e menos imitação em suas atividades, e quem sabe vocês consigam um ar mais puro para respirar.

- **Dêem razão ao cliente. Mas não toda.** Vocês estão deixando os consumidores muito mal acostumados. A relação fornecedor-consumidor precisa ser mais equilibrada, ainda que um dos pratos da balança penda um pouco mais. Ora tratamos de uma empresa que detém hegemonia em matéria-prima essencial e, portanto, retém elevado poder de barganha, ora tratamos de consumidores que compram produtos oferecidos por inúmeras empresas e que podem, por isso, usar sua capacidade de negociação. Não que eu seja contrário a essa lei básica das práticas mercantilistas, o problema é que, quando nos deparamos com um desequilíbrio acima do aceitável, notamos que apenas um dos lados leva vantagem. Quando esse desequilíbrio ocorre em uma relação mais concentrada, os próprios legisladores tendem a identificar e coibir tais excessos. Agora, quando essa situação está presente, voluntariamente, num mercado massificado, por iniciativa da maior parte dos fornecedores, que aceitam a posição de reféns no processo, com o único objetivo de não permitir que os concorrentes ganhem a venda, isso passa a ser preocupante.

Vocês agem, não raramente, como aquela moça que se casa com um homem de quem não gosta, apenas para impedi-lo de se casar com uma vizinha, de quem ela é desafeta. E vocês sabem que histórias como essas não acabam bem. Estejam certos de que, no momento em que vocês tiverem esgotado as últimas energias para entregar tudo o que seus clientes exigem e estiverem agonizando, à beira da morte, seus consumidores já estarão buscando outros fornecedores com quem possam obter seus produtos e serviços e nas melhores condições.

Aos ambientalistas

Vocês representam a grande novidade em uma geração voltada para o capitalismo e para a exploração dos recursos disponíveis, nem sempre de maneira apropriada. Sua participação no processo produtivo e mercantilista vem propiciando um "repensar" por parte das empresas, quer seja em função das chances de prejuízos em sua imagem, quer seja em função dos riscos legais envolvidos. Isso graças à sua dedicação em conscientizar legisladores da necessidade de viabilização de leis que protejam o meio ambiente, cobrar do executivo a fiscalização e identificação de delitos e exigir do judiciário que puna exemplarmente aqueles que estiverem infringindo os princípios ambientais vigentes. Não gostaria de concluir este livro, no entanto, sem deixar alguns pontos para sua reflexão:

- **Cuidado com o "pára-brisa".** Dificilmente uma mudança tão radical de comportamentos e de conscientização ocorrerá de uma forma brusca. Frear um carro de tal maneira que ele instantaneamente migre de uma velocidade de 200 km por hora para algo em torno de zero é condenar todos os passageiros a atravessarem o pára-brisa, o que pode trazer prejuízos maiores do que se o automóvel tivesse freado de maneira mais gradual, principalmente se ele não estivesse tão próximo assim de uma colisão. Tenho lido e acompanhado certos estudos que nos levam a conclusões extremamente catastróficas acerca do meio ambiente. Tenho a mais clara percepção de que precisamos, todos, intensificar o processo de preservação e recuperação de nosso ambiente. Mas vocês precisam entender que, para que se tenha êxito em uma verdadeira cruzada como essa, se faz necessária muita negociação. E a radicalização não é o melhor caminho para o triunfo negocial. Com radicalização, chega-se aos confrontos e às guerras. Com a negociação, chega-se à aproximação de expectativas e através de cessão, de ambos os lados, à construção de consensos.

- **Não se pode prescindir das organizações.** Vocês sabem que, apesar de todos os prejuízos que vêm trazendo ao meio ambiente, as empresas introduziram uma nova realidade socioeconômica, com amplos e visíveis benefícios à sociedade como um todo. Se realizarmos uma pesquisa, provavelmente a maior parte da população mundial se manifestará contrária ao fim das pesquisas para novos medicamentos, à interrupção da busca de novos produtos, à extinção dos empregos existentes, entre outras coisas. E isso só é possível com a preservação dos mercados e das empresas que os exploram. No entanto, entendo como viável uma convivência saudável entre visão empreendedora e preservação socioambiental. Portanto, vocês não serão tão relevantes se optarem por inviabilizar os projetos quanto o serão se optarem por viabilizá-los dentro de padrões aceitáveis de impacto socioambiental. Para paralisar ou impedir alguma coisa, basta a força. Para aperfeiçoar e viabilizar algo é preciso muito mais do que isso.
- **Cuidem da imagem de sua base.** Tal qual ocorre no ambiente corporativo, a base de organizações ambientalistas está sendo invadida por oportunistas e aproveitadores. Contaminando a imagem de inúmeros cidadãos movidos pela ideologia e pela dedicação obstinada à proteção da sociedade e da natureza, muitos deles estão utilizando as mesmas bandeiras para levantar dificuldades e vender facilidades. Ajudem a identificá-los. Denunciem-nos. Não sejam complacentes. Eles se multiplicam rapidamente e depois é muito difícil livrar-se deles. Isso pode comprometer a imagem e o respeito às causas sérias e louváveis.

Aos financiadores

Embora a sociedade ainda os entenda como meros especuladores e aproveitadores, cobrando juros exorbitantes para disponibilizar recursos que financiem os investimentos e seu giro, sua participação no processo produtivo é fundamental, uma vez que vocês arriscam seu próprio capital em empreendimentos dotados de risco em relação ao retorno, assim como viabilizam os produtos e serviços que interligam os interesses de poupadores/investidores e de tomadores/empreendedores.

Aos poucos, a sociedade vai recebendo informações mais abrangentes e compreenderá o papel de cada agente no processo produtivo. Perceberá, então, que, graças a vocês, as empresas e os países podem obter os recursos de que necessitam para seus investimentos e que, quando os utilizam de maneira eficaz e eficiente, conseguem alavancar esses mesmos recursos e atingir resultados muito superiores aos seus custos, gerando empregos, impostos e riqueza. Gostaria, no entanto, de ressaltar alguns pontos que em meu julgamento exigiriam uma avaliação de sua parte:

- **Na saúde e na doença, na alegria e na tristeza.** Com essa frase, tão ouvida nas cerimônias matrimoniais, não estou exigindo que vocês continuem colocando seus preciosos recursos em empresas que não enfrentam boa situação econômico-financeira. Às vezes até pode ser aconselhável, como forma de viabilizar o retorno do capital já alocado. Mas o que quero chamar atenção é para a postura que as instituições financeiras freqüentemente adotam de não prestar nenhum tipo de apoio no momento em que a empresa se encontra em situação mais vulnerável, particularmente no que diz respeito a ações de consultoria que possam viabilizar alternativas para o contorno das dificuldades. Essa postura de manter o relacionamento com o gerente de negócios enquanto as coisas vão bem e com o jurídico quando as coisas pioram não condiz com um relacionamento salutar entre financiadores e financiados, pois por um lado amplia as chances de fracasso nos projetos corporativos, por outro contribui para ampliar os volumes de inadimplência verificados.

- **Prestem atenção no retrovisor, mas olhem também para o pára-brisa.** É não só aceitável, mas também necessário, que vocês olhem com muita atenção para o passado das empresas que vocês financiam. Afinal, no passado vocês encontrarão informações importantes que lhes permitirão traçar uma curva de tendências a respeito da empresa no futuro. Relembrando a frase de Hamel e Prahalad, "o rumo que uma empresa está tomando é mais importante do que o lugar de onde está vindo [...]", procurem ser menos simplistas em sua análise. Além de não macular empresas merecedoras de crédito, que sofreram crises momentâneas no passado, vocês poderão obter excelentes resultados ao identificar empresas que estão deixando a condição de "lagartas" para assumir a condição de "borboletas". Para isso, é preciso que seus analistas de crédito conheçam tanto de documentos contábeis quanto de estratégia e de tendências de mercado. É claro que isso exigirá mais investimentos na formação de seus analistas, mas acredito que os retornos os compensem, com folga.

Aos governos

Vocês têm uma importância vital para a saúde do ambiente corporativo e concorrencial. Dependendo da maneira como vocês encaram sua missão, o resultado pode ser um ambiente mais atrativo, seguro e previsível ou pode converter-se em um ambiente inseguro, imprevisível e hostil.

A função de governos não é atuar no mercado corporativo, mas propiciar um ambiente em que as atividades produtivas possam se desenvolver de maneira transparente e justa para todos os participantes, primando ainda pela viabilização da infra-estrutura necessária aos meios de produção e por uma política macroeconômica que privilegie a preservação do poder aquisitivo e o crescimento econômico. Além disso, vale lembrá-los de algumas obrigações de governos que apresentem, efetivamente, predisposição a acrescentar valor ao ambiente produtivo.

- **Cobrem impostos, mas de todos.** Impostos existem desde que o poder público existe. Porém, cabem aos governos ações que façam com que a carga tributária individual seja reduzida, ao passo que a base de arrecadação seja ampliada a todos aqueles que dela façam parte. A complacência com sonegadores penaliza os que pagam os tributos, além de favorecer um ambiente concorrencial assimétrico, em que a sonegação fiscal passa a representar fonte de vantagem competitiva, afugentando os investidores sérios e estimulando a proliferação de práticas eticamente inaceitáveis. Aos governos que ressaltam as dificuldades em implementar as ações que inibam os sonegadores, minha resposta: todos têm os seus desafios, e para que as riquezas sejam criadas e distribuídas, todos têm de vencer os seus. Portanto, façam a sua parte.
- **Viabilizem marcos regulatórios confiáveis.** Governos não podem ser confundidos com partidos ou com pessoas. Governos precisam prevalecer, ainda que os partidos e as pessoas se alternem. E a demonstração mais importante da preservação dos governos é a viabilização de marcos regulatórios previsíveis, transparentes e confiáveis, em que a partir deles contratos são cumpridos, permitindo aos investidores uma visão a longo prazo em relação às práticas governamentais. Governos que pretendem contribuir para um ambiente produtivo saudável deixam as incertezas e os riscos para o mercado, atuando como agente atenuante (e não amplificador) dos riscos inerentes aos investimentos realizados.
- **Ofereçam a infra-estrutura necessária.** Governos não têm de se caracterizar como concorrentes do mercado privado. Ao contrário, têm de agir como parceiros, provendo o ambiente produtivo com a infra-estrutura que estimule o empreendedorismo, antecipando os projetos que estimulem o crescimento econômico. Governos que precisam ser cobrados para entregar a infra-estrutura necessária ao desenvolvimento já estão atrapalhando, pois, em vez de apresentarem-se como elemento indutor do cres-

cimento, apresentam-se como obstáculos a serem vencidos, reduzindo o foco do mercado privado em seus reais desafios.
- **Assumam a responsabilidade pela educação.** Por mais que as empresas venham fazendo pela qualificação, treinamento e educação de seus funcionários (que geralmente elas já contratam quando adultos), é o Estado quem deve assumir, plenamente, essa responsabilidade. A educação é a mola propulsora mais eficaz para o atingimento da competitividade em um ambiente globalizado como o que vivenciamos. Basta uma avaliação superficial quanto aos ganhos de competitividade observados nos diferentes países de nosso planeta nos últimos 30 ou 40 anos para nos convencermos de que, dentre todos os aspectos que explicam o alcance de maiores ou menores níveis de competitividade, a eficácia dos investimentos em educação se constitui no mais importante fator crítico de sucesso. Não é uma questão de gastar muito, mas de gastar bem.
- **Sejam o exemplo.** Os governos representam o núcleo disseminador do comportamento nas organizações. Governos austeros, exigentes e eficientes costumam ser orbitados por sociedades e empresas comprometidas com a ética e com a eficiência. Governos perdulários e ineficientes estimulam a amplificação dessas posturas em todos os níveis da sociedade. Sugiro aos condutores de projetos governamentais que leiam este e outros livros sobre conceitos, práticas e comportamentos na gestão de projetos. Que absorvam aquilo que entenderem mais importante para uma gestão pública competitiva. E que pratiquem. O fato de ser público não reduz a responsabilidade de ser eficiente. Enquanto em empresas de capital aberto podemos contar milhares de investidores cobrando eficiência e bons resultados na gestão dos projetos, em relação aos governos podemos contar milhões de investidores, ampliando, portanto, a responsabilidade a respeito de sua postura ética, de suas práticas na gestão de recursos e de suas prioridades.

Aos funcionários

Vocês são aqueles que fazem tudo acontecer. Todos os dias, quando subo as escadarias do metrô, junto a centenas de pessoas que se encaminham para mais um dia de trabalho, pergunto-me se cada um tem, realmente, a clara idéia do quanto estarão transformando o mundo naquele dia. Sem querer usar de demagogias ou frases de efeito, vocês são aqueles que "constroem Catedrais" todos os dias.

Todos os sonhos que nascem em reuniões de planejamento são moldados, implementados e realizados por vocês. Durante as últimas décadas, vocês abandonaram o papel de "braços trabalhando" para assumirem o papel de "cérebros pensando" as estratégias de suas organizações. Dobrando jornadas entre trabalho e estudo (coisa que nossos antepassados não se dispunham a fazer), indo além de suas tarefas normais e sacrificando momentos de lazer, vocês estão reduzindo substancialmente o fosso que existia entre os que lideravam e os que eram liderados, fazendo com que a própria liderança escape das mãos de poucos e seja compartilhada por todos os integrantes dos projetos corporativos. No entanto, com a mesma intenção de ajudar, presente nos demais recados direcionados aos outros *stakeholders*, gostaria de deixar-lhes alguns aspectos para avaliação.

- **Contenham suas expectativas.** Vocês não podem continuar esperando das empresas o atendimento de expectativas crescentes e ininterruptas, pois muitos de vocês se frustrarão com essa postura. As empresas vêm buscando viabilizar ações de valorização de seus funcionários, até porque entendem, cada vez mais, que esse é o caminho para a retenção de bons talentos e para o aproveitamento pleno de suas potencialidades. Mas as expectativas que vocês vêm alimentando são demasiadamente superiores às que a maioria das empresas presentes no mercado pode oferecer, até porque a maior parte dessas empresas não conta com uma estrutura econômico-financeira que o suporte. Vocês não conseguirão promoção todos os anos, nem sempre acompanharão outros colegas a cursos no exterior, nem sempre terão uma equipe para liderar. Mas se vocês pararem para pensar nas condições que eram oferecidas para seus pais desenvolverem suas atividades e nas que lhes são oferecidas atualmente e fizerem uma análise bastante franca e honesta, concluirão que, na predominância, as condições de trabalho e o respeito aos trabalhadores evoluíram. E que grande parte de suas frustrações se deve muito mais às expectativas mantidas do que às condições oferecidas pelas empresas.

- **Vocês não são, individualmente, mais importantes do que o todo.** Sei que tendemos (e até temos o direito) a julgar que a coisa mais importante deste mundo somos nós mesmos. E por mais que neguemos essa postura, ela faz parte de nosso instinto primordial de sobrevivência. Não devemos nos sentir culpados por isso. Só precisamos dominar esse instinto. Não raramente somos tomados por uma autocompaixão exacerbada, julgando-nos como os mais injustiçados na empresa e os que mais sofrem nas atividades, sem o devido reconhecimento. Você acha que estou exagerando? Pois então experimente sentar-se a uma mesa no restaurante de sua empresa e atentar às conversas que se desenvolvem durante as refeições. Aí, julgue você mesmo se se trata de exagero ou de constatação.

    Pensem nas empresas como se fossem "barcos". O mais importante é que os barcos estejam no rumo certo e sem "fazer água". Pois no momento em que os barcos naufragam, até os bons nadadores morrem. Vocês precisam entender que, individualmente, são muito importantes para as empresas, mas os projetos são organismos coletivos, e que nem sempre as decisões tomadas e as ações implementadas serão capazes de valorizar, igualmente, todos os participantes. Em vez de se sentirem injustiçados e propagarem isso para todas as pessoas que conhecem nas organizações, estejam sempre disponíveis e apresentem-se para contribuir nos projetos. Posso garantir, com sustentação estatística, que, num certo momento, vocês serão mais bem aproveitados e terão a chance de mostrar sua capacidade de acrescer valor às empresas em que trabalham.

- **Sejam empáticos com suas empresas.** Vocês precisam entender que a relação que os une às suas empresas não é de exploração unilateral ou de escravidão. Se vocês pararem para pensar, lembrarão que, no momento em que foram contratados, muitos outros pretendiam ocupar aquela vaga. Surto de masoquismo coletivo? Não. Vocês não foram "comprados"; foram escolhidos. Vocês não têm recebido tudo o que gostariam de suas empresas. Mas será que vocês também entregam tudo o que elas esperam de vocês? Possivelmente não. A relação empregador-empregado deve se assemelhar muito a um casamento. Para que dê certo é necessário que ambos revejam e reajustem, freqüentemente, as expectativas, para que aquele "sonho encantado" que precedeu o "sim" na igreja não se transforme em fonte permanente de frustração e cobranças. E mais, entendam que as empresas precisam tomar certas decisões que contrariam a lógica observada sob um único ângulo, mas mostram-se coerentes, quando observadas sob um ângulo mais amplo.

- **Vocês fazem. Por que as empresas não podem fazer?** Partindo da última frase presente no tópico anterior, gostaria de citar algumas ações que vocês costumam implementar em suas vidas pessoais, mas condenam quando desenvolvidas pelas empresas em que trabalham. A intenção é que vocês reflitam sobre prejulgamentos que fazem das práticas de gestão, sem perceber que elas nascem como *benchmarking* das próprias práticas bem-sucedidas, adotadas pelos seres humanos, dentro de seu processo de evolução constante.

    ✓ **Reestruturação:** Quando vocês se encontram em dificuldades financeiras estruturais, como as provocadas pela perda de um emprego, pela redução de salário ou por coisas do gênero, vocês reestruturam suas vidas como forma de compatibilizar as receitas e as despesas. Assim, muitas vezes, reduzem o número de faxinas (reduzindo os ganhos da faxineira, por conseqüência), mudam-se de apartamento (deixando um locador sem as receitas previstas) e passam a cozinhar em casa (reduzindo as receitas do restaurante que freqüentavam).

Por que as empresas não podem fazer a mesma coisa quando se encontram em situação estrutural que exija ações mais contundentes?

✓ **Fusões:** Quando vocês encontram aquele par perfeito, a(o) companheira(o) dos sonhos, a pessoa que fará com que a vida seja ainda melhor, a partir daquele encontro, vocês buscam conhecê-la melhor, avaliam se as impressões iniciais se confirmam e, num momento sublime, pedem-na em casamento. E, ao se casarem, não raramente dispensam um dos apartamentos alugados e uma das empregadas (redução de despesas), passam a dividir os gastos domésticos (compartilhamento de custos) e trocam conhecimentos e informações (potencialização de *know-how*).

Por que as empresas não podem se fundir, buscando otimização de custos e elevação da competitividade, desde que essa decisão seja amadurecida por um profundo conhecimento das vantagens e desvantagens inerentes?

✓ **Terceirização:** Buscando reunir condições para que possam trabalhar em período integral e, não raramente, estudar à noite, no intuito de preservar e até ampliar sua competitividade, vocês aceitam terceirizar boa parte das atividades que desenvolviam no passado, da lavagem de suas roupas à preparação de seus alimentos. Chegam a terceirizar até a educação de seus filhos!

Por que as empresas não podem terceirizar as atividades que entendam que não vão comprometer suas vantagens competitivas, uma vez que essa ação permitirá a elas direcionar o foco prioritariamente para as atividades essenciais de sua estratégia?

São apenas alguns exemplos de ações que não surgiram da predisposição das empresas em reduzir a segurança ou o conforto de seus funcionários e dos demais *stakeholders* envolvidos em suas operações, mas decorreram justamente de experiências bem-sucedidas na própria sociedade. À medida que vocês buscarem uma visão mais empática em relação às empresas em que trabalham, passarão a contar com visão e atitudes mais amplas, conseguindo "enxergar as árvores e também os bosques", qualificando-as de maneira mais perceptível para contribuir de maneira mais produtiva nos projetos corporativos e aproveitar as oportunidades que forem surgindo ao longo de suas carreiras profissionais.

Capítulo 13

Resumo da Ópera

Alguns projetos dão certo; outros não. Somente os deuses são imunes a fracassos.

Ésquilo

Bem, prezado leitor, chegamos ao final deste conteúdo. Fico muito feliz caso você tenha "viajado" comigo até aqui. Se você está lendo apenas este último capítulo, sugiro que inicie a leitura desde o primeiro momento, pois, nesse caso, posso assegurar-lhe que a "viagem" é muito mais enriquecedora do que o "destino".

Em todo o conteúdo que procurei desenvolver nesta obra, algumas mensagens subliminares estiveram presentes. Ora a partir de conceitos reunidos e disseminados, ora a partir de reflexões propostas, ora a partir de práticas e comportamentos sugeridos. Como em tudo o que faço, acredito que algo só tenha valor se representar uma oportunidade de crescimento para quem o recebe. Com toda a humildade, espero, sinceramente, que este material tenha representado um momento de crescimento. Não exclusivamente pelas informações nele contidas, mas, principalmente, pela oportunidade para que você repense sobre o seu papel no ambiente corporativo, produtivo e social contemporâneo, reforçando certos conceitos e posturas já mantidas ou, eventualmente, reavaliando outros conceitos que possam contribuir em sua caminhada evolutiva ou aderindo a eles.

Não precisamos ser religiosos para admitir que o mundo segue um ciclo evolutivo inquestionável. E que, a despeito de todas as ameaças presentes, de toda a desigualdade ainda reinante e de todos os desafios visíveis, não tenho a menor dúvida de que estamos caminhando para frente. Cabe a cada um de nós parar, de vez em quando, para realizar uma fase *check* em nosso mais importante projeto: nossa própria vida. E nessa revisitação acho importante voltarmos a nos fazer certas perguntas, tais como: Quais eram os meus sonhos? Quais são os meus sonhos hoje? São diferentes? Se sim, tais alterações ocorreram por uma evolução em minha forma de sonhar ou por simples acomodação às circunstâncias? A partir de meus sonhos, qual é, então, a minha visão de futuro? E, para atingir esse futuro desejado, quais são os caminhos e as etapas necessárias? Como estou em relação a essas etapas e a esse "cronograma"? Que tipo de postura quero adotar para alcançar os meus objetivos? Meus comportamentos são coerentes com essa postura desejada ou estou me violentando ao mantê-los? O que, realmente, vai me importar lá naquele futuro ainda um tanto longínquo, quando parar para realizar mais um *check* em meu projeto?

De minha parte e sumarizando muito do que tratamos nesta obra, deixo as seguintes mensagens, como premissas que sustentaram todas as minhas defesas e que me motivaram a realizar toda a pesquisa de apoio e todos os estudos que resultaram neste conteúdo:

- A complexidade dos ambientes corporativo e concorrencial não representa uma escolha realizada pelas empresas que neles atuam, mas decorre de um processo muito mais amplo, envolvendo aspectos sociais, políticos, econômicos e científicos, em que as empresas vêm sendo, ao longo do tempo, as estruturas mais impactadas pelas intensas mudanças vivenciadas, cabendo, também, a elas, o maior ônus na busca de soluções e de respostas que preservem e até melhorem a qualidade de vida dos seres humanos que com elas interagem.
- Os diversos "atores" desse grande espetáculo representado pelos projetos organizacionais ainda não se comunicam adequadamente. Não combinam as cenas e agem como se atuassem em um monólogo. Faz-se necessário um esforço coletivo, em que predominem os pilares da Humildade, Flexibilidade e Simplicidade, para que eles passem a "falar a mesma língua", e ainda que enxerguem o espetáculo sob ângulos diferentes, que adquiram a nítida convicção de que cada um será bem-sucedido somente se todos os componentes do elenco se saírem bem e receberem aplausos no final.
- O desenvolvimento de projetos participativos constitui-se em uma grande ferramenta para provocar esse amadurecimento corporativo e a participação dos mais diversos grupos de interesse, tanto na fase de elaboração como na de implementação, representando um processo de aproximação e de elevação da empatia entre eles, o que costuma ter um efeito mágico no clima organizacional, como um todo.

- O ser humano ocupa um papel único em todo esse processo. Ele representa a razão de ser de tudo o que se desenvolve no ambiente produtivo. E por isso, definitivamente, ele precisa ser considerado um fim e não um meio. Não podemos, no entanto, nos esquecer de que seres humanos não são apenas funcionários ou consumidores, são também executivos, acionistas, ambientalistas, fornecedores, cidadãos, enfim, estão em todos os lugares e são impactados de diversas maneiras pela estratégia organizacional. Portanto, não é fácil estruturar estratégias e projetos nos dias de hoje. Mas quem falou que estamos preparados apenas para fazer as coisas fáceis?

A evolução da humanidade está delineando, com muita clareza, uma polarização entre os extremos. Bem ou mal, responsável ou irresponsável, ético ou não ético, competitivo ou não competitivo, perene ou fugaz. Essas e outras escolhas e *tradeoffs* terão de ser realizadas neste espetáculo e não poderão ser feitas apenas quando as cortinas se fecharem, segundos antes dos aplausos. Terão de ser feitas à medida que o espetáculo avance, e eu, particularmente, torço muito para que tenhamos muitos "mocinhos" e raros "vilões", pois estou cada vez mais convencido de que podemos ter ótimas histórias sem vilões.

Notas Bibliográficas

Capítulo 1

1. PORTER, Michael E. *Competição*: estratégias competitivas essenciais. Rio de Janeiro: Campus, 1999. p. 51-52.
2. PRAHALAD, C. K.; HAMEL, Gary. *Competindo pelo futuro*: estratégias inovadoras para obter o controle de seu setor e criar os marcados de amanhã. Rio de Janeiro: Campus, 2005. p. 61.
3. KOTLER, Philip. *Os 10 pecados mortais do marketing*: causas, sintomas e soluções. Rio de Janeiro: Campus, 2004. p. 65.
4. PORTER, Michael E. *Competição*: estratégias competitivas essenciais. Rio de Janeiro: Campus, 1999. p. 47.
5. Ibidem, p. 63.
6. PORTER, Michael E. *Vantagem competitiva*: criando e sustentando um desempenho superior. Rio de Janeiro: Campus, 1989. p. 1.
7. KOTLER, Philip. *Marketing de A a Z*: 80 conceitos que todo profissional precisa saber. Rio de Janeiro: Campus, 2003. p. 19.
8. CHIAVENATTO, Idalberto; SAPIRO, Arão. *Planejamento estratégico*: fundamentos e aplicações. Rio de Janeiro: Campus, 2003. p. 39.
9. PRAHALAD, C. K.; HAMEL, Gary. *Competindo pelo futuro*: estratégias inovadoras para obter o controle de seu setor e criar os marcados de amanhã. Rio de Janeiro: Campus, 2005. p. 10.
10. Ibidem, p. 33.
11. Ibidem, p. 24.
12. Ibidem, p. 26.
13. CHIAVENATTO, Idalberto; SAPIRO, Arão. *Planejamento estratégico*: fundamentos e aplicações. Rio de Janeiro: Campus, 2003. p. 42.
14. KOTLER, Philip. *Marketing de A a Z*: 80 conceitos que todo profissional precisa saber. Rio de Janeiro: Campus, 2003. p. 76.
15. Ibidem, p. 144.
16. Ibidem, p. 49.

17 KOTLER, Philip. *Os 10 pecados mortais do marketing*: causas, sintomas e soluções. Rio de Janeiro: Campus, 2004. p. 7.
18 Ibidem, p. 56.
19 KOTLER, Philip. *Marketing de A a Z*: 80 conceitos que todo profissional precisa saber. Rio de Janeiro: Campus, 2003. p. 67.
20 Ibidem, p. 33.
21 Ibidem, p. 36.
22 PORTER, Michael E. *Competição*: estratégias competitivas essenciais. Rio de Janeiro: Campus, 1999. p. 68.
23 KOTLER, Philip. *Os 10 pecados mortais do marketing*: causas, sintomas e soluções. Rio de Janeiro: Campus, 2005. p. 22.

Capítulo 2

1 PRAHALAD, C. K.; HAMEL, Gary. *Competindo pelo futuro*: estratégias inovadoras para obter o controle de seu setor e criar os marcados de amanhã. Rio de Janeiro: Campus, 2005. p. 62.
2 BOSSIDY, Larry; CHARAN, Ram. *Execução*: a disciplina para atingir resultados. Rio de Janeiro: Campus, 2004. p. 86
3 PRAHALAD, C.K.; HAMEL, Gary. *Competindo pelo futuro*: estratégias inovadoras para obter o controle de seu setor e criar os marcados de amanhã. Rio de Janeiro: Campus, 2005. p. 106.
4 KOTLER, Philip. *Marketing de A a Z*: 80 conceitos que todo profissional precisa saber. Rio de Janeiro: Campus, 2003. p. 34.
5 PRAHALAD, C. K.; HAMEL, Gary. *Competindo pelo futuro*: estratégias inovadoras para obter o controle de seu setor e criar os marcados de amanhã. Rio de Janeiro: Campus, 2005. p. 177.
6 Ibidem, p. 66.
7 Ibidem, p. 67.
8 Ibidem, p. 112.
9 CHIAVENATTO, Idalberto; SAPIRO, Arão. *Planejamento estratégico*: fundamentos e aplicações. Rio de Janeiro: Campus, 2003. p. 17.
10 KOTLER, Philip. *Os 10 pecados mortais do marketing*: causas, sintomas e soluções. Rio de Janeiro: Campus, 2004. p. 42.
11 PRAHALAD, C. K.; HAMEL, Gary. *Competindo pelo futuro*: estratégias inovadoras para obter o controle de seu setor e criar os marcados de amanhã. Rio de Janeiro: Campus, 2005. p. 75.
12 CHIAVENATTO, Idalberto; SAPIRO, Arão. *Planejamento estratégico* – fundamentos e aplicações. Rio de Janeiro: Campus, 2003. prefácio.
13 KOTLER, Philip. *Os 10 pecados mortais do marketing*: causas, sintomas e soluções. Rio de Janeiro: Campus, 2004. p. 71.
14 PRAHALAD, C. K.; HAMEL, Gary. *Competindo pelo futuro*: estratégias inovadoras para obter o controle de seu setor e criar os marcados de amanhã. Rio de Janeiro: Campus, 2005. p. 111.
15 BOSSIDY, Larry; CHARAN, Ram. *Execução*: a disciplina para atingir resultados. Rio de Janeiro: Campus, 2004. p. 74.
16 KOTLER, Philip. *Marketing de A a Z*: 80 conceitos que todo profissional precisa saber. Rio de Janeiro: Campus, 2003. p. 86.

Capítulo 3

1. PORTER, Michael E. *Competição*: estratégias competitivas essenciais. Rio de Janeiro: Campus, 1999. p. 77.
2. KOTLER, Philip. *Marketing de A a Z*: 80 conceitos que todo profissional precisa saber. Rio de Janeiro: Campus, 2003. p. 24.
3. PRAHALAD, C. K.; HAMEL, Gary. *Competindo pelo futuro*: estratégias inovadoras para obter o controle de seu setor e criar os marcados de amanhã. Rio de Janeiro: Campus, 2005. p. 113.
4. KOTLER, Philip. *Marketing de A a Z*: 80 conceitos que todo profissional precisa saber. Rio de Janeiro: Campus, 2003. p. 100.
5. PRAHALAD, C. K.; HAMEL, Gary. *Competindo pelo futuro*: estratégias inovadoras para obter o controle de seu setor e criar os marcados de amanhã. Rio de Janeiro: Campus, 2005. p. 112.
6. KOTLER, Philip. *Os 10 pecados mortais do marketing*: causas, sintomas e soluções. Rio de Janeiro: Campus, 2004. p. 106.
7. CHIAVENATTO, Idalberto; SAPIRO, Arão. *Planejamento estratégico*: fundamentos e aplicações. Rio de Janeiro: Campus, 2003. prefácio.

Capítulo 4

1. KOTLER, Philip. *Os 10 pecados mortais do marketing*: causas, sintomas e soluções. Rio de Janeiro: Campus, 2004. p. 9.
2. Ibidem, p. 67.
3. OLIVEIRA, Djalma de Pinho Rebouças de. *Planejamento estratégico*: conceitos, metodologias e práticas. São Paulo: Atlas, 2004. p. 26.
4. PRAHALAD, C. K.; HAMEL, Gary. *Competindo pelo futuro*: estratégias inovadoras para obter o controle de seu setor e criar os marcados de amanhã. Rio de Janeiro: Campus, 2005. p. 22.
5. Ibidem, p. 121.
6. KOTLER, Philip. *Marketing de A a Z*: 80 conceitos que todo profissional precisa saber. Rio de Janeiro: Campus, 2003. p. 44.
7. BOSSIDY, Larry; CHARAN, Ram. *Execução*: a disciplina para atingir resultados. Rio de Janeiro: Campus, 2004. p. 180.
8. PRAHALAD, C. K.; HAMEL, Gary. *Competindo pelo futuro*: estratégias inovadoras para obter o controle de seu setor e criar os marcados de amanhã. Rio de Janeiro: Campus, 2005. Novo prefácio, p. 11.
9. KOTLER, Philip. *Marketing de A a Z*: 80 conceitos que todo profissional precisa saber. Rio de Janeiro: Campus, 2003. p. 92.

Capítulo 12

1. PRAHALAD, C. K.; HAMEL, Gary. *Competindo pelo futuro*: estratégias inovadoras para obter o controle de seu setor e criar os marcados de amanhã. Rio de Janeiro: Campus, 2005. p. 10.

Bibliografia

BOSSIDY, Larry; CHARAN, Ram. *Execução*: a disciplina para atingir resultados. Rio de Janeiro: Campus, 2004.

CHIARADIA, Innocente V. *Frases e afins*.São Paulo: Gráfia e Editora Multi-Gráfica, 2002.

CHIAVENATTO, Idalberto; SAPIRO, Arão. *Planejamento estratégico*: fundamentos e aplicações. Rio de Janeiro: Campus, 2003.

DRUCKER, Peter. *A administração da próxima sociedade*. São Paulo: Nobel, 2003.

GALBRAITH, John Kenneth. *A economia das fraudes inocentes*: verdades para o nosso tempo. São Paulo: Companhia das Letras, 2004.

HUNTER, James C. *O monge e o executivo*: uma história sobre a essência da liderança. Rio de Janeiro: Sextante, 2004.

KIM, W. Chan; MAUBORGNE, Renée. *A estratégia do oceano azul*: como criar novos mercados e tornar a concorrência irrelevante. Rio de Janeiro: Campus, 2005.

KOTLER, Philip. *Administração de marketing*. São Paulo: Prentice Hall. 2000.

_____. *Marketing de A a Z*: 80 conceitos que todo profissional precisa saber. Rio de Janeiro: Campus, 2003.

_____. *Marketing para o século XXI*: como criar, conquistar e dominar mercados. São Paulo: Futura, 1999.

_____. *Os 10 pecados mortais do marketing*: causas, sintomas e soluções. Rio de Janeiro: Campus, 2004.

OLIVEIRA, Djalma de Pinho Rebouças de. *Planejamento estratégico*: conceitos, metodologias e práticas. São Paulo: Atlas, 2004.

PASSOS, Elizete. *Ética nas organizações*. São Paulo: Atlas, 2004.

PORTER, Michael E. *Competição*: estratégias competitivas essenciais. Rio de Janeiro: Campus, 1999.

_____. *Estratégia competitiva*: técnicas para análise de indústrias e da concorrência. Rio de Janeiro: Campus, 1986.

_____. *Vantagem competitiva*: criando e sustentando um desempenho superior. Rio de Janeiro: Campus, 1989.

PRAHALAD, C. K.; HAMEL, Gary. *Competindo pelo futuro*: estratégias inovadoras para obter o controle de seu setor e criar os marcados de amanhã. Rio de Janeiro: Campus, 2005.

SANTIAGO, A. Cláudio et al. *Marketing estratégico*: abordagem em marketing financeiro, gestão competitiva e planejamento estratégico. São Paulo: DVS Editora, 2004.

WELCH, Jack; BYRNE, John A. *Jack definitivo*: segredos do executivo do século. Rio de Janeiro: Campus, 2001.

DVS Editora Ltda.
www.dvseditora.com.br